招商局史
研究笔记

一代商旗
百年航程

一百五十年

招商局

胡 政◎著

CHINA MERCHANTS GROUP
150 YEARS

天津出版传媒集团
天津人民出版社

图书在版编目（ＣＩＰ）数据

招商局一百五十年 / 胡政著 . —— 天津：天津人民
出版社，2023.2（2024.8 重印）
　　ISBN 978-7-201-18980-2

　　Ⅰ . ①招… Ⅱ . ①胡… Ⅲ . ①轮船招商局－历史－中
国 Ⅳ . ① F552.9

中国版本图书馆 CIP 数据核字 (2022) 第 224250 号

招商局一百五十年
ZHAO SHANG JU YI BAI WU SHI NIAN

出　　　版　天津人民出版社
出 版 人　刘锦泉
地　　　址　天津市和平区西康路 35 号康岳大厦
邮政编码　300051
邮购电话　（022）23332469
电子信箱　reader@tjrmcbs.com

策　　　划　沈海涛
责任编辑　金晓芸
特约编辑　燕文青　郭聪颖
装帧设计　明轩文化·苏　畅

印　　　刷　天津市银博印刷集团有限公司
经　　　销　新华书店
开　　　本　710 毫米 × 1000 毫米　1/16
印　　　张　21.5
插　　　页　4
字　　　数　220 千字
版次印次　2023 年 2 月第 1 版　2024 年 8 月第 3 次印刷
定　　　价　99.00 元

序　言

　　有六七年没有见到胡政先生了，因为他这几年一直在海外工作，响应"一带一路"倡议，受企业委派在白俄罗斯出任中白工业园首席执行官，建设了中国海外投资开发运营的最大工业园——中白工业园。这次看到招商局史研究会送来胡政先生文集《招商局一百五十年》，请我作序，倍感亲切。

　　在中国经济和企业发展史上，招商局绝对是一个独特而强大的存在。说它独特，是因为它是中国历史上第一家采用西方股份制组织形式设立的航运企业，自 1872 年设立到中华人民共和国成立前，先后经历了晚清、民国北平政府和南京国民政府统治时期，体制上先后经历了官督商办、商办、国营和股份制等。中华人民共和国后成立后又经历了计划经济时期，再到 1978 年成为改革开放的先锋，为中国经济体制改革和中国经济发展进行探索、创立"特区"，起到了中国经济体制改革"尖兵"和"模特"的作用，享誉全国，并提供了多种改革经验。纵观国内企业界，有此经历且延续不断的企业，只有招商局一家，这是诠释其"独特"的最好注脚。说它强大，同样是因为在中国经济和企业发展史上，中华人民共和国成立前招商局一直是中国规模最大、实力最强的航运企业，中华人民共和国成立后，历经多种变革顽强拼搏，逐步发展，1978年后，更是积极践行改革开放政策，焕发青春，奋然起飞，在不长的时段里，从一个单一的航运企业，发展成为一个以航运业为中心，横跨金融、交通和地产等核心产业的多角发展的大型企业集团。进入新时代，更是走出国门，在世界多个国家和地区参与"一带一路"建设并立下汗马功劳。

招商局在其发展历程中，随着时代的变迁而历经沧桑，既有波峰，也有波谷，几经挫折，几度辉煌，但始终贯穿其中的，是秉持着民族复兴、民族振兴的理念和精神而生生不息。可以说，招商局与祖国共命运，同时代共发展。2022年正好是招商局创立150周年，这150年的历史，从一个侧面反映和折射了中国近现代社会一个半世纪的发展历程，某种程度上可说是中国近现代历史的缩影。招商局经营发展中的重大事件，印证了中国社会发展的跌宕起伏、荣辱兴衰，也成为中国近现代史上的重要坐标。同时，招商局在150年的发展历程中，积累了大量各时期、各种内容的档案和资料，是研究招商局史和中国近现代史的重要且不可多得的资料来源。为此，有学者甚至在此基础上提出建立"招商局学"的建议。

我和胡政先生认识也是从研究招商局史开始的，说起来近20年了。我是熟悉胡政先生的，在推动招商局资料收集、组建研究队伍和推动招商局史研究的过程中，曾任招商局副总裁的胡政先生做出了重要贡献。

　　胡政先生是招商局史研究的积极推动者。2004 年，时任招商局副总裁的胡政先生倡议成立了招商局史研究会。招商局史研究会虽然是招商局内部专门组织开展招商局史研究的学术机构，但自成立时起，就吸收社会高等院校及研究机构的专家学者、对招商局史研究感兴趣的人士等，逐渐成为一个开放的、为社会服务的学术组织。招商局史研究会在胡政会长的领导支持下，自设立以来，扎扎实实、持之以恒地开展活动，成就十分令人钦佩。例如，先后召开三次全国和国际招商局史学术研讨会，2004 年设立招商局历史博物馆，2005 年开设招商局史研究网，历年出版和赞助出版了多本招商局历史研究著作，收入招商局文库的研究论著和资料集就达五十多部（套）、出资拍摄了多部招商局历史题材专题片，鼓励支持高等院校吸收招商局历史研究人才，设立招商局史研究博士后工作站，派员对散落在各地的招商局文献进行调查、复制、购买，定期公开许多招商局档案馆馆藏历史档案，等等。胡政先生在本职工作之外，倾注大量心血主持推动的这些工作，在中国企业界是独一无二的，这充分证明以胡政先生为代表的招商局领导对自己企业历史与文化的重视和珍惜。

　　这里还要特别指出的是，胡政先生除了一直以来组织和推动招商局史研究外，他自己在繁忙的工作之余，还特别关注招商局的发展历程，对招商局的各个发展时期和各个方面写了大量研究文章，这次结集出版的是他研究成果的一部分。胡政先生治学严谨，注重史料、注重前人研究成果、注重填补空白、注重社会普及。作为一家大型国企的领导和关注企业历史文化的实际工作者，胡政先生的关注视角与一般研究者有所不同，也因此，他的这本文集体现出与一般学术著作不同的特点。这里从他的论文集中挑出几篇作为例证：

《世界变局中诞生的百年招商局》是胡政先生近期的研究成果。他从一个新的视角，将招商局的创办放到当时的国际大背景下，进行横向关联和考察，从而认识招商局创立的时代性。这种视角和观察，在此前的学术界研究成果中，是很少见到的。

《李鸿章与招商局》从李鸿章创办招商局、支持招商局、利用招商局、控制招商局，深入研究作为晚清洋务运动领军人物的李鸿章对招商局的重要影响。特别是提出了李鸿章经济思想的研究命题，值得关注。

《初创时期管理者的企业家精神》一文从企业家精神的角度对招商局初创时期（前十年）以唐廷枢、徐润为代表的经营管理层进行分析研究，从一个新的视角揭示招商局实现第一次辉煌的综合背景原因，对今天研究企业家精神和企业家的贡献同样具有重要的启示和借鉴作用。

《招商局历史中的革命史》一文第一次将"招商局革命史"作为一个专门的历史概念提出来，并就"招商局革命史"给出了清晰的概念：招商局革命史是指其在时代的伟大变革中，在民族危亡的紧要关头，在光明与黑暗、进步与反动的抉择时刻所表现出来的具有鲜明政治立场、社会进步意义，顺应时代潮流，与反动势力相对立并与之进行坚决斗争，反抗外敌入侵，维护国家利益，追求光明，崇尚进步的一系列革命性史实。其"革命"是社会意义上的革命，而非产业革命、技术革命、商业革命等。同时，胡政先生在该文中第一次将招商局在重大历史节点的革命史实进行了梳理，为招商局史研究开辟了新的领域。

《招商局在中国企业史研究中的地位与价值》更是着眼于中国企业的发展，提出了借鉴、利用招商局史研究成果，推动中国企业史研究的建议。胡政先生认为：首先，在中国企业发展史上，综合比较，招商局历史足够长、规模足够大、内容足够丰富，体制几度演变，是中国企业体制变革的样本；产业门类足够多，涉足领域广，历史久远而且曲折，既有辉煌成就，也有失败案例；另外，招商局留存的史料数量多、内容翔实，而且保存完整，在中国近现代历史上，没有另外一个企业像招商局的发展这样具有如此多的特点和典型性。因此，招商局在中国企业史的研究中，地位独一无二，难以替代。其次，招商局史的研究，可以从招商局发展的历史中分析、探索和提炼出中国企业的发展规律，进一步参照世界企业史的发展并与之进行比较，不仅能够更深刻地发掘了解中国企业的特色，侧面观察中国社会发展的规律，进而参与世界企业史的比较研究，更清楚地认识本国企业的文化和发展特色，而且还能够通过这种研究，激发和振奋中国的民族精神。胡政先生根据几十年担任大型国企领导的管理实践和对招商局长时段发展历程的关注，认为从宏观和微观两方面而言，研究中国近现代企业的发展史和特点，无法找到比招商局更为典型和具有代表性的企业。

《考证江陵解放号》一文中，胡政先生指出，轮船"是招商局的历史标志":"招商局就像一艘历史的巨轮,创于晚清,历经百余年,在19、20、21三个世纪,在晚清、民国、中华人民共和国三个历史时代留下自己深深的足迹。而这些印记一旦镌刻在国家的记忆里,更是弥足珍贵"。胡政先生在回顾中华人民共和国七十余年的历史上招商局以轮船为标志两次登上"国家名片"后,以众多确凿的史料论证了中国人民银行刚刚成立(1948年12月1日)后,在1949年8月发行的第一套纸币的100元红色轮船版面(收藏界称之为100元红轮船票面),就是招商局的江陵解放号。

可以说,胡政先生的这些研究文章,与平时学术界学者们的研究成果相比较,有着明显的特色,视角更广,关注的问题和角度也有所不同,这是胡政先生研究成果的明显标志。《携手同行的两个近代企业巨人》《招商局历史中的革命史》《招商局在中国企业史研究中的地位与价值》等文章,从选题到论述方式,在已有的学术界成果中是很难看到的,但是却能够大大拓宽研究者的视野和思路。另外,这本文集中还有不少考证性的文章,例如对招商局第一条轮船的考证文章《伊敦轮考略》,以及《九个名称背后的历史》《清末幼童出洋与招商局》《招商局公学》《"招商局"何人写就?》《考证江陵解放号》《百年古楼见证沧桑》等,属于一般研究者关注和考证都有一定难度的课题,胡政先生却在这些课题上花费大量心血进行研究,自然也获得有相当价值的成果。文集中还有一些是胡政先生为研究成果作的文章,从中也可看出胡政先生为这些著作出版所做的大量组织工作,以及所付出的心血。

　　胡政先生长期在招商局集团工作，他的研究具有明显特点，就是紧密结合招商局的发展实际，将历史与现代发展相结合，坚持历史为发展服务，从历史寻源，在溯源中找脉。胡政先生这本文集中的文章，集中了他这些年对招商局关注、思考和研究的部分精华，如今在招商局 150 周年之际结集出版，正当其时。

　　我认识胡政先生已近 20 年，我在学界，他在企业，但对招商局历史的研究是我们共同的兴趣。在对胡政先生文集出版表示祝贺之际，我还想谈一点我对他的了解和认识：胡政先生长期担任大型国企的领导，对企业充满热爱、责任和期盼，他身上透射出来的对事业、对国家的责任担当和特有的激情，使我能强烈感受到胡政先生身上散发出来的魅力，这种魅力吸引和感染着他身边的员工，以及我们这些来自各方面的研究者。我认为，有的人有激情，有的人有理想，但有激情又有理想，还能付诸实干的人不多，胡政先生就是这样的一个人，我为能够有这样的朋友而自豪！

　　是为序。

朱荫贵

2022 年 6 月

　　（朱荫贵，上海复旦大学历史学系教授、博士生导师，中国经济史学会理事、近代专业委员会副主任，中国商业史学会理事、前副会长，上海炎黄文化研究会前副会长。）

招商局

150 年

CHINA MERCHANTS GROUP 150 YEARS

献给招商局 150 周年

目 录 | CONTENTS

一代商旗举到今

　　自晚清 1872 年创立到今天，招商局走过了 150 年的历程，作为中国民族工商企业的先驱，在中国近现代史、中国企业发展史上都具有极其重要的地位，招商局的百年历史本身就是一部不可多得的跨越三个世纪的中国企业发展史。位于深圳蛇口的招商局历史博物馆中的一副对联似乎概括了招商局的百年历史：籍洋务创于晚清擎一代商旗，始航运历经百年奠千秋基业。

　　招商局的百年历史是与中国近现代史相伴而行的，在中国近代以来一百多年的历史变迁中，始终不缺招商局的身影。它与中国现代化进程和中国近代社会经济生活的紧密联系，从一个侧面折射了中国社会一百多年来的发展历程。发生在招商局身上的一系列重大事件，印证了中国社会发展的跌宕起伏、荣辱兴衰，成为中国近现代史上的重要坐标。无论在急风暴雨的社会大变革时代，还是在风雨如磐的民族危亡时刻；无论是在光明与黑暗生死较量的黎明前夜，还是在海阔天远的万里航程中；无论是在晚清洋务运动的风风雨雨之中，还是在中国改革开放的大潮之上：招商局这艘历史的巨轮始终行驶在前进的航程中，"与祖国共命运，同时代共发展"。著名词作家阎肃先生为招商局作词的《招商局之歌》开篇便自豪地唱道："问我航程有多远？一八七二到今天。"有幸的是，我本人从1998年开始作为招商局的一员，亲身参与并见证了招商局150年历史中近25年的发展，如今的招商局已成为一个涉足港口、航运、公路、物流、金融、海事工业、贸易、新兴产业投资的国家大型骨干企业，并凭借国际化投资经营成为国际知名的跨国企业集团，作为一个响亮的民族企业品牌深深地镌刻在中国近现代发展的历史记忆中。

无疑，招商局的百年历史既是一座丰富的历史宝矿，需要挖掘和发现；又是一部厚厚的历史典籍，需要认真地读、悉心地品。

2009年1月，著名财经作家吴晓波出版了他的新书《跌荡一百年——中国企业1870—1977》，各大媒体纷纷给予关注，《中国经营报》评论说："吴晓波把目光聚集在方兴未艾的企业史上，他笔下寂寞千年的男主角——企业家粉墨登场后，企业史的概念得到市场认可。"《21世纪经济报道》评论说："在今天的财经书市上，从来不乏企业的传记，但它们总过于和写作对象接近，公正而审视的企业史著作依然匮乏。"中国的百年企业史从何谈起？列在《跌荡一百年——中国企业1870—1977》最前面的年表赫然醒目：1870年。19世纪70年代是中国近代企业发出第一声啼哭的年代，1870年也是中国第一家民族工商企业——轮船招商局行将诞生的孕期。1872年，中国近代第一家股份制民族企业——轮船招商局诞生了，由此也开始了中国企业在阵痛中诞生，在艰难中前行的百年史。正如前面提到的，企业传记不乏，但企业史著作极少，以至于至今还未看到一部较系统完整的中国企业史，这不能不说是一个遗憾。2014年10月，招商局史研究会曾发起并组织举办了"招商局与中国企业史研究"国际学术研讨会，中国企业史研究一时间引起学术界广泛的关注与参与。会后整理专家学者的研究论文，由社会科学文献出版社编辑出版了《招商局与中国企业史研究》一书，其用意在于推动中国企业史的研究。

长期以来就有学者关注招商局历史的研究，自20世纪早期已有不少专家、学者潜心研究，不断有学术专著、课题论文等形式的研究成果问世，如中国航运史研究专家刘广京先生的重要研究成果、张后铨先生的《招商局史（近代部分）》、虞和平先生翻译的美国学者费维恺著《中国早期工业化——盛宣怀（1844—1916）和官督商办企业》、汪敬虞著《唐廷枢研究》等。特别是1997年后的25年时间里，招商局研究自身历史的意识和招商局联合社会力量推动招商局历史研究的动力大大增强，深刻认识到招商局厚重历史的社会意义，积极组织、投入人力物力、系统开展招商局史的研究。其中几个重要的举措就是2004年成立招商局史研究会、创办招商局历史博物馆，2005年开设了招商局研究网，搜集、购买、整理、出版散落各地的招商局文史资料，组织编辑出版和资助出版招商局历史研究图书，拍摄多部招商局历史题材影视作品，鼓励支持院校推广普及招商局历史知识，聚集、培养、开发利用招商局历史研究人才，2010年与社会科学文献出版社合作编辑出版"招商局文库"……招商局历史研究进入繁荣期。本人1998年6月加入招商局集团，并在而后较长时间负责组织实施招商局企业文化建设工作，招商局史研究、招商局历史博物馆建设成为分内工作。招商局史研究会联合社会专家学者，从基础工作做起，挖掘整理史料，组织编写书籍，支持资助出版，举办研讨活动，推广研究成果，把招商局历史研究大大推向前进。具体如下：

一是开展史料整理出版工作。史料是历史研究的基础，招商局档案馆（2004年更名为招商局历史博物馆）先后接收了一批由交通运输部转来的招商局晚清档案，达五万卷之多，是一批十分珍贵的研究招商局历史的史料。在这批史料的基础上，整理出版了《招商局珍档》《招商局创办之初（1873—1880）》、《招商局画史》（中英文版）、《招商局船谱》（中英文版）、《招商局印谱》《招商局墨存》《招商局与重庆：1943—1949年档案史料汇编》、《国民政府清查整理招商局委员会报告书》、《招商局史稿》、《〈申报〉招商局史料选辑（晚清卷）》（三卷本）、《〈申报〉招商局史料选辑（民国卷）》（四卷本）等。这些史料的整理出版受到高等院校、研究机构和相关学者的高度重视和欢迎，有力地支持了研究工作。

二是组织编写研究书籍。研究会先后组织出版了《招商局与深圳》《招商局与上海》《招商局与湖北》《招商局与台湾》《招商局与汉冶萍》《汉冶萍公司史》《外滩9号的故事》《招商局与中国港行业》《招商局与中国金融业》《招商局与中国房地产业》《招商局工业史》

《招商局公路史》《招商局历史人物》《辑录蛇口》《拓荒的足迹——招商局漳州开发区 20 年创业纪实》，翻译出版了《蔡增基回忆录》。

三是支持、资助出版、再版社会研究成果。2002 年纪念招商局成立 130 周年之际，资助出版了上海复旦大学教授王熙等主编的《轮船招商局——盛宣怀档案资料选辑之八》，全书收录了有关招商局的各类书信、电报、奏稿、文札、合同、账目的文史资料 1300 多件；2005 年编辑出版了《招商局与近代中国研究》；2012 年招商局创办 140 周年之际出版了朱荫贵、易惠莉、黎志刚三位学者的"论招商局"系列著作、盛承茂著《盛宣怀与晚清招商局和电报局》。

四是举办研讨会，出版最新研究成果。配合招商局五年一次的集中性纪念活动，先后举办了多场国际研讨会，2005 年出版了《招商局与中国近现代化》，2008 年出版了研讨会专辑暨纪念招商局成立 135 周年国际学术研讨会论文集《招商局与中国现代化》，2015 年举办了招商局与中国企业史研究学术研讨会，会后编辑出版了《招商局与中国企业史研究》论文专集，在全国首次提出开展中国企业史研究。

一路走来，可谓硕果累累。我想，作为一个企业，能有这么多关于自己历史的研究成果也许是不多见的。这些不断丰富的研究成果首先使招商局对自己的认识加深了。其实 20 多年前，哪怕是一些今天看来是简单的常识，当初确实懵懵懂懂，似是而非。比如作为老字号的"招商局"这三个貌秀骨劲、味厚神藏、端庄厚重的颜体字，作为招商局集团的规范公司名称用字已受到国家工商注册保护，但这三个字是何人所书？又是什么时候被确定为招商局的标准名称用字？长期以来无人知晓。不仅招商局内部的人时常问起，来访招商局的许多客人也对此问题极感兴趣，而每每被人询问，往往或者支吾以对，或者口讹相传。有说是当年招商局创立时李鸿章所书；有说是上海四马路一刻字先生所书，更具演绎色彩的说法是，当年招商局的一个门房在看门之余勤于书法，招商局开业时救急而书；等等，不一而足。这些说法都无有力的佐证，言者心里无底，听者亦难解惑，随着历史档案的发现和研究，这一谜底终于可以解开了。2003年，招商局档案馆人员集中翻阅了1997年从交通运输部移交来的档案，整理出一批十分珍贵的招商局历史史料，并第一次对外公布。其中一份为民国三十六年（1947）6月26日所发，所以虽纸质发黄，油墨洇散，但内容极具价值。文件全文如下：

国营招商局标准委员会函（准字第八号）

关于本局局名中英文名称及字体业经本会第一次会议拟订：

（一）国营招商局中文字体规定采用已核准谭泽闿先生所书"国营招商局"五字字体复制印模放大或缩小之除此五字全国一律不得变更外其他文字若〇〇分局〇〇办事处或第〇码头仓库等字样应请当地书家用正楷写就放大或缩小应用；

（二）1. 国营招商局英文名称全文为"China Merchants Steam Navigation Company"（即 Merchants 后不加"，"）

2. 国营招商局英文缩写为 C.M.S.N.C. 五个大写字体；

（三）分局英文名称规定为 Branch（如国营招商局南京分局为 China Merchants Steam Navigation Company, Nanking Branch）；

（四）办事处英文名称规定为 Sub-office（如国营招商局福州办事处为 China Merchants Steam Navigation Company, Foochow Sub-office）。并呈奉总经理核准施行在案，相应检附局名字体一份，函请查照为荷。

此致

主任委员曹省之

中华民国三十六年六月二十六日

随文件还附有"国营招商局"五个标准字体的字样。招商局目前所用的三个标准字，正是出自其中。招商局三字何人所书、何时所用，这一长期以来的谜题终于迎刃而解。首先，"招商局"三个标准字为民国时期大书法家谭泽闿所书，当年谭泽闿所书为"国营招商局"五个字，后由于历史的变迁和名称改变，现在只取了"招商局"三个字作为企业名称标准用字。其次，招商局正式将谭泽闿所书作为公司称号规范用字使用开始于 1947 年 6 月 26 日。算下来至今已经用了 75 年，恰好是 150 年的一半。这也许是历史的巧合。

昨天是今天的源泉，历史是今天的镜子。历史不能倒流，史料就成为一笔巨大的不可多得的财富，从历史角度说，招商局可谓是一个可持续发展的经典案例。晚清的 39 年（1872—1911），民国的 38

年（1911—1949），加起来77年，作为新中国的工商企业也经历了73年。一位领导人曾用一句话概括"百年民族企业，喜看硕果仅存"。这样说来，招商局不仅是一家老字号的企业品牌，也是中国近现代化研究中不可或缺的重要篇章。

正是在这样一种氛围中，在这样一种求知欲的推动下，在这样一种兴趣的诱惑下，我一直关注招商局史研究，在组织开展工作之余，也试着写一点研究体会，十几年下来断断续续写了一些文章，有的在研讨会上讲过，有的在公开刊物、网站上登过，大部分没有正式与公众见面。当初选择这些题目也是出于实际工作的需要，尽量选择一些大家关心，专业研究人员往往涉及不多或者遗漏的课题，借助最新的研究资料回答与招商局历史研究相关的问题。有的则是打开一个天窗，填补一些空白，丰富招商局历史研究。如：《世界变局中诞生的百年招商局》《招商局历史中的革命史》《招商局在中国企业史研究中的地位与价值》等。《初创时期管理者的企业家精神》《中国最早"走出去"的企业》《创立初期的业务拓展》《1873：目光投向香港》等更是立足招商局的经营活动探讨招商局的早期发展。而为作者作的序，则表达对研究者的支持并阐述研究的背景及其意义，如《招商局创立之初（1873—1880）》一书的序。《招商局创办之初（1873—1880）》包括序在内共有20篇文书，填补了招商局历史博物馆的馆藏空白，是招商局创办时期十分重要的历史文书，也为招商局历史博物馆增添了十分珍贵的馆藏和展示文物。该书的出版，第一为研究晚清经济、工商、企业历史提供第一手原始资料和数据，也可使有兴趣者直接了解晚清中国社会经济、中国航运业、中国民族工商企业的真实状况，这也是编者所希望的。第二，可以使人们通过真实完整的史料对晚清中国航运业发生的一些重大事件的了解和认识更为清晰直观。

作为一个招商局史业余研究者，做这些工作在很大程度上是职业责任、对招商局的特殊感情和对历史研究的兴趣所致，这一点我是有自知之明的。我要感谢朱荫贵、易慧莉和已过世的黎志刚等老师的影响和帮助。

恰逢招商局创办150周年，这对我来说是一个难得的机会，正好退休后也有了空余时间做些整理工作。因此萌生从现存文稿中选编一本文集出版的想法，也算是对这项工作的一个阶段性交代。这一想法得到了招商局历史博物馆馆长樊勇和招商局史研究会副会长及特邀研究员、复旦大学历史系教授朱荫贵先生的支持。他们热心地帮助我阅看文稿，核对史实，朱荫贵教授还为文集专门写了序，让我深受感动。编辑出版时，天津人民出版社社长刘庆、副社长沈海涛、编辑室主任金晓芸、编辑燕文青等对文集的编辑出版提出了宝贵的意见和建议，做了大量有益的工作，使文集在招商局150周年之际得以出版。期望有助于继续推动招商局史的研究。

以此纪念招商局创办150周年，祝百年招商局老干新枝，基业长青！

上篇

峥嵘

一代商旗　百年航程

百年招商局的开篇

　　李鸿章于同治十一年十一月二十三日（1872 年 12 月 23 日）上奏清廷的奏折《设局招商试办轮船分运江浙漕粮由》，是招商局历史上最具有重要意义的文件，也是招商局最为珍贵的一份历史档案。现在看到的该奏折有两个版本：一是现展存于招商局档案馆的一份清廷批复后的奏折抄件的复制件，原件存于第一历史档案馆，该抄件以李鸿章"设局招商试办轮船分运江浙漕粮由"为题；另一个是清光绪乙巳年（1905）五月金陵刻本《李文忠公全集》中根据原奏章刻版印出的"奏稿二十"。该奏折是以"试办招商轮船折"为题，并标明"同治十一年十一月二十三日"，而抄件中比原折上又多附了"同治十一年十一月二十六日，军机大臣奉旨：该衙门知道。钦此"及"另抄发户部、总理衙门"两句，和"十一月二十六日"字样，标明了清廷批准的结果和时间。除此之外，内容完全一致。之所以说该奏折是招商局最为珍贵的一份历史档案，主要原因有以下几点：

首先，该奏折阐述了洋务派创办招商局的基本动机和意图。

为何而奏？李鸿章开宗明义讲出"为派员设局招商，试办轮船，分运来年江浙漕粮，以备官船造成雇领"。围绕这个中心指出涉及"派员"，也就是让谁设局招商，试办轮船和"设局招商"干什么？有了轮船招商，官船造成，自然就会租用。由此可见，李鸿章此折是为创办招商局而奏。其中："试办轮船"，道出了尚无先例，因此要试办；分运漕粮，又道出了招商局的创立初衷即与清政府、与国计民生关系重大。

油画《招商局创立》

　　漕运，即官粮运输，是中国封建社会的官粮运输制度。漕粮被视为官粮，清代征收漕粮的主要省份为鲁、豫、皖、苏、浙、赣、鄂、湘八省，其中又以江南六省为主。清政府十分重视漕运，漕粮被视为"天庾正供"，"俸米旗饷，计日待食，为一代之大政"。清代的南漕运输延续明末做法，主要靠运河内漕承担。后因黄河屡次决口，致使运河严重淤塞，从1826年起，开始改为海运漕粮，以海漕运逐步替代内漕运。为此，1847年清政府在上海还设立了海运总局司海漕之事。

由于漕运往返于南北，南方的粮食运到北方，北方的豆货又运往南方各省，返往不空载，且运价又高，因此大大刺激了沙船业的繁荣。

鸦片战争后，西方列强侵入中国，取得了在中国沿海通商口岸及内河、长江的自由航行特权，航运业被视为"史无前例的最赚钱的买卖"。英美等新式轮船的进入使以沙船为代表的中国航运业日渐衰亡，直接影响到清朝视为"一代之大政"的漕运。如何解决因沙船业衰落而造成的运漕困难，抵御外国轮船染指漕运，成为清政府亟待解决的一大难题，也成为"试办轮船"的一个十分重要的直接起因。可以说晚清漕运是招商局创立的重要原因。

创立招商局的另一个重要原因是发展中国的造船业和航运业。

1872年6月20日，李鸿章上奏《议复制造轮船未可裁撤折》，指出："国家诸费皆可省，惟养兵、设防、练习枪炮、制造兵轮船之费万不可省。"如果两船局"苟或停止，则前功尽弃、后效难图，

晚清沙船

而所费之项，转为虚糜，不独贻笑外人，亦且浸长寇志"，同时折内也提出："闽、沪现造轮船皆不合商船之用，将来间造商船，招令华商领雇（即租用），必准其兼运漕粮"。

从中可以看出李鸿章极力主张支持新式造船业，态度十分鲜明且坚决。同时，也提出两局所造轮船，不合商用，今后要造商轮，供华商租用，并已提出应让商轮"兼运漕粮"，这已提出了试办轮船招商的想法。

创办招商局的另一个重要原因是要解决洋人大肆获利，华资只能依附洋商名下的问题。李鸿章为了说明创办轮船招商的必要性，又举出一现象。即："现在官造轮船内并无商船可领……各省在沪股商，或置轮船，或挟资本，向各口装载贸易，向俱依附洋商名下。"

随着西方新式轮船进入中国江海，中国商人开始购买洋轮，1867年3月7日，以上海通商大臣曾国藩的名义公布了清政府的《华商买用洋商火轮夹板等项船只章程》，清政府对买洋船由最初的限制改为鼓励。曾国藩曾言："以后凡有华商造买洋船，或租或雇，无论火轮夹板，装货出进江海各口，悉听自便。"而购置洋轮的华商大多托洋行出面，在外国领事馆呈报，改换姓名注册，挂洋旗行驶。19世纪60年代后，挂洋旗行驶极为普遍，洋人从中大肆获利，却给清政府的关税等收入造成巨大损失。

投资附股"依附洋商名下"是19世纪60年代初中国航运业的普遍现象。华商附入资本最多的是旗昌洋行。1862年旗昌轮船公司的100万两白银创办资本中，华商就占了60%—70%。后来创立的扬子保险公司的保险、轮船两公司的 140 万两资本中，旗昌仅投了 6 万两，其余主要来源于华商。买办或买办化商人与洋商的结合使"华商避捐，洋商得

晚清上海买办聚会

利"，被称为"诡寄经营"，引起了清政府的注意和重视，一些洋务派官僚对此极为关注。李鸿章奏折中指出此现象，目的在于说明设立轮船招商局的必要性。

其次，奏折阐述了创办招商局的基本构想。

李鸿章在奏折中提出："若由官设立商局招徕，则各商所有轮船股本必渐归并官局，似足顺商情而张国体。拟请先行试办招商，为官商浃洽地步，俟机器局商船造成，即随时添入，推广通行。"李鸿章借朱其昂之口提出了解决的办法，即"先行试办招商"。有几点至为重要：

一曰："由官设立"。这说明招商局不是民间自发设立，而是由"官"提出创立，这个"官"即清政府，事实亦是如此。曾国藩、李鸿章先后倡议创立轮船招商，尤以李鸿章为重。1872 年 3 月，总理各国事务衙门（简称总理衙门）函询关于轮船招商之事，李鸿章接函后，即以北洋通商大臣的名义饬令各有关官员详细筹划。3 月 5 日，李鸿章授意津海关委员

林士志等拟定章程，后又命津海关陈钦与江海关沈秉成继续议商。6月，李鸿章对机器道员吴大廷提出的方案逐条批示后报总理衙门，6月17日，总理衙门做了批复，表示支持。李鸿章后又命其重要幕僚盛宣怀策划创办招商局，盛宣怀提出了《轮船招商章程》。其后，李鸿章命朱其昂主持筹办招商局，提出了《轮船招商节略并各项条程》二十条，成为招商局第一个正式章程。10月4日，总理衙门致函兵部大臣，准招商局除悬挂三角龙旗外，另挂双鱼旗。最后李鸿章亲自奏请清廷同意"试办轮船招商"。因此，招商局的创立是洋务派推行"强兵富国"的重要举动，也是清政府政治经济的需要。

二曰：试办轮船招商。"顺商情而张国体"，也就是说既满足经济上的需求，又利于国家发展。这一点，李鸿章在上奏折的同一天，给总理衙门的函中说得十分明白。李鸿章在函中指出：创办招商局的目的主要在于解决漕运困难，同时也是为了挽回部分航运利权，对此是一个重要的注脚。（详见下篇《一封重要信函》）

三曰：再论"试办"可行。李鸿章又从将来船政局造出的船由招商局租买"随时添入，推广通行"，"以商局轮船分装海运米

总理各国事务衙门（1861年）

石，以补沙宁船之不足"，"将来虽米数愈增，亦可无缺船之患"，说明设立轮船招商局的必要。

再次，奏折提出了支持创立招商局的办法。

李鸿章提出为支持创办招商局，"请照户部核准练饷制钱借给苏浙典商章程，准该商等借领二十万串，以作设局商本，而示信于众商，仍预缴息钱助赈，所有盈亏全归商认，与官无涉"。

据有关资料，为筹办招商局，1872 年 8 月 15 日李鸿章就已报请户部申请借钱，并明确官方只取官利，不负盈亏。借期为 3 年，年息 7 厘，扣除预缴利息及其他款项，实收 18.8 万串钱，大约合 12.3 万余两白银。

从这段文字中可以看出，招商局最初创立的资本中并没有政府的股本投入，20 万串钱属于借款，招商局并不是官商合办。政府借钱的目的，主要是表示支持，以吸引商人投资入股，同时也帮助解决筹办和创立之初募集资本的困难。而"所有盈亏全归商认，与官无涉"，则为以后的官督商办、"经营自立"打下了基础。

不仅如此，为招商局创立后的经营，李鸿章也提出了支持其生存发展的办法："臣饬拨明年海运漕米二十万石由招商轮船运津，其水脚耗米等项，悉照沙宁船定章办理。至揽载货物报关、纳税，仍照新关章程办理，以免借口。"

为了支持创办招商局，李鸿章下令调拨江浙漕粮二十万石，由招商局轮船运往天津，并明确运费、耗米等项照沙宁船定章办理。为防止别人说闲话，又规定"揽载货物报关、纳税，仍照新关章程办理"。让招商局承运漕粮是对招商局一项实实在在的支持措施，清政府为招商局运漕支付了较高的运费。李鸿章以运漕支持招商局的目的，一是为稳定官本，二是为与外商竞争，使招商局有了一项稳定的收入。

最后，该奏折阐述了创办招商局的重大意义。

李鸿章论述了"试办轮船招商"的必要性和益处后，指出了"试办轮船招商"的重大意义和对轮船招商寄予的期望。"目前海运固不致竭厥，若从此中国轮船畅行，闽、沪各厂造成商船亦得随时租领，庶使我内江外海之利不致为洋人占尽，其关系国计民生者实非浅鲜。"

一是期望"从此中国轮船畅行"，改变洋轮占据我江海航运的情况，振兴民族航运；二是使"我内江外海之利不致为洋人占尽"；三是此事"关系国计民生"，充分反映了洋务派"强兵富国"的政治主张。从中可以看出，由于西方列强的入侵，中国江海航权几乎丧失殆尽，洋人攫取航运暴利，民族传统航运业江河日下，几近衰亡，但也显示了洋务派以推行洋务，实现"强兵富国"的宏伟志愿和政治抱负。

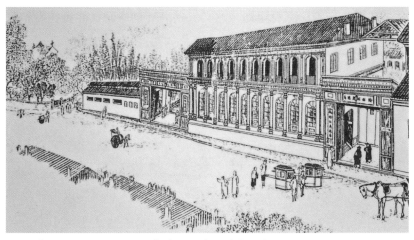

招商局创办时的办公地

世界变局中诞生的百年招商局

在过往招商局历史研究中，往往是从 19 世纪中后期中国晚清时代入手，更多地关注 1840 年鸦片战争后中国步入半封建半殖民地社会，特别是洋务运动的影响，更多地探讨招商局创立的"内生因素"，而对招商局创立时的国际背景显得关注不够。而横向看历史，则可以在某一个相同或相近的时间或空间的比较中，更加深刻地认识某一事件更为广阔、更为深刻的意义。招商局创建时世界正在发生怎样的变化？世界发生的时代性变化对招商局的创立有什么影响？直接影响和间接影响有哪些？解答这些问题也许会让我们对招商局创立的意义有新的认识。

一、两次工业革命交替的时代

1872 年招商局创立时，世界正处于第一次和第二次工业革命交替的年代。开始于 1759 年的第一次工业革命使人类的生产方式发生重大转变，出现了以机器取代人力和畜力的趋势，由于机器逐渐开始广泛使用，历史上这个时代被称为"机器时代"。

英国经济史学界权威学者 T.S. 阿什顿的代表作《工业革命（1760—1830）》是研究英国工业革命的经典著作。作者用精炼的文字、不大的篇幅，描述了整个英国工业革命的历史，通过对纺纱织布、挖煤炼铁、技术创新、资本运转、童工生活等场景的精心刻画，将英国工业革命的方方面面展现在读者面前。T.S. 阿什顿在该书导论中写道：

从乔治三世登基（1760 年）到威廉四世即位（1830 年），在这短短的一段时间里，英格兰的面貌发生了巨大的变化。数个世纪以来当做敞地来耕种的地方，或者被当做公共牧场而无人问津的地方，都圈上了篱笆或者建起了围墙。小村落发展成为人口稠密的城镇。烟囱让古老的塔尖相形见绌。公路被筑造出来，公路更加笔直，更加牢固，更加宽阔。北部铺上了第一条铁轨，迎接新火车头的到来；蒸汽货轮开始在入海口和海峡上定期往来。

第一次工业革命是技术发展史上的一次巨大革命，它开创了以机器代替手工劳动的时代，这不仅是一次技术进步，更是一场深刻的社会变革。通过第一次工业革命，自然科学取得了重大突破，许多新的技术和发明运用到生产中，生产效率不断提高，掀起了一股工业浪潮，推动资本主义经济快速发展。从 19 世纪六七十年代开始，又一轮工业革命兴起，科学技术取得了一系列新的突破和进展，这次科技进步，被称为第二次工业革命。第二次工业革命以电气的广泛应用最为显著，人类社会由以蒸汽机应用为标志的机器时代进入了电气时代。1870 年以后，各种新技术新发明层出不穷，并被及时应用于各种工业生产领域，促进了经济的进一步发展。

19 世纪六七十年代开始，出现了一系列的重大发明。1866 年德国人西门子制造出第一台交流发电机，从而带动了电灯、电报、电话等一系列以电为能源的发明。电力作为一种新能源开始用来带动机器，进而取代蒸汽动力，电力工业迅速发展起来。美国发明家爱迪生的一系列发明进一步为电力工业的发展创造了条件，一时间，发电、输电和电力设备制造工业纷纷建立起来。

科学技术应用于工业生产的另一项重大成就是内燃机的创新和使用。19 世纪七八十年代，以煤气和汽油为燃料的内燃机相继诞生，解决了交通工具的发动机问题。80 年代，德国人卡尔·弗里特立奇·本茨等人成功地制造出由内燃机驱动的汽车，内燃汽车、远洋轮船、飞机等也得到了迅速发展。

内燃机的发明，推动了石油开采业的发展和石油化工工业的生产。1859 年，美国的宾夕法尼亚州开挖出世界第一口油井，1870 年 1 月 10 日，洛克菲勒将炼油公司 Rockefeller,Andrews & Flagler 重组为标准石油公司，设于克利夫兰。到 1879 年，短短 9 年，标准石油已经控制全美 90% 的炼油产业，到 1890 年，全世界石油工业的所有环节已经有 70% 落在标准石油的控制中了。但也就在这一年，美国通过了《谢尔曼法》，也就是俗称的反垄断法或反托拉斯法。1870 年，全世界生产大约 80 万吨石油，而在 30 年后的 1900 年，年生产量猛增到了 2000 万吨。

科学技术的进步也带动了电讯事业的发展。19 世纪 70 年代，美国人贝尔发明了电话，90 年代意大利人马可尼试验无线电报取得了成功，为迅速传递信息提供了方便，世界各国的经济、政治和文化联系进一步加强。1844 年 5 月 24 日，华盛顿—巴尔的摩间全程 64 千米的电报线路正式开通，莫尔斯发出的第一封电报"上帝行了何等的大事！"揭开了人类通信史上新的一页。此后 10 年，美国电报进入迅猛发展时期。令人遗憾的是，在招商局创立的 1872 年，"电报之父"莫尔斯于 4 月 2 日逝世。

招商局开业的"1873 年，巴黎城的弧光灯投入使用。从 1875 年起，地方政府和私人企业都积极兴建弧光灯照明设施，而且是用直流发电机提供电源"。（见戴吾三《技术创新简史》）

第二次工业革命的爆发始于运输与通信革命。铁路、轮船和电报技术的发展从根本上改变了经济环境。招商局创建轮船公司，购置远洋轮船，投资兴建煤矿、铁路、电话电报、修船厂等，都表明招商局自觉不自觉地与两次工业革命紧密联系——既充分利用第一次工业革命的科技成果，又紧紧追赶第二次工业革命前进的脚步。

学者戴吾三在《技术创新简史》的"从木船到铁船"一节中指出，第二次工业革命推动造船业进入了钢船时代："18 世纪中叶，欧洲发生了以蒸汽机的发明和广泛应用为标志的重大技术创新，被称作蒸汽动力革命。从1840年起，蒸汽机装机容量在西方主要国家持续增长，以蒸汽机为动力，代替风力、水力、人力。"招商局创立前的1870年，全球蒸汽机装机容量达到18460千马力（1马力约合735瓦），而1840年仅为1650千马力。

在蒸汽机发明以前，船舶都是靠人力划桨或风力驱动。采用蒸汽机作为船舶动力，是人类文明史上的重大创新。1765年出生于美国宾夕法尼亚的富尔顿，由一个热衷于绘画枪炮的绘画爱好者，成为一位世界级的蒸汽轮船设计师，引导了钢质蒸汽动力轮船时代的来临。18世纪末期，英国开始用铁造船。到19世纪50年代，铁船制造蓬勃发展。1854年开始建造大东号钢船，船重6250吨，工人们用了约300万颗铆钉，把约3万块铁板拼合成船壳。到19

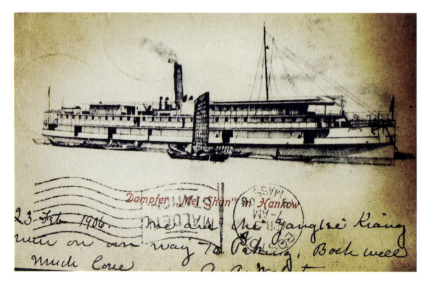

明信片上的晚清时长江上的外国轮船

世纪 80 年代轧钢技术逐渐成熟后，开始进入钢船时代。

1877 年英国皇家海军的彩虹女神号下水，被看作是钢船时代开始的标志。而就在这一年，创办 5 年的轮船招商局在上海发起了全面收购美国旗昌轮船公司的行动，以 222 万两白银收购了旗昌轮船公司的全部船栈码头，拥有了一批现代商轮，船舶总吨数达到 30526 吨。

招商局创立前，航行于中国江河上的中国航运业使用的都是木帆船。其后，世界海上运输开始进入钢船时代。那是一个用蒸汽机代替风帆，以钢铁代替木材造船的海洋工业时代。1872 年李鸿章紧锣密鼓创办招商局，为尽快开业，正式投入运营，开始向外商购买轮船。1872 年 11 月，朱其昂用 1.5 万英镑（折合 5 万两白银）从英国半岛和东方轮船（后文或简称"大英轮船公司"）购买了 Aden 轮，改名为伊敦轮。这是招商局历史上的第一艘轮船，也是中国近代民族航运业的第一艘蒸汽动力轮船。

伊敦轮的建造正处于钢船时代伊始。伊敦轮是一艘蒸汽动力钢质客货两用轮船，由英国南开普敦 Summers Day Co. 建造，1856 年 5 月 21 日下水。812 总吨，507 净吨，长 78.49 米，型深 5.63 米，航速 12 节，载客 134 人，同时可装载货物 590 吨，在当时可谓是一艘大船了。全钢铆接的双甲板，采用双螺旋桨，单舵，尾部似巡洋舰。甲板以下的主舱体分为 8 个水密隔舱，舱内分布着动力系统和物资储备。配备两只 700 千克重的斯贝克锚，锚链长 125 米。全船有三个货舱，首部两个，尾部一个，货物分别由两台 5 吨重的起重桅进行装卸。中部双层甲板为主要的生活区，设置33个头等舱位，101个普通二等舱位，生活系统完备，各种设施一应俱全。招商局购置伊敦轮标志着中国民族航运业开始进入蒸汽动力时代。

招商局在初创时期所创造的诸项第一无不与第二次工业革命直接相关，既补第一次工业革命的缺课，又拥抱第二次工业革命不断出现的成果。如投资建设商业电话电报，兴建矿山铁路，参与投资开发矿业，创办保险、银行等。因此，应当将招商局放到国际大背景下认识其创建的历史意义。但是应当指出的是，清政府闭关锁国的治国政策人为地远离和回避了蓬勃兴起、汹涌澎湃的新工业革命潮流，大大降低了与第二次工业革命的理性关联度。只有一些最早看世界的中国人、倡导富国强兵的洋务派、不断涌入的外国企业发挥着仅有的媒介作用，使招商局的创立恰好与工业革命相遇了。

1892年，美国伊利诺伊州芝加哥哥伦布纪念博览会场地和建筑俯视图，这次博览会以纪念哥伦布发现美洲400周年为主题

第二次工业革命极大地推动了社会生产力的发展，对人类社会的经济、政治、文化、军事、科技等都产生了深远的影响。19世纪中叶，世界经济、社会发展步伐大大加快。

1868年11月17日，苏伊士运河正式通航，大大缩短了从亚洲各港口到欧洲去的航程，沟通了红海与地中海，使大西洋经地中海和苏伊士运河与印度洋和太平洋连接起来，成为一条具有重要经济意义和战略意义的国际航运水道。一百多年前，马克思就把苏伊士运河称为"东方伟大的航道"。苏伊士运河开通后，帆船不能进入运河，为新式钢质轮船开辟了广阔的前景。蒸汽船不仅航速快，而且运载量远远超过各类帆船，大大降低了运输和保险费用。

1869年5月10日，美国近代工业化中具有划时代意义的第一条横贯北美大陆的中央太平洋铁路和联合太平洋铁路建成通车，是19世纪重要的建设成就。这条中央太平洋铁路在建设高潮时，中国劳工约九千人，占到90%。为了修通这条特殊的铁路，华工付出了巨大的代价，大约有一万人为此献出了生命，毫不夸张地说，大铁路是华工用生命铺就的。

从19世纪50年代开始，美国经济迅速起飞，走上了稳定的经济增长和工业化的历程。1865年，美国南北战争结束，更为美国资本主义的加速发展扫清了道路，并为美国跻身于世界强国之列奠定了基础。有资料显示，1860年到1890年的30年间，美国工业产值增长了9倍，从1873年到1913年，美国的年平均经济增长率达到 5%。1872 年，世界上第一个国家公园——黄石国家公园在美国诞生。美国经济的迅速崛起和英国经济的迅速衰退形成了鲜明的对照，有历史学家认为，1873 年是美国角逐世界霸权的开始。

19 世纪 60 年代末开始，中国的近邻日本进入了明治维新的巨大社会变革之中。1871 年 12 月 23 日，日本明治政府派出使团，从横滨乘美国商船亚美利加号启航，前往欧美考察，历时 1 年零 10 个月，总共访问了欧美 12 个国家，广泛接触各国首脑政府官员和各阶层人民，考察政府机构、议会、法院、公司、交易所、各种工厂、矿山、港口、农牧场、兵营、要塞、学校、报社和福利设施，参观名胜古迹、博览会等，全面认识西方文明，这次考察彻底改变了日本的命运。使团回国后，日本开始了向现代化迈进的急行军。法国式的缫丝厂、德国式的矿山冶炼厂、英国式的军工厂纷至沓来。

1872 年，伊藤博文力排众议，顶着压力向英国贷款修建了日本第一条铁路，这比中国的第一条铁路早了 9 年。在李鸿章积极推进官督商办体制，创办中国近代企业的时候，日本政府却将一批官办企业廉价"处理"给私人资本家，直接扶持和保护民间资本发展。伊藤博文担任日本内阁总理期间，先后颁布了一系列促进产业发展的经济法律，如取消棉花进口税和棉织品出口税，制定《航海奖励法》《造船奖励法》，有力地刺激了航海、造船业的快速发展。

第二次工业革命引导和推动世界加快了发展的步伐。1872 年 12 月创立的招商局也开始了为期 10 年的快速发展期，并创造了招商局历史上的第一次辉煌。展览于招商局历史博物馆的一幅招商局 1883 年的航线图清楚地标示着，那时招商局的轮船东面在旧金山发出了进出港的信号，西面在伦敦码头卸下了茶叶、香料和瓷器，东南亚已经遍布着招商局轮船来来往往的近洋航线。

二、以殖民经济为核心的资本主义全球化势不可挡

伴随第二次工业革命的兴起，抢得先机的列强利用生产优势开始了以殖民经济为其本质的全球化。这是一场先进与落后、强大与柔弱、强权与公理的"商业交易"。没有边界，只有贪婪；没有公理，只看"肌肉"。

第二次工业革命使得资本主义各国在经济、文化、政治、军事等各个方面发展不平衡，帝国主义争夺市场经济和争夺世界霸权的斗争更加激烈。19 世纪末，帝国主义国家掀起了瓜分世界的高潮，到 20 世纪初，亚洲除日本外都沦为西方列强的殖民地或半殖民地，非洲的绝大部分成为殖民地，拉丁美洲除原有的殖民地外，其他宣布过独立的国家实际上也成为依附于英美等国的半殖民地，世界已经被瓜分完毕。帝国主义国家已经奴役和控制了世界上的绝大部分土地和人口，殖民地和半殖民地进一步成为资本主义国家的商品市场和工业原料产地，资本主义世界殖民体系最终形成。

远离第二次工业革命中心的中国在全球经济殖民化的时代同样躲不开。鸦片战争后的中国，自己不出去，别人就进来。自己还在摇着木船，长江里已经冒起了蒸汽轮排出的浓浓黑烟。这是在中国领土上的"全球化"——殖民经济化。

朱荫贵在《鸦片战后的外国在华轮船航运业》中写道：道光十年（1830）四月，英国轮船福士号（Fobers）到达广东珠江口外的伶仃岛。这是一艘为运鸦片而顶着季风，拖带帆船从印度出发驶向中国的轮船，也是中国领海见到的第一艘外国轮船。福士号的到来揭开了外资航运业来华的序幕。鸦片战争后，一系列不平等条约的签订，为外国轮船进入中国敞开了大门，中国被迫开放数千里沿海航线和千余里长江航线。众多的外国轮船涌入中国沿海、内河、内港，中国的江河湖海成为外来航运势力竞争角逐的场所。在攫取中国水运厚利的同时，在华的外国轮船势力亦成为各国争夺权力与利益的重要武器。

从1840年鸦片战争到招商局创立的30年间，一系列不平等条约的签订将中国死死拖入资本主义高速发展的全球经济殖民化血海中。而19世纪70年代后签订的种种条约表明，外国列强"瓜分"中国已经是"庖丁解牛"。商战、炮战，轮船、兵舰，能用的都用上，能做的都做了。中国成为世界列强大快朵颐的盛宴和明火执仗争夺的战场。

19世纪70年代初的大清国有四亿人口，近九十万常备军，国家领土幅员辽阔，农业物产丰富，但却是一个没落的封建帝国——

经济自给自足但十分落后，基本上没有机器工业，农业和手工业生产长期停滞不前，科学文化十分落后，对外闭关锁国，不明敌情，国内阶级矛盾日益尖锐，政治腐败，最高统治者昏庸无能，战守无策，指导无方。面对列强的强势，1870 年 10 月 20 日，清政府决定裁撤三口通商大臣，改设北洋通商大臣，简称"北洋大臣"，加"钦差"名义，管理直隶、山东、奉天三省通商交涉事务，兼督海防和办理其他"洋务"。这是咸丰十年（1861）清政府设立总理各国事务衙门以来一次重要的举措，洋务派代表李鸿章不禁疾呼：中国临三千年之大变局也。

三、跨国公司走上了时代发展的舞台

在工业革命的巨大推动下，一种被称作跨国公司的经济组织以强大的经济和技术实力，借助电气革命带来的信息快速传递，以及资金快速跨国转移等方面的优势，从全球战略出发安排自己的经营活动，在世界范围内寻求市场和合理的生产布局，形成区域乃至全球的贸易网络，以谋取最大的利润。这样，跨国公司走上了时代发展的舞台。（20 世纪 70 年代初，联合国经济及社会理事会经较为全面地考察了跨国公司的各种准则和定义后，于 1974 年作出决议，决定统一采用"跨国公司"这一名称。）

1865 年 3 月，十余家在中国的外国洋行在香港成立了香港上海汇丰银行，1872 年获港英政府授权发行 1 元纸币，以补充严重短缺的 1 元银币。截至 1894 年，30 年间，汇丰银行先后在广州、汉口、汕头、福州、宁波、厦门、烟台、九江、北海、澳门、天津、北京、营口、镇江建立分行，银行业务迅速扩大。

1870 年以德国工业巨头西门子家族为核心，在柏林成立了德意志银行。这是一家服务于企业的信贷银行。1871—1872 年又陆续在法兰克福、慕尼黑、莱比锡和德累斯顿等地开设了分行。1887 年，德意志银行开始提供企业初创服务，这是银行史上的第一次。

1870 年，岩崎弥太郎经营汽船运输业，1873 年 3 月，岩崎弥太郎借明治维新的有利时机大力创办产业，将"三川商会"改名为"三菱商会"，日本三菱公司创立。随后三菱开始涉足矿业、造船、银行和保险，为日后公司的成长与发展奠定了坚实的基础。

1872 年日本制定《国立银行条例》，1873 年根据该条例创立第一国立银行，成为日本企业发展的重要里程碑，标志着近代股份制企业在日本出现。

在招商局正式开业的同一年，1873 年，怡和洋行创始人詹姆士·马地臣的侄子休·马地臣在西班牙创建力拓公司。1885 年、1860 年先后成立了必和公司和必拓公司。百年后兼并了全球数家有影响力的矿业公司，成为在矿产资源勘探、开采和加工方面的佼佼者。

17 世纪伊始的 1600 年 12 月 31 日，经英国女王批准，英国东印度公司成立，这是一个集资从事贩卖的合伙机构，也是跨国公司经营形式的开始。早期跨国公司的业务主要是新航路上的海上贸易。招商局成立前夕，1857年印度民族大起义摧毁了东印度公司的殖民贸易体系，东印度公司这个巨无霸被一些相对较小的贸易公司继承。被称为东印度公司三大继承者的怡和洋行、宝顺洋行和旗昌洋行在开拓殖民经济的道路上可谓"生机勃勃"，最为直观的表现就是争夺中国航运市场，进而"游戏"中国航权。

1862年3月27日，由美国旗昌洋行总代理的上海轮船公司（即旗昌轮船公司）在上海建立。"在当时要比在华的任何英国公司的船队都大。1867年到1872年间，这支美国船队垄断了长江的轮船航运业，同时也在中国沿海的一些航线上拥有显赫的地位。……这是美国和英国的河运、海运轮船的首次竞争。"（见刘广京《在中国办航运公司（1861—1862）》）作为美国旗昌洋行年轻职员的金能亨精明能干、长袖善舞，充分利用美国在中国通商口岸的经济资源，硬是吸引中国买办商人和在中国居住的英国商人投资，募集资金，购买当时最为先进、适合长江航运的密西西比型吃水浅轮船，从事中国轮船航运业。

1867年7月，英商轧拉佛洋行（Glover. & Co.）创立公正轮船公司（Union Steam Navigation & Co.）；1868年8月，英商惇裕洋行创办北华轮船公司（North China Steam & Co.）；1872年1月，由英国太古洋行支持建立的太古轮船公司正式成立，经营中国长江和南北洋沿海航运；1873年1月，资本雄厚的英商怡和洋行在上海设立华海轮船公司（China Coast Steam Navigation Co.）。

如果说一家跨国公司的发展历程就是一部缩写版全球经济史，那么跨国公司体系的历史就是一部全球经济体系演化史。各列强的企业，以条约做护符、以船坚恃强，横行于中国内河、沿海，获取丰厚利润，侵蚀中国航权。招商局创立之时，中国正处于列强殖民经济疯狂扩张期。陈潮在《晚清招商局新考》中指出：

> 从五口通商到1873年的短短二十年间，长江沿海似乎已是外国轮船的天下，那里行驶着大大小小的外国轮船，其中以英、美商船为上。……在中国资本的轮船招商局诞生以前，以上海为中心的长江轮船航运业和南、北洋轮船航运业全部为外国资本所垄断，外国资本的轮船公司在中国江海之上恣意竞争，共同垄断，为所欲为。在外国轮船航运业的冲击下，沿海、内河以承运漕粮为主的传统沙船业面临崩溃的局面。洋船汹涌而来，沙船业遭到灭顶之灾。

西方列强的强盛、西式制度的优越、外资经营获利的诱惑、民族经济面临的危机……共同催生了中国第一家民族航运企业的诞生。

1872年11月30日，伊敦轮开辟了中国第一条近海商业航线，满载货物，悬挂着双鱼旗，由上海驶往福州、汕头。招商局开局后的首航亦由伊敦轮担任，1873年1月19日，伊敦轮首航香港；同年8月初，伊敦轮开辟了中国至日本的第一条远洋商业航线，

运漕沙船与西式轮船混行于中国江海的情景

首航日本神户、长崎；1873 年底，航线远至南洋的吕宋等地，打破了外国商船垄断中国远洋运输的局面。招商局成为中国近代工商业的先驱。

招商局的创立有着十分深刻的历史背景，从多视角、多维度、多因素认识招商局创立的重大意义，从而认识中国近代工商业的出现、发展，也许值得深入探索，本文权作一点尝试。

李鸿章与招商局

1871 年调任直隶总督时的李鸿章

说到招商局，必然提到李鸿章。李鸿章称创办轮船招商局"实为开办洋务四十年最得手文字"，可见招商局在李鸿章心中的分量。李鸿章与招商局是一种什么关系？不少专家学者都有研究论述，笔者也对此甚感兴趣，试做归纳，以为似可概括归纳为四点：一是李鸿章创办招商局，二是李鸿章支持招商局，三是李鸿章利用招商局，四是李鸿章控制招商局。

一、李鸿章创办招商局

积极推动创办招商局的是李鸿章，正式提出创办招商局的也是李鸿章。在西方列强大举入侵，中国江海航权几乎丧失殆尽，洋人攫取航运暴利，民族传统航运业江河日下、几近衰亡的形势下，李鸿章于1872年12月23日上奏《设局招商试办轮船分运江浙漕粮由》，力主创办轮船招商局，期望"从此中国轮船畅行"，改变洋轮占据我国江海航运的局面以求振兴民族航运，使"我内江外海之利不致为洋人占尽"，并警醒清王朝当权者此事"关系国计民生"，显示了洋务派以推行洋务实现"强兵富国"的宏伟志愿和抱负。

在上奏同治皇帝请求批准创立招商局的同一天，李鸿章又以《论试办轮船招商》向清政府负责洋务的总理衙门致函，转报轮船招商局创立的实际操办者朱其昂等所拟定的《轮船招商公局规条》（即《轮船招商章程》），就创办招商局的一些重要问题向总理衙门做必要的说明，对章程做一些解释，目的是征得清政府具体管理部门的支持。李鸿章在函中称"迄今又六七年，此局因循未成"，毫不客气地指出，创办新式轮船公司的事讲了六七年，还是没有办成，不成功的原因是"实由筑室道谋，主持无人，商情惶惑"，就是说在屋子里空议，没有人办事，对商情根本不懂。并一针见血指出："若徒议章程而不即试行，仍属无济于事，若不及此时试行，恐以后更无必行之日。"其目的在于加快推进创办轮船招商局。李鸿章在该文中重点讲了创办轮船招商的时机、必要性和迫切性。认为：创办轮船招商"一则为领用官船张本"，即创办轮船招商可使将来的中国造船业大有出路，会支持促进造船业发展；"一则为搭运漕粮起见"，即可以保证涉及国计民生的漕粮运输，解决"江浙海运米数日增，沙宁船只日少"的问题。因此，"于国计，固有裨助"。

李鸿章递呈奏折三天后的1872年12月26日，同治皇帝和慈禧太后即行批准，可见递呈奏折和批准创立只是"走形式"，创立招商局已经是水到渠成、顺理成章。

然而史料表明，在创立招商局的问题上，争论颇多，各种非议此起彼伏。其创立难度在保守、腐朽的晚清时代是可想而知的。若无李鸿章坚定的创办决心、显赫的政治地位、周密的策划部署，实难成事。

李鸿章创办招商局不是心血来潮，也不是盲目妄动，而是有着深刻的思想理念和战略谋划。鸦片战争后国门洞开，各国列强在华逞强；外国商船以经营商业为名深度插手中国内河、沿海转运贸易，中国航权迅速丧失；邻国日本致力于变革维新，国势日渐趋强；洋务运动成果鲜见，富国强兵捉襟见肘。作为洋务派的重要代表人物，李鸿章洞悉世界大势潮流，警醒国人"临千年之大变局也"。李鸿章是抱着与洋人争高低的心态来主持创办招商局的，他在书信中言："以中国内洋任人横行，独不令华商展足耶！日本尚自有轮船六七十只，我独无之，成何局面？"（见李鸿章《复孙竹堂观察》）

李鸿章创办招商局，就是要建立中国自己投资经营的商船公司，吸引依附于外国轮船公司经营中国江海航运的中国商人投资中国航运业，同在中国水域营运的外国轮船公司展开商业竞争，以达到收回航权、争取利权之战略目的。

李鸿章也深知，创办西式现代轮船公司在中国尚属首例，因此以试办渐次推行，显示其成事之老道。对于创办招商局，李鸿章可谓煞费苦心，亲力亲为，面面俱到——亲自选择江浙沙船巨商、漕粮运输专家、创办轮运企业的积极支持参与者朱其昂主持筹办事务，指导制定《轮船招商章程》，确定招商局"官督商办"的管理体制，制定招商局局旗、关防（印信），借给招商局创办资金，为招商局向清政府争取优惠支持政策等。可以说，没有李鸿章，就不会有招商局。

中国近代经济史、航运史著名学者，美国哈佛大学历史学博士刘广京指出：

> 凡熟悉19世纪中国历史的人，于中国大多数士大夫对前所未有的外部危机盲目自满，必定有深刻印象。的确，意识到西方侵略事实的中国人充满着愤懑的情绪。但是他们即使意识到西方侵略，传统文化的熏陶却使他们迟迟未能具备应付新的挑战所必需的革新和改革的思想。虽然大多数士大夫对于这一挑战的态度，如果不是愤恨不平的话，便是麻木迟钝，但是目睹危机而态度现实足以看到世局巨变的人并非没有。

> 李鸿章正是这样一个人。从 1860 年开始的 30 多年中，他成
> 为中国自强的首要倡导者。
>
> ……
>
> 1872—1873 年李鸿章创办轮船招商局时，他的目的不仅
> 在于拥有轮船将漕粮运往华北，而且还在于同外国商行的轮
> 船进行竞争。⚑

因此可以说，对于全国督府领袖，集内政、外交、洋务、海防于一身的李鸿章来说，创办招商局是其倡导洋务、推行其富国强兵经济政策的社会改革实验。李鸿章亲自倡导并推动创办招商局，为招商局的百年发展奠定了十分重要的基础。

二、李鸿章支持招商局

翻阅晚清特别是招商局历史资料，可以看出李鸿章不仅创办了招商局，而且自始至终坚定不移地支持招商局，既管其出生，亦管其长大，呵护招商局，庇护招商局，时时关注招商局。李鸿章给予招商局的直接支持办法主要包括：一是借给官款，支持财务；二是协调安排漕粮运送，给予货源支持；三是提高运费率，高于外商两三倍；四是政府购买运输服务；五是支持招商局商事商办。

李鸿章在《试办招商轮船折》就明确提出为支持创办招商局"请

⚑ 刘广京：《儒家务实的爱国者：李鸿章事业的形成阶段（1823—1866）》，收录于《刘广京论招商局》，社会科学文献出版社，2012 年。

照户部核准练饷制钱借给苏浙典商章程，准该商等借领二十万串，以作设局商本，而示信于众商，仍预缴息钱助赈，所有盈亏全归商认，与官无涉"。

招商局创办之初地址

据档案资料，为筹办招商局，1872 年 8 月 15 日李鸿章就已报请户部申请借钱，并明确官方只取官利，不负盈亏。借期为 3 年，年息 7 厘，扣除预缴利息及其他款项，实收 18.8 万串，大约合 12.3 万余两白银。不仅是支持创办，尔后招商局资金遇到困难时，李鸿章仍是不遗余力予以支持。唐廷枢在 1877 年 4 月 20 日发布的《轮船招商局第三年帐略》中赫然写道：

今年七月间，李伯相（李鸿章）移节烟台，各国公使会议之余，因论及此，莫不赞本局定章之善，立法之详，而施设之难亦莫不尽悉。惟查三年以来，贸迁尚称顺遂。第一年获利一分，第二年获利一分五厘，满拟第三年利息尤厚，无如去年秋冬，滇案未了，今年春夏，南荒北旱，货物不获畅行，洋船减价；又值今年上海银拆极大，遂至本届归纳官款庄息之外。是有五厘之息。幸荷李伯相及江浙督抚宪、天津、山东两关先后拨存银七十万两；又承江浙两大宪允俟来春多拨漕米，既有官款以免吃亏庄息，漕米倍加于前，是来年利息善榷算者似可共信矣。去年冬，蒙江苏省大宪派拨漕粮三十万余石，浙省大宪派拨漕粮二十四万余石，有承鄂省大宪饬委照章采运三万石，共五十八万石，于本年正月初起运，至六月一律运竣。

《字林报》曰：

> 现中国朝廷拟议招商轮船局所有借、收未还各款，俱由国家自行筹填，盖船局所借李伯相之钱七十万吊、各海关所暂借之银一百万两，概算国家入股也。洵如斯，则商局将更为官局。

1877年招商局收购美国旗昌轮船公司是招商局初创时期加快发展壮大的一项重要举措。在收购资金困难的情况下，为支持招商局收购美国旗昌轮船公司，李鸿章出面协调为招商局筹措收购资金。据1877年4月21日《北华捷报》报道，招商局借官款以发展。李鸿章的军队曾于1873年因欠军饷叛乱，欠饷部分是由于李用天津军饷支持招商局。借贷购买旗昌轮船公司船队的官款共达100万两白银。为了购买成功，李奏请调拨湖北藩库公项。派用赈济的15万两白银后来转到招商局生息。《招商局第三年帐略》记载：

> 旗昌春间已有此议，至七月枢等在烟台亦曾禀知伯相，

因款巨缓议。迨前回沪，该公司复来曲就，枢等因思现蒙江、
浙两大宪许加漕米，两江督宪又有拟将江安漕粮改归海运之
折，势必添造方不误工，与其经营日月，费巨款以图新，何
如次第度之，构成材以济用？故商之朱、盛三观察，润偕赴
金陵，禀督宪沈（葆桢），当蒙批照办，并奏拨公款一百万两。
枢始与旗昌订明，价银二百万两。

除了官款，李鸿章还通过安排更多的漕运货源以帮助招商局。
李利用其对有关各省官员足够的影响力，让他们将该省每年漕粮
分拨一部分由招商局承运。运送漕粮时招商局享有与沙船相同的
运费，这些运费率比外国轮船公司收取的运费率高两三倍。招商
局平均每年承担 50 万石左右的漕粮运输，并且劝说一些省的官
员将招商局轮船用于政府其他公务。李鸿章把管理权交到专家即
商人手上，并运用自己巨大的影响力为招商局创造有利的条件。
他使各省官员每年把部分漕粮交托招商局承运，运费与海运帆船
相同。⚑

1882 年 10 月 15 日，《申报》刊登招商局第九年总结，指出：
招商局第五年时"资本只有七十五万，而官款已欠一百九十二万，
商款已欠二百三十七万余两之多。幸蒙李爵相鉴查局款艰辛，奏准
将官款暂行停息以期周转，分年带本，以轻仔肩，遂至是届除还各

⚑ 黎志刚、陈俊仁：《清政府与商办企业：轮船招商局（1872—1902）》，载《近
代中国》第二十辑。

户筹垫利息三十六万两之外,尚可派利五厘,提存五厘。……当斯时也,内欠二百余万之多,外有奉旨查账之件,几将全局倾颓,幸赖李爵相洞烛无遗,力扶危局,奏请添拟漕米以固其根,暂停缴息以纾其力,由此根固力纾,连年得利。今日官款可以按期拨还,诸君股息能得厚利者,莫非爵相之力。"这段话可以说将李鸿章倾心竭力支持招商局渡过难关的形象跃然纸上。

支持招商局经营管理层商事商办是李鸿章支持招商局的重要方面。李鸿章在《复陈招商局务片》中指出:"诚以商务应由商任之,不能由官任之,轮船商务牵涉洋务,更不便由官任之……惟因此举为收回权利起见,事体重大,由裨国计民生,故须官为扶持。"从1877年起,清政府许多官员建议朝廷将招商局收归国有,李鸿章明确保护招商局管理的自主权,其原因在于要利用招商局吸引商业投资。招商局在开办最初的10年中,管理上严格立足于获利的目的,是一家基本上可以自主经营的商业机构,这得益于李鸿章支持以唐廷枢、徐润为代表的具有西式现代企业经营背景和具有资本主义精神的商人团队,支持遵循商业规律、遵守商业规范、商事商办。

不仅如此,李鸿章还为招商局"遮风挡雨"。在招商局遭受攻击诬陷时,他以首揆之尊为招商局伸张正义,反驳、斥责对招商局的诋毁,为维护招商局不惜与其他众臣正面冲突。两江总督刘坤一曾提出将招商局创办时的官方借款转为官股,使政府成为招商局的最大单一股东,从而控制招商局。李鸿章坚决反对,致使刘坤一等人的计划未能实现。

三、李鸿章利用招商局

李鸿章称把创办轮船招商局看作"实为开办洋务四十年最得手文字"。作为洋务派重要代表人物对招商局有如此评价，非同一般。李在积极支持招商局的同时，也充分地利用招商局。

（一）利用创办招商局实现其"富国强兵"的政治理想

经过两次鸦片战争的失败，以及太平天国运动的打击，清朝的一部分官僚开始认识到西方坚船利炮的威力。为了解除内忧外患，实现富国强兵，以维护清朝统治，开始主张学习西方声、光、电、化、轮船、火车、机器、枪炮等先进的技术和文化，大规模引进西方先进的科学技术、兴办近代化军事工业和民用企业，打出"自强"和"求富"的旗帜。李鸿章无论先期署理两江总督，还是后期掌管直隶，始终是洋务派的代表人物。他先是创办江南制造局、金陵机器局、天津机器局三大兵工厂，以实现其"练兵以制器为先"的强兵主张，但对其成绩深感失望。19世纪70年代出任直隶总督后，责任愈巨，视野愈阔，综观世界各国的发展，李鸿章痛感中国之积弱不振，原因在于"患贫"，得出"富强相因""必先富而后能强"的认识，将洋务运动的重点转向"求富"，大力兴办民用工矿业和运输业，以富求强，达到富国强兵抵御外国列强扩张，以维护清王朝统治的目的。

创办轮船招商局正是李鸿章推行其洋务主张的具体举措。

1872 年 12 月 11 日，李在给两江总督张之洞的信中称："兹欲倡办华商轮船，为目前海运尚小，为中国数千百年国体、商情、财源、兵势开拓地步。"而轮船招商局的巨大成功，成为李鸿章办洋务最值得炫耀的政绩和最具说服力的成功案例，因此有"办洋务四十年最得手文字"的自我夸耀。李鸿章的一生褒贬不一，毁誉参半，但他创办招商局无疑在推动中国发展民族航运业、工矿业、制造业、金融业、电信通讯等方面发挥了具有开创性的变革作用，推动了社会的进步。

（二）利用创办招商局推行其经济思想

李鸿章一直被称为晚清军事家、政治家、外交家、治国理政之官僚，还没有被称为经济学家。笔者认为李鸿章的经济思想有待系统研究，这也许是中国近代历史研究中的一个"洼地"。而仅就李鸿章创办招商局，尔后支持、操控招商局就已反映出李鸿章的经济思想主张。

民族主义经济思想。学者黎志刚指出："总督李鸿章为一种经济民族主义——对外国经济控制的抵抗——所激发，他的爱国情感要求航运计划不允许外国投资者加入招商局。"[⚐]无论李鸿章前期创办军工，还是后来创办民用，其核心均在富国强兵。这在创办招商局过程中可谓体现得淋漓尽致，彰显无遗。李鸿章的经济思想具有强

⚐ 黎志刚、陈俊仁：《清政府与商办企业：轮船招商局 (1872—1902)》，载《近代中国》第二十辑。

烈的民族主义情结，最重要的体现就是"富国强兵"。

刘广京曾指出，李鸿章出于民族利益和洋务派自强的理念，坚持不借外债，不予洋顾问以实权。李鸿章在 1880 年的一篇关于铁路的奏折里曾说，即使借洋债造铁路，也不能让洋人"干预吾事，一切要由我自主……不如是勿借也"。这在创办上海织布局过程中亦有体现。上海机器织布局是中国第一家机器棉纺织工厂，是中国近代重要的工业产业。1881 年织布局开始建厂，设计产能纺机 35000 锭，布机 530 台。建厂之初，郑观应向李鸿章请求给予织布局专利与出品免厘（即缴税优惠），李鸿章准予"十年内只准华商附股搭办，不准另行设局"的专利和在上海本地零售免交税厘的特权，以保护、推动民族纺织业的成长壮大。

商业竞争思想。无论创办军工、创办民资工业、发展航运业、推动工商业发展，李鸿章始终坚持与洋人争利。李鸿章设立招商局的主要动机，正如他所指出，就是要"分洋人之利"。"轮船招商局最初是为了同在中国水域的外国轮船公司进行商业竞争的目的而设立。"[1]实际上，事实也是如此。招商局创立后，直接面对的就是以英美洋商为代表的列强经济，并与之展开了激烈的商业竞争。招商局先后与怡和、太古两大轮船公司签订齐价合同，显示了竞争的激烈与复杂。

官督商办的企业治理体制及政企关系。李鸿章在支持创办招

---

[1] 黎志刚：《李鸿章与近代企业：轮船招商局（1872—1885）》，收录于《黎志刚论招商局》，社会科学文献出版社，2012 年。

商局过程中，对确立中国经济生活中的官商关系，支持招商局推行"商务由商任之"的商承体制，给予企业自主权，限制官督权限，支持商办之实等商业发展的重大问题进行了积极探索。针对来自清政府和高级地方官员的猜测、指责、干预，李鸿章坚持"商务应由商任之，不能由官任之。轮船商务牵涉洋务，更不能由官任之也"。其中官督商办作为当时清政府设立工商业机构的一种制度，对中国近代企业发展，以及其产生的长远影响具有重要的研究价值。

国家干预经济的思想。两次鸦片战争后，特别是洋务运动兴起后，"1870年代的中国，国家在经济中的作用正在增强。积极的自强运动——李鸿章致力于提倡近代企业正是这项运动的一部分——可以看作晚清中国近代国家建造的一个进程。"[注]李鸿章通过一系列措施支持招商局，体现了国家干预的经济思想。政府的支持政策既是招商局成功的重要原因，同时也是控制、影响、干涉招商局的手段，支持与干涉实际上是政商关系的两面。在19世纪六七十年代的社会背景下，不断增强的国家干预实际上是有其积极意义的。在外国列强政治上施压、经济上掠夺，国家衰弱、社会贫困的形势下，国家干预对于引导民族资本投资、抵御外国资本占据市场、延续经济殖民化、发展民族经济、保护国内市场，特别是实现洋务派富国强兵的主张而言是不可缺少的，甚至是十

[注] 黎志刚：《李鸿章与近代企业：轮船招商局（1872—1885）》，收录于《黎志刚论招商局》，社会科学文献出版社，2012年。

分必要的。倡议发起创办军工和创办招商局等一批民用企业，利用国家政策引导企业发展方向，利用国家掌控的经济资源、行政权力或支持、或干涉、或强行介入都有李鸿章国家干预经济思想的重要影响。

（三）通过创办招商局聚集新型商业人才

李鸿章搞洋务，深知人才的重要，这在创办招商局的过程中得以充分体现。李鸿章通过创办招商局积极发现、网罗、聚集"经世"人才。先有江浙沙船运输业代表朱其昂牵头筹办招商局，后有近代著名买办唐廷枢、经商大家徐润、近代著名维新派思想家郑观应相继入局，再有集官商于一身的盛宣怀出任招商局督办，更有李氏幕僚随办洋务学贯中西的马建忠（曾任招商局会办）、被称作倡导新式轮运第一人的容闳、漕运专家朱其诏等，他们既是为李鸿章出谋划策的幕僚、谋士，又是在商场上"搏杀"的斗士。李鸿章深知人才之重要，常为得一才而兴奋，也常为失一才而惋惜。唐廷枢因劳累病重逝世，李鸿章痛心不已，称："中国可以没有李鸿章，不可以没有唐景星。"唐出殡时，李亲赴葬仪，爱才之心可见一斑。招商局在创办之初的第一个10年发展迅速，成效彰显，其中一个重要原因就是李鸿章让懂商业的人来经营，把经营管理权交给商人，同时运用他的巨大影响力予以支持。

（四）利用创办招商局进行工商业实验

李鸿章在招商局进行了一系列工商业实验，而正是这些实验，不仅创造了中国工商业的诸多第一，发挥了开先河的历史作用，而且开启了中国工商业进步的历史。这些实验包括：体制实验，如在招商局实行官督商办的企业治理体制，进而在汉冶萍同样实行官督商办，以致官督商办成为企业发展史上的重要体制形式；实行股份制"招募商股"，聚集社会资本；在中国工业极其落后的情况下，通过引进西方先进技术设备加快建设中国民族工商业；企业投资建设商业银行——中国通商银行；针对西方资本拒绝为中国船舶保险，投资设立中国第一家商业保险公司——仁和保险，打破西方资本的保险垄断；引进外国先进的大矿业设备，建设中国采矿业；建设第一条专用铁路；设立电报电话；投资纺织业等。招商局初创时期实际上是在做中国工商业的进步实验，引导中国农业经济和自发的、不成规模的、落后的断代经济跟上时代潮流，以达到富国强兵、革新社会、稳定政权的目的，这种实验具有重要的社会进步意义。

四、李鸿章控制招商局

李鸿章既是招商局的创办者、支持者，也是招商局的实际控制者，可以说是支持与控制并重，为控制而支持，用支持巩固控制。客观地说，控制招商局既反映了李鸿章从感情上对招商局的偏爱，更反映了其政治抱负上的依靠。李鸿章控制招商局主要体现在：

（一）确立管理体制

从一开始李鸿章就否定了朱其昂提出的官商合办体制，确立了官督商办体制，明确界定官与商的不同责任。官督商办是李鸿章的一大发明，在致总理衙门的《论试办轮船招商》中指出："目下既无官造商船在内，自无庸官商合办，应仍官督商办，由官总其大纲，察其利病，而听该商董等自立条议，悦服众商。"为了保证官督，从一开始就由李鸿章派出总办（相当于现今的公司总经理），商局事务皆由总办主裁，这使招商局从一开始就带有浓厚的官办色彩。另一位洋务派大员刘坤一指出：官督商办就是"在局员董由官委派，账目由官稽查"。虽然如此，但从当时的社会实际情况来看，官督商办对于支持新生的轮船招商局，发挥了重要作用。

（二）控制用人权

控制选人、用人是李控制招商局的最基本也是最重要的手段，李对招商局选人、用人、评价人具有最高的决策权。《轮船招商公局规条》明确李鸿章握有最高的控制权："商董若不称职，许商总禀请大宪（李鸿章）裁撤，另行选举，商总倘不胜任，亦应由各董联名禀请更换。"李鸿章对董事会选用董事、招商局总办（总经理）、会办（副总经理）及帮办（类似今助理）有最终决定权。无论筹办时任用朱其昂担当筹办，还是引进唐廷枢、徐润、郑观应、马建忠，还是盛宣怀出任招商局督办（代表清政府监督管理招商局），无不是出自李鸿章的指示。

1882 年 10 月 15 日，《申报》载招商局第九年总结："查本局原系同治十一年秋间，经李爵相札委朱云甫（朱其昂）招商开办，旋至十二年五月枢（唐廷枢）蒙爵相札委，重订章程接办，仍着朱观察专理运漕事宜。当是年六月开办时，润（徐润）又蒙爵相札委会办（副总办），旋因公事繁多，云甫观察禀请爵相札委乃弟翼甫（朱其昂之弟朱翼甫）观察帮同办理漕务，又蒙爵相札委盛杏荪（盛宣怀）观察到局料理运漕、拦载事宜。是自同治十二年至光绪五年，六届公事均系枢等五人商办。今春又蒙爵相札委观应（郑观应）到局帮办。"这段话揭示出朱其昂、唐廷枢、朱翼甫、盛宣怀、郑观应均由李"札委"任用，从中可见李通过管人达到控制招商局的目的。

（三）掌控事权

《申报》1873 年 8 月 1 日报道李鸿章到天津视察招商局："日前，李伯相（李鸿章）亲诣轮船招商局，遍阅局内之事，且细为查验'利运'火船之机器什物，该局总办朱君与局内各员，并天津文武皆徙迎而恭送焉。"透过"亲诣""遍阅""细为查验"可以想象李对招商局事权的掌控。经过学者黎志刚的查找，发现关于对招商局管理层日常运作所发出指示的晚清档案至少有四百件。

仅举一例以证之。光绪元年二月初四日（1875 年 3 月 11 日）李鸿章在致盛宣怀信中严厉斥责推诿扯皮、办事拖拉，指出：

查招商局生意以运漕为大宗，凡在局人员，理应格外慎重。况本年漕粮前据议明伙办，各有应得股份，并经本阁爵部堂札饬认真经理，无须事事妥速办好，以期信服垂久在案。朱道（朱其昂）既赴江西料理采办事宜，盛道（盛宣怀）尚驻局会同唐丞（唐廷枢）经理，其兑收转运各事，唐丞责无旁贷。乃已验漕粮不肯即日兑现，且迟至半月以后，屡催罔应，一任司事伙友玩延，实属荒谬已极，殊堪惊诧。此系该丞与盛道等份内应办之事，何得谓非所专司，视为无足轻重。试问该局生意有紧要如运漕者耶？合亟抄迭严札饬遵。札到，该丞立即遵照，将积存各省漕粮限五日全数兑收。嗣后无论何省粮米，均须遵办随收，迅速装运。倘再稽延推诿贻误，定于严谴，凛之慎之。

李鸿章对招商局看得紧、管得严，从中可见一斑。

李鸿章积极推动和支持创办招商局，同时也充分利用和有效控制招商局，对于打造民族工商业企业范例，探索中国民族工商业的兴起和发展，积极引进西方先进的经济思想和理念，引进工业革命的科技成果，务实地实践富国强兵的社会革新理想具有十分重要的历史意义，是值得深入研究的。

初创时期管理者的企业家精神

1872年12月26日，清政府批准创立轮船招商局，1873年1月正式开业。1873年至1883年的第一个10年是招商局的初创期，创造了招商局百年历史上的第一次辉煌。

——创建并打造了第一支中国人投资经营的民族远洋运输船队，成为中国最早走出中国、走向世界的企业。招商局历史博物馆展示的1873—1883年招商局航海图清楚地显示，招商局的远洋轮船向东到达美国的旧金山，向西到达伦敦，日本及东南亚已经成为招商局船队的近洋航线，招商局还在海外设立机构开展经营活动。船队规模由1872年创建时的仅1艘伊敦轮，发展到26艘，33378吨。

——成为在长江、沿海与外轮竞争中一支不可忽视的航运力量，通过收购美国旗昌轮船公司，与英国企业太古、怡和进行价格大战，在航运市场站稳了脚跟。

——以航运为主业扩展产业链投资。在这一时期投资创办了同茂铁厂（修船厂）、保险招商局、仁济和保险公司、中国通商银行、开平矿务局、织布局、汉冶萍铁矿，修建了第一条矿山铁路，建成第一条商业电话线，开展了电报业务等。1883 年的招商局已经俨然类似一家今天的产业集团。

——确立了商承体制，形成了一整套现代企业管理制度。1875 年 1 月 29 日，《申报》称："试观招商公局之设，所有厘订章程，悉臻美善，有利而无弊，则他如银肆、开矿、保险、制船，皆可以众力举之，将见众志成城，云集想臻，中国富强之效可立而俟矣。"黎志刚指出："招商局是近代中国各类交通、工矿企业中规模最大、最早引进技术和管理方式的商业企业。"⚑

在招商局创办的最初 10 年，招商局的创办人——李鸿章以其特殊的影响力和创办洋务企业的决心全力支持推动招商局的快速发展，发挥了十分重要的作用，可以说，没有李鸿章就没有招商局，没有李鸿章的支持就没有招商局最初的生存发展，这是毋庸置疑的。同时，也应看到以唐廷枢、徐润为代表的经营者在招商局初创时期发挥了不可忽视和不能替代的作用。黎志刚认为："招商局的最初成功是政府财政扶持和商人经理独立自主相结合的结果。""唐廷枢和徐润是当时中国商人中能经营新式航运企业的最合适人选，招商局在唐、徐接任后，业务蒸蒸日上，具有辉煌

⚑ 黎志刚：《轮船招商局经营管理问题（1872—1901）》，收录于《黎志刚论招商局》，社会科学文献出版社，2012 年。

成果。"▶因此，探讨招商局初创时期其管理者的作为，对于了解、认识招商局初创时期的历史具有重要意义。

唐廷枢

徐润

唐廷枢、徐润进入招商局是李鸿章在创办、发展招商局上作出的一项十分重要的决策，对招商局的初期发展产生了重大的影响。筹办招商局和创办之初，李鸿章开始是交给江浙沙船主、总办海运委员、二品衔浙江候补道朱其昂的，并对朱其昂鼎力支持、寄予期望。这在其给同治皇帝呈报的创办轮船招商局奏折中清晰可见：

> 朱其昂承办海运已十余年，于商情极为熟悉，人亦明干，
> 当即饬派回沪设局招商。迭据禀称，会集素习商业、殷富、
> 正派之道员胡光墉、李振玉等公同筹商意见相同，各帮商人

<hr>

▶ 黎志刚：《轮船招商局经营管理问题（1872—1901）》，收录于《黎志刚论招商局》，社会科学文献出版社，2012年。

纷纷入股。现已购集坚捷轮船三只，所有津沪应需栈房、码头及保险股份事宜、海运米数等项，均办有头绪，并禀经臣咨商江浙督抚。

在招商局历史上，朱其昂作为筹办主要负责人做出了很大贡献。他试办半年，承运江浙漕粮，因不谙商务，"用人滥而糜多"，其实他所熟悉的"商情"仅限于沙船和漕运，对经营新式轮船业务则一窍不通，在同洋商打交道的过程中不断上当吃亏。刘坤一指责他"既于外洋情况不熟，又于贸易未谙"，李鸿章后来也承认朱其昂对新式航运"未尽得诀"，声明"初用朱守，专为漕运起见"。可以肯定，朱其昂是一个旧式航运商人的代表，或者是一个官僚化的商人。朱其昂既招募不到商股，又不善于经营新式航运，所以在半年左右的时间内，轮船招商局便亏损了4.2万两白银，新生的招商局面临夭折的危险。故，朱其昂不得不辞去总办的职务，请求专办漕务。于是，轮船招商局进行了改组，转入新的阶段。

在此情形下，李鸿章深感时不我待，1873年6月，欣然听取总理衙门孙竹堂提出的"闽粤人财雄力厚，招致粤商入局办事"的建议，当机立断，于同治十一年五月初十日发布《札候选同知唐丞廷枢》："查有候补同知唐丞廷枢，熟悉商情，明白笃实，应令驻局，作为商总。"《申报》1873年6月9日报道称："轮船招商局向系朱君云甫（朱其昂）办理，李节相（李鸿章）已改委唐君景星（唐廷枢）总办矣。按，唐者阅历外务，洞悉西船运载法制，以此任属之，真可谓知人善任者也，想轮船共事从此之日见起色，其利益岂浅鲜哉？"

怡和洋行买办唐廷枢、宝顺洋行买办徐润遂先后入局，分别担任招商局总办（总经理）和会办（副总经理），不久又有太古洋行买办郑观应入局担任帮办。晚清三大买办入局，招商局经营管理层焕然一新，由此开始了百年招商局的创业历程。在此过程中，以唐廷枢、徐润为核心的招商局初期领导层展示了中国近代第一代企业经营者的企业家精神。

著名学者彼得·德鲁克把企业家精神界定为"社会创新精神"，他认为这种精神是"社会进步的杠杆"。德国学者 W. 桑巴特认为，企业家精神是一种不可遏止的、动态的力量，是一种世界性的追求和积极的精神。罗伯特·蒙代尔认为，企业家精神是企业的动力引擎，只有具备企业家精神才能够创新产品，成为天然的领导者，这样的企业家才有能力预测供需的变化和市场风险，才能够抓住机会，才能勇于冒险，最终使企业目标变为现实。

企业家精神有其共性特征，但在不同时代、不同环境中，企业家精神可以显示出不同的特征。招商局初创时期的经营管理层，作为中国第一代企业家，在创立、发展招商局过程中表现出了怎样的精神呢？

一、心怀梦想、追求理想的大格局精神

李鸿章作为创办招商局的倡导者和直接创办人，从一开始就明

确宣示了创办招商局的理想追求。李鸿章在《论试办轮船招商》中提出：

> 目前海运固不致竭厥，若从此中国轮船畅行闽沪，各厂造成商船亦得随时租领，庶使我内江外海之利，不致为洋人占尽，其关系于国计民生者，实非浅鲜。

李鸿章指出了"试办轮船招商"的重大意义和对轮船招商寄予的期望。一是期望"从此中国轮船畅行闽沪"，改变洋轮占据我江海航运，以求振兴民族航运的局面；二是使"我内江外海之利，不致为洋人占尽"，意在分洋人之利；三是此事"关系国计民生"，可谓兹事体大。这一段话充分反映了洋务派"富国强兵"的政治主张，从中显示出，由于西方列强的入侵，中国江海航权丧失殆尽，洋人攫取航运暴利，民族传统航运江河日下、几近衰亡的现实，也显示了洋务派以推行洋务，实现"富国强兵"的宏伟心愿和抱负。

李鸿章还从收回国家航权角度论述了创办轮船招商的必要性，指出了一个十分严重的现实：

> 中国长江外海生意全被洋人轮船夹板占尽，近年华商殷实狡黠者多附洋商名下（注：此指华商投暗股或将船寄托洋商名下），如旗昌、金利源等行，华人股分居其大半。闻本利不肯结算，暗受洋人盘折之亏，官司不能过问。

体现了洋务派对国家的忧虑，这与其"富国强兵"的政治追求是一致的。

唐廷枢、徐润是李鸿章富国强兵理想和追求的积极跟随者和实践者：

> 19世纪70年代初，唐廷枢已是享誉商界的知名买办，拥有巨额财富，在中外企业广为投资，且投资金额巨大，已成为中国航运界威望最高、财力最为雄厚、管理经验最为丰富的代表人物，也是众多在华外国轮运企业竞相延揽的最佳经理人。（见张后铨《招商局近代人物传》）

1892年10月唐过世后，其灵柩送回老家珠海唐家湾。灵柩离开天津时，13个国家的驻津领事馆下半旗志哀，其国家商务官员分乘13艘专船护送。徐润声名虽不及唐廷枢，也是上海最大的富商之一和著名买办。

19世纪末，正值洋商盛时，唐、徐完全可以倚靠洋人，借洋商之力，利用买办特权，既为洋人赚钱，又为自身得利。但大量史料证明唐、徐是有理想抱负的，在进入招商局后、治理招商局的实践中，显示出超群的战略眼光和远大追求。

凡志远者，必心怀梦想；凡谋大事者，必信念坚定。有理想者，非企业家专属，但事企业者，无理想不能成事。以唐、徐为代表的招商局早期经营者是一群心怀梦想、追求理想的觉醒者，是一群洞

观大势、登高望远的战略家。

唐廷枢直言："本局奉李爵相奏明创设，自置轮船，分运漕米，招揽客货，诚所谓谋深虑远，利国便民之上策也。"（见1874年9月16日唐廷枢《招商局帐略》）

唐廷枢、徐润在一篇序言中写道：

> 天下事，谋远者，不计利。初始者，难为功。惟能通盘筹划灼见，夫利可及远，功能善始，而又斟酌五弊焉，方可议行。岂曰冒昧从事哉！轮船招商局创千古未有之局，苟非谙练时势，深悉情形者，未免中多疑虑。[见胡政、李亚东点校《招商局创办之初（1873—1880）》]

将创办和经营招商局看作是"创千古未有之局"，是"谋深虑远，利国便民之上策"，显示了其高站位、大格局的理想追求。

更为可贵的是，唐、徐并非空泛议论，虚张声势，而是将对理想的追求、梦想的实现全部融入对商业成功的追求。这样看，百年后的招商局集团将"商业的成功推动时代的进步"作为自己的核心价值观是有其历史依据和渊源的。

在以唐、徐为核心的经营管理层的领导下，招商局初创的10年创造了招商局历史上的第一次辉煌。1877年3月2日招商局收购美国旗昌轮船公司的报道中称："从此，中国涉江浮海之火船半皆招商局旗帜，不特水脚不至渗漏于外洋，即局面亦堂皇阔大矣。"

中国内河、沿海航权尽失的局面在一定程度上得到控制和改善。

据黎志刚的研究，招商局创立并参与航运后，运费稳步下降。1873 年至 1876 年间，外国航运公司收入共损失 4923000 两白银。此期间，刚刚创立只有陆续买进的十艘船的招商局航运收入达到 1697698 两，中国商人在 1873 年至 1876 年间少付给外国人的费用当在 1300 万两。中国的航运利权开始体现，初步达到了"分洋商利权"的目的。

二、接受新事物、与时俱进的时代精神

中外企业家精神研究，有一个基本的共识，认为企业家精神的灵魂就是持续创新，企业家是实现企业持续创新的组织者和领导者。德鲁克提出企业家精神中最主要的是创新。创办于 19 世纪 70 年代的招商局正处在一个大变革时期，经历了鸦片战争的晚清正处于"千年之大变局"时刻，放眼世界，以电气革命为代表的第二次工业革命正在蓬勃兴起。处在这样节点的招商局领导者同晚清的保守、颓废截然不同，显示出了追赶时代潮流的时代精神。

（一）追随世界工业革命步伐，变革中国传统航运业

1872 年招商局创立时，世界正处于第二次工业革命的开始。第一次工业革命后资本主义经济快速发展，自然科学也取得了重大突破，许多新的技术和发明运用到生产中，生产效率不断提高，掀起了一股工业浪潮。从 19 世纪六七十年代末开始的第二次工业革

晚清时的上海

命以电气的广泛应用最为显著，人类社会由以蒸汽机应用为标志的蒸汽时代进入了电气时代。

19世纪七八十年代，以煤气和汽油为燃料的内燃机相继诞生，内燃机的发明解决了交通工具的驱动问题。1872年，世界海上运输开始进入钢船时代。由蒸汽动力的钢质船代替人力木制帆船已成为时代的潮流。招商局创立前航行于中国江河的中国航运业船只都是木帆船。

唐、徐入局后，大力倡导并购置新船，他们一致指出：

夫五口通商之始，夹板船盛行，而民船载揽日减，迨后轮船四出，水脚愈贱，船身愈坚，驾驶之灵快捷十倍，各商以其货不受潮，本可速归也，遂争趋之，而夹板生意大为侵夺矣。此皆时事变迁，非甘弃民船，而取洋船也。目前大局势成难挽，亟宜自置轮船揽运货物，已收利权，此正富国便商之要务也。

晚清沙船

唐、徐毫不掩饰蒸汽动力的优越性，将采用先进的蒸汽动力钢质船打造中国民族商船队视为"富国便商之要务也"，采取多种手段包括订购新船、收购外国轮船公司、引进轮船附局经营等，10年间从无到有、从小到大，建立起了一支与世界潮流同行的现代商船队。在购置现代商轮的同时，积极开辟远洋航线，使中国商船远航于世界。招商局成为中国最早"走出去"的企业。

第二次工业革命的爆发始于运输与通讯革命，铁路、轮船和电报技术的扩张从根本上改变了经济环境。在购置远洋轮船、发展航运业的同时，开展局外投资，投资创办中国第一家商业银行——中国通商银行，兴建煤矿、铁路、电话电报、修船厂等。唐廷枢在任轮船招商局总办的同时，1978年受李鸿章委派兼任开平矿务局总办，投资经营开平煤矿。唐廷枢从英国订购先进的采矿机械设备，在提升、通风、排水等各个生产环节使用以蒸汽为动力的机械，开中国大规模使用机械采煤之先河，并借投资经营开平煤矿项目之机，开创了中国近代工商业历史上的多个第一。这些都表明招商局自觉不自觉地与两次工业革命产生了紧密关系，既充分地利用第一次工业革命的科技成果，又紧紧追赶第二次工业革命前进的脚步。

刘广京在《华商企业家唐廷枢》中指出："他是中国近代企业家，这反映在他接受了诸如轮船、蒸汽驱动开矿设备和铁路这样的工业革命产品，并成功地召集资本建立让公众参与的股份公司，在轮船招商局最初十年他是公司的灵魂人物。"

（二）积极宣扬、学习、引进西方企业先进管理经验

唐、徐等长年在外国洋行做事，深谙外企经营管理之道，更为可贵的是，他们不仅能够效法西方先进管理经验，还能结合中国的实际、招商局创办新式轮船的具体情况，吸收、引进、消化西方企业经营管理经验。1878 年 6 月，上海《远东月报》对唐氏经理下的招商局有如下记述：该公司虽纯用西法管理，尽为中国之事业。《申报》1875 年 1 月 29 日转录香港《循环日报》载《招商局创立是学习西方的例证》，对招商局学习利用西方企业先进经验大加赞赏：

按西人一切贸易事宜，无不设公司，和群策群力以成一事，所谓众擎助举也。如欧人之东来也，其始亦仅商贾之远贩者耳，先自印度而至东南洋。英人初至印度，设立东方贸

易公司，势盛力集，几举五印度之全土而有之，于是国势日强。所以然者，因西国之力，能以兵力佐其行贾，故渐次而及于远。今中国虽不必效其法程，而于公司一道似亦可以仿行。试观招商公局之设，所有厘订章程，悉臻美善，有利而无弊，则他如银肆、开矿、保险、制船、皆可以众力举之，将见众志成城，云集想臻，中国富强之效可立而俟矣。

唐、徐积极推行西方股份制，以出售股票形式筹集资本，明确规定股东权利义务，以股份制为基本制度管理招商局；引进西方的保险机制，创办了中国第一家保险公司；引进西方先进的核算制。唐、徐借鉴西方企业管理经验，在招商局确立具有中国特点的所有权与经营权结合的商承体制，其核心是"商务由商任之"。在这一基本指导思想和原则之下，唐、徐接任后改订局规十四条及《轮船招商章程》八条；重组人事，确立大股东享有经营大权的商董商总承包制，鼓励商人入股，也引进一批深懂船务的局员襄理招商局事务。

（三）讲究效率，以西法经营局务

《轮船招商章程》明确规定：

惟事属商办，似宜俯照买卖常规，庶易遵守。兹局内拟公举商董数人，协同商总料理，其余司事人等，必须认真选充，

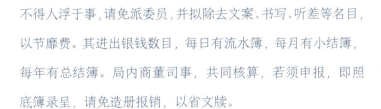

> 不得人浮于事,请免派委员,并拟除去文案、书写、听差等名目,以节靡费。其进出银钱数目, 每日有流水簿, 每月有小结簿, 每年有总结簿。局内商董司事, 共同核算, 若须申报, 即照底簿录呈, 请免造册报销, 以省文牍。

其目的在于降低耗费,提高效率。

一直到1885年,轮船招商局的管理在很大程度上是严格以获利为目的,《轮船招商总局章程》第二条写道:"唯事属商办,似宜俯照买卖常规,庶易遵守。"1885年,为做大招商局股本,唐廷枢大胆提出招募外国资本,解决资金筹措,这一提议已经背离最初不允许外国人占有公司股份的政策。

三、迎难而上、不畏险阻的担当精神

《轮船招商局第三年帐略》记载,招商局成立前有各种议论,成立后同样有各种议论:一是投资无利,"所得用钱无多,徒占成本,未为胜算";二是只能漕运,不能与别船竞争;三是轮船侵夺民船生意。对此,唐廷枢等不理闲言碎语,也不惧各种诽谤之声,"不挠众议,毅然前行",对上述议论,予以严厉批驳:

> 收回利权, 人所共喻, 而不知绸缪未雨, 遇事则调遣有船, 其益于国者一也。洋商既难高抬水脚, 行旅既无浩费之嗟,

而货物照应周详，不致如洋船不可向迩，其益于商者二也。

凡遇碰船之案，莫不凭公赔补，与洋商碰损民船借口不偿者
迥异，其益于民船者三也。

李鸿章曾对两江总督沈葆桢言："两年以来，局势最为纷挐，
徐润之独立支撑，艰苦万状，而粤人性愎，不受谏诤，同事多与龃
龉（yǐ hé），然无雨之则已倾覆。"唐廷枢多年操持航运业务，
深知招商局时刻不能脱离保险，可在外商保险公司投保条件实在苛
刻：一艘购置成本10万两白银的船舶外商只限保6万两，超过部分
只能自保，且保费按月"一分九扣"，也就是说年费率高达12%，
如此费率在唐廷枢看来无异于勒索。1875年4月的招商局福星轮惨
案更加快了成立保险招商局的进程。招商局以7.4万两白银购入的福
星轮在黑水洋被怡和澳顺轮撞沉，致63人溺亡，7200多石漕粮和客
商物资灭失，因招商局船只没有保险，财产损失10余万两白银，人
身赔偿2.4万两白银。这一惨重损失几乎吞噬了招商局五分之一的本
金。

在唐廷枢紧锣密鼓的操持下，1875年11月4日，保险招商局终
于在《申报》宣布成立，后又在此基础上融资扩股，组建了更大规模
的保险公司——仁和保险公司。1886年，仁和、济和两公司合并成立
仁济和保险公司，资本金达规银100万两，相当于现在1亿多元。仁
济和保险公司成为民族保险史上第一家颇具规模的保险公司。

1892年10月7日，唐廷枢在天津开平矿务总局病逝，享年

《仁和保险公司公启》

61岁。上海英文报纸《北华捷报》载文称，唐廷枢的一生代表着中国历史上的一个时代，"他的死，对外国人和中国人一样，都是一个持久的损失。……所有关心中国进步的人都感到悲痛。"李鸿章亲自主持了一场隆重的葬礼。在葬礼上，李鸿章神色悲戚地说："中国可无李鸿章，但不可无唐景星。"

刘广京指出："其（唐廷枢），一生的经历表明，他总是既敢于冒险，又长袖善舞，一方面能将中国商人和官府资源结合起来，另一方面又能利用欧美的技术专长，他是个爱国主义者，而观念上却是世界性的。"

四、敢于竞争，迎接挑战的拼搏精神

唐廷枢在1875年的《轮船招商局第二年帐略》中说道：

伏以漕运乃本局之根基，揽货乃轮船之要领。根基固，要领得，轮船自必日多，方能与他国争先是以……今我局以本国之船，装本国之货，系本分之事，岂容外人觊觎。凡有血气者，莫不以父母之邦自办轮船，为虑远谋深知策。间有洋商竟尔忌妒，不思伊当日用轮船夹版夺我国民船揽载，大获中华之利，今以自己生意减色，或妄思放价夺装漕米，以断本局之根基；或无端造言惑众以阻挠附股之义举，在各大府自能洞烛其奸，而有股者，亦必受其蛊惑。枢等惟有竭意经营防维择要，以期不负爵相所委及诸君所托。

这段话可谓血气方刚，满腔热血，义正词严，掷地有声。俨然是一份迎接挑战、拥抱竞争的宣言书。

招商局初创10年可谓创业艰辛。既有内部纷扰，又有外部压力，非拼搏进取，无他途可选。最具代表性的就是1877年全面收购旗昌（美国旗昌轮船公司），1879、1882、1886年三次订立齐价合同（招商局、怡和、太古价格竞争大战结果）。

1877年1月8日《申报》第一版报道：

本报新告白内，见有旗昌洋行召集各火船股份人，欲商议全卖火船、栈房、码头一事，则于以显见招商局顶买该公司之实据。而各股份势将同声乐于出卖者，已可先事见之。故此举几可视为已成矣。

按，旗昌洋行久行于扬子江面，而卒肯告退，实所少见，于是西人相隔，华人得意之喜兆也。此后长江只有太古洋行火船四只，往来天津亦仅怡和一行耳，余惟招商局旗帜是见，斯亦时势之转机也。

招商局购进旗昌轮船公司全部财产清单	
大轮16艘（计江船9艘，海船7艘）	1488000 海关两
小轮4艘，驳船5只，就伙机2付，机器厂	85600 海关两
上海码头栈房等（计金利源码头、栈房、宁波码头栈房、老船坞栈房，江船机器厂、金方东栈房码头）	763600 海关两
汉口、九江、上海趸船	110000 海关两
煤斤、食物、洋酒、船上零用杂物、木植、铁料	60000 海关两
	小计：2507200 海关两 折足规银：2000000 两
汉口、九江、镇江、宁波、天津楼房、栈房等	规银：220000 两
	合计规银：2220000 两

　　招商局筹资222万两白银，全面收购旗昌轮船公司，共收获大轮16艘，小轮4艘，驳船5只，上海码头栈房，汉、浔、沪趸船、房产等。《刘广京论招商局》中指出：招商局"发展这样迅速肯定应归功于唐廷枢及前买办同人敢于冒险的特性……唐廷枢及其同人的大胆举措成功地使招商局有着举足轻重的地位"。此次收购被称为中国历史上第一桩对外收购案。1877年3月2日《申报》报道："兹定于今日将各船及栈房、码头尽行照议，交于招商船局经理。各船已于西3月1日归在招商局名下……从此，中国涉江浮海之火船半皆招商局旗帜，不特水脚不至渗漏于外洋，即局面亦堂皇阔大矣。"

　　1877年，招商局成为中国最大的轮船公司。

　　陈潮著《晚清招商局新考》认为：招商局收购旗昌公司这一锐

油画《招商局收购美商旗昌轮船公司》

意竞争的最显著结果就是，它从此取得了与外国资本共享中国航运市场的坚固地位。以后 30 年至清朝灭亡，与招商局竞争中国航运市场的只有英国太古和怡和轮船公司了。而初创 10 年间，招商局两次与太古、怡和订立齐价合同，既反映了中国航运市场的激烈竞争，也反映出招商局已确立了不可忽视的竞争者地位。因为所谓"齐价合同"，实际上是以划分订约各方的营业份额为内容的、以垄断中国江海航运为目标的经济合同。订立齐价合同其实就是组成垄断联盟，但这也表明招商局同在华最大的外资航运企业从互相竞争走向依存共生。仅用 10 年时间，招商局便成为不可忽视的一支竞争力量，充分显示了唐、徐及领导层的竞争、进取精神，这在晚清时代更具有多重意义。

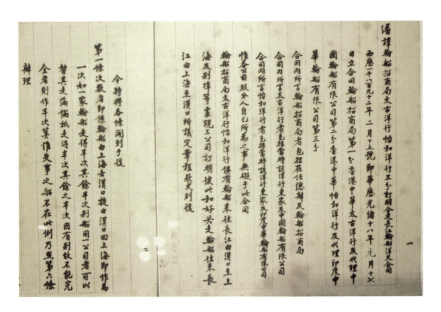

轮船招商局与颐和洋行、太古洋行轮船公司订立齐价合同

五、建章立制，崇商务实的严谨作风

唐、徐经营管理招商局的一个极其重要的特征就是建章立制，在招商局确立了"商务由商任之"的商承体制，大力倡导推行崇商务实的作风，在招商局创办之初形成了在商言商、商事商办的商业氛围。透过建章立制形成了严谨、务实、高效的企业风气。

唐廷枢指出："窃以创始维艰，立法公方能示信于天下，经久不紊，定章善可收效于恒常。"（1877年4月18日，唐廷枢《轮船招商局第三年帐略》）他在为《轮船招商总局章程》（下文或简称《总局章程》）作序时深刻论述企业建章立制的重要性：

天下事有万变之殊，而制其事者，惟在一定之法。法之未定，虽奇才异能，往往仓皇失措，救过亏不暇。法之既定，第得中才者，循而守之，皆能自处于无过之地，不致有偭规错矩之虑甚矣，法之不可已也。如此朝廷百官治国有法尚已，其下士治学有法，农治耕有法，工治器有法，岂经商者独无治器事之法哉？且夫经商之事，至于轮船又非凡为商者可同年语也，其人，或千百辈之众，其财货，或百万千万之多，其程，或万里数万里之远，祸福之机争于俄顷，成败之数关于身家。

唐、徐认为中国航运业已经严重落后于西方列强，需要学习西方的先进管理经验，制定一套中国轮船公司经营管理办法。唐廷枢指出："自外国人以其轮船之法，擅利于中国者垂三十年，中国人不甚知其法，即偶知之，亦论焉而不详，说焉而不精，未敢一试其法于中国。"

"唐、徐入局后制定、修改局规十四条及轮船招商章程八条，刊示众商。重组局务，以西法经营局务。力图限制官督权限，而行商办之实。"⌐首先将带有官方色彩的创办名称"轮船招商公局"去掉公字，改为"轮船招商总局"。光绪六年（1880）唐廷枢，南徐润颁布《轮船招商总局章程》，13章，132条，这是一部轮船公

⌐　黎志刚：《轮船招商局经营管理问题（1872—1901）》，收录于《黎志刚论招商局》，社会科学文献出版社，2012年。

司管理制度，也是中国第一部轮船管理制度。"自本局之总纲细目以及行船所宜忌都为一百三十二条，并附以航海之道大略，现行利弊殆括于此，他日闻见再当补遗。"

唐廷枢概括了招商局建章立制的特点：

第一，学习西方企业先进管理经验。唐廷枢指出："欲求其法（制定一部中国轮船管理制度），现周览外国书之涉轮船者，译而出之，然后参以中国之所不同，时异因乎异，地异因乎地，博采众论，务求一是。"唐曾任买办，熟悉洋商，加之具有良好的英语能力，使招商局的建章立制建立在与国际接轨、学习西方先进管理经验的基础上，使得招商局不同于中国先后创办的其他工商企业。

第二，务实管用。唐廷枢讲："廷枢在商言商，语宗朴实，颇无文采，殊不敢为粉饰、模棱之词，有误观览是法也。"整部章程，均为白话文，实为不易，一改晚清铺张浮华之风，清新悦目，让人一目了然、过目不忘。与其配套的《航海箴规》也是如此，其中第十二条"行船歌谣"更是令人耳目一新：

来船旁灯一双见，须扳舵至红灯现。绿对绿时红对红，绝无危险当前面。来船红灯你在右，必须路让来船走。见机而作慎临时，左右退停当面咎。若使左边有船来，绿灯映射勿惊猜。不用慌张不改向，左边现绿正当该。避险能安要认真，除疑全仗望头人。若逢险处惊无路，酌量停轮打倒轮。

第三，以规制推行商道，抑制官气。唐、徐二人在市场上摸爬滚打，深知官权如不加以限制，日后必会横加干涉。因此在《总局章程》中明确：

> 惟事属商办，似宜俯照买卖常规，庶易遵守。兹局内即拟公举商董数人，协同商总料理，其余司事人等，必须认真选充，不得人浮于事，请免派委员（指政府派人），并拟除去文案、书写、听差等名目，以节靡费。其进出银钱数目，每日有流水簿，每月有小结簿，每年有总结簿。局内商董司事，共同核算，若须申报，即照底簿录呈，请免造册报销，以省文牍。

第四，建章立制是为长远。到1880年，唐廷枢、徐润为招商局建立的规制有：《轮船招商总局章程》《航海箴规》《招揽转口货章程》《转口货办法定式》。谈到建立规制的目的时，唐廷枢称："庶几上有以酬傅相（李鸿章）之知，下有以延中国商人百世无穷之利，要之在乎法而已。"虽对李鸿章有阿谀之嫌，但"以延中国商人百世无穷之利"应是本意。唐、徐着眼于长远发展，为中国民族航运业建章立制，为中国航运企业的规范、健康发展，与国际市场接轨，建设了以西式轮运管理为范本又符合中国实际的航运管理体系。这对中国航运业乃至中国现代工商业都具有重要的历史进步意义。

六、兢兢业业、执着追求的敬业精神

"轮船招商局早期历史经历了一条非常坎坷的道路。"从无到有，非有艰难创业精神不可；从小到大，非有不怕挫折执着追求敬业精神不行。招商局初创 10 年的创业历史，见证了以唐、徐为代表的招商局领导层忍辱负重、坚毅顽强、兢兢业业、执着追求的敬业精神。敬业是企业家精神的动力，执着是企业家精神的本色。马克斯·韦伯在《新教伦理与资本主义精神》中写道："这种需要人们不停地工作的事业，成为他们生活中不可或缺的组成部分。"事实上，这是唯一可能的动机。对事业的忠诚和责任，正是企业家的"顶峰体验"和不竭动力。招商局初创 10 年创造了招商局历史上的第一次辉煌，擎起一代商旗，引领时代风气，是对中国第一代企业家敬业精神的诠释。

唐廷枢接手招商局任总办一年，在 1874 年 9 月 16 日帐略中袒露心胸：

（同治）十一年冬，奉委朱云甫（朱其昂）观察经办，十二年六月枢（唐廷枢）等蒙委斯局，重订章程，广招股份，上承大宪信任，重蒙诸君（此处指股东）见托，陆续附股。枢等仅承宪示，恪守定章，兢兢业业，惘敢懈怠。自上年 6 月以来正值运漕甫竣，专恃揽载，枢等竭意经营，防微择要，

黎志刚：《李鸿章与近代企业：轮船招商局（1872—1885）》，收录于《黎志刚论招商局》，社会科学文献出版社，2012 年。

今届 6 月底已值一年结总之期，合计练晌股份共成本银 60 万两。此一年中，幸蒙宪庇，厚荷商情，深赖诸同仁各尽心力，枢等从事于斯，不致辱命，靖悚实深。当创办之初，虽无从前原约之利，以得 1 分 5 厘左右，将来股份更多，轮船日益，口岸越开越远，生意渐推渐广，不已有蒸蒸日上之势呼。

成功创办开平煤矿，首开中国矿物利源。

洋务运动开始后，蒸汽机普遍使用，商轮兵舰以及机器制造各局，需要使用大量煤炭，而当时中国都是土法采煤，产量低，煤质无法保证，不适应蒸汽机锅炉使用。煤炭能源涉及国家安全，李鸿章提出"中土仿用洋法开采煤铁，实为近今急务"。在湖北、安徽办矿没有成效，河北磁州办矿失败后，李鸿章把希望寄托在他所赏识和信任的唐廷枢身上。

1876 年，唐廷枢奉李鸿章之命，来到唐山勘察煤铁事宜。1881 年，唐山矿建成出煤，保障了北洋水师、江南制造局、天津机械局、轮船招商局等的煤炭供应，改变了煤炭受外国人挟制的局面。做前人没做过的事，不仅需要才智，更需要魄力。唐廷枢有敢为人先的魄力，他所做的事业"皆为他人所不敢为，亦皆为中国所从来未为"。在晚清洋务风气方起之时，引进西方技术采煤，是一项高风险的事情，如果没有一股敢闯敢干的精神是做不到的。为了能保证这项洋务事业开创成功，唐廷枢不辞辛苦，风餐露宿，多次到唐山勘察煤铁矿赋存情况，选择运输路线，筹备开采事宜。开平煤矿的创办，为洋务运动快速发展奠定了基础，提供了保障。

在筹建开平煤矿上，唐廷枢尽心尽力，事必躬亲。他担心上冻之前不确定好井筒位置，会影响第二年春季开工，在来不及等李鸿章批示的情况下，就亲自到唐山督促开钻、购地、选定井位，表现出行事果断、敢作敢为、敢于担当的气魄。创办初期，开平煤矿确定招股 120 万两白银，而实际投资已达 200 多万两白银，在当时能够筹集到这么多资金，除了唐廷枢也许不会有第二人。

他有至公无我的境界，一生不图名，不图利，以为国家自强求富为己任。用"正其义，不谋其利"来评价唐廷枢最恰当不过。招商局是第一家官督商办企业，成了官商争名夺利的场所。中法战争爆发前夕，上海发生经济危机，招商局也未能幸免，经营陷入举步维艰的困境，有人为争夺招商局控制权，处处设置障碍，造谣诽谤，排挤唐廷枢。在这种情况下，唐廷枢以大局为重，以股东利益为重，设法维持，力挽危局，其艰其难可想而知。在局务纷争处理完毕后，唐廷枢才离开招商局，北上专办开平事务。在如此境遇下，唐廷枢仍任劳任怨、泰然处之，所表现的虚怀若谷的品德，非常人所能企及。

徐润在招商局前后近 40 年（1873—1911），是招商局中真正拥有实力且居于举足轻重地位的二号人物，是招商局资格最老、但也是最具争议的人物。他在招商局的经历可谓跌宕起伏，时而顺利，时而挫折，时而受重用，时而受打击。在招商局初创 10 年间，他与唐廷枢携手执掌招商局这艘刚刚启程的航船，可谓乘风破浪，勇往直前。光绪七年，招商局创立 7 年时，徐润回顾历程，十分感慨地说：

> 窃维天下事，创始维艰，守成不易，乃一定之理也。轮船招商一局开办垂七稔矣，初委朱云甫观察，筹商试办，仅置永清、伊敦、福星三船专运漕粮，而货载寥落，经费不敷周转，其势岌岌可危。当奉添唐景星、朱翼甫、盛杏荪、叶顾之诸君与润先后入局，踵其事而开拓之，轮船增至二十九号，码头栈房增至二十余处之多，此守成之更难于创始也。然自第一年至第五年尚多意外之虞，虽未屡获盈余，而亦不至亏负。迨第六、七两年方能获利，而渐臻起色也。溯厥由来皆赖大宪（李鸿章）一意维持，诸君和衷共济，润自愧轻才，谬膺重任，仅当恪守成规，悉心调护，以期久远之谋。

招商局初创时期管理层表现出的企业家精神具有自我觉醒、社会唤醒、现实警醒的时代意义。表现在接受资本主义创造精神时的自我觉醒，推动中国睁开眼睛看世界，唤醒嗜睡、装睡、大睡的中国人，对落后与先进相比较的残酷现实，不进则退、不改则亡的千年未有之大变局的现实警醒。同时，这种生机勃勃的企业家精神造就了招商局百年历史上的第一次辉煌，成为百年招商局珍贵的文化传承基础。

创立初期的业务拓展

　　招商局于 1872 年 12 月 26 日由清政府批准设立，1873 年 1 月 17 日在上海正式开业后，在创立最初 10 年的初创期内业务迅速建立并扩张，业务触角伸入诸个领域，涉足多项产业，并由此创造了诸多中国第一，为中国的近现代化进行了具有历史意义的探索和实践。

　　这些探索和实践包括：

　　购买商船，迅速扩充船队，建立起中国第一支商船队；

　　添置码头、栈房（仓库），进行港口建设；

　　1874 年，设立同茂船厂，开展修船业务；

　　1876 年，募股创办仁和保险公司，这是中国人自办的第一家船舶保险公司；

　　1875 年，请英国人架设总局到虹口的电缆，1879 年自行建设了天津大沽码头至紫竹林栈房的电话专线；

　　1878 年，投资 21 万两白银，参与创办开平矿务局，开展煤炭开采业务；

1896 年，出资 80 万两白银，以第一大股东身份参与创办中国第一家商业银行——中国通商银行；

……

招商局作为一家企业，开展业务活动是其本质所在，也是区别于其他组织的鲜明特点。透过业务发展的选择、投资、经营，可以反映企业经营者的战略思考。那么招商局初创时期的业务发展有何特点呢？

一、突出主业，大力培育核心业务

航运是招商局创办时期乃至其百年发展史中的主业，无论是李鸿章上书提出"设局招商试办轮船分运江浙漕粮"的创办意图，还是创立后的大举投资，都充分体现了这一点。具体表现在：

（一）迅速扩展船队

招商局在开局前夕和创立后都全力以赴建立自己的商船队，主要包括以下几种手段：

一是买船。因江南造船厂和福州船政局没有现成可调拨、购买的商用轮船，招商局船队的组建是通过上海市场外方中介购置来进行。在开局之前已有伊敦、永清、利运和福星四轮在手，开局后的 3 年内又相继购入合众、富有、利航、日新、厚生、保大、丰顺、江宽和江永等轮，至 1876 年，招商局已购买轮船达 13 艘。

二是附局经营。唐廷枢入局时，随带了南浔、洞庭、永宁、满洲等船附局经营，此外还有大有、汉阳等轮。这些轮船不直接隶属于招商局，但以招商局名义对外经营，对招商局经营无实质性贡献，但对于向社会展示刚刚创立的招商局势力，扩大招商局影响力还是起到了一定的作用。

三是调拨。1873 年初，招商局从浙江省调拨伏波轮（不久后又调出）；1874 年初，向福州船政局承领海镜轮，先后运漕天津及运兵瓜州。临时拨借官船也是招商局经常采用的一种增加运力的方式。

四是官船商用及租用官船。1876 年湖北省购买汉广轮筹办江防，租给招商局使用，招商局付给价银，但要求"遇有剿捕，随时调用"。

五是联合购买。1878 年，招商局与太古轮船公司联合购买宝康轮，到 1881 年该轮全权归招商局所有。招商局这种与外商合购轮船的方式在中法战争结束后经常使用。

附局经营、调拨租用、联合购买等方式是招商局增加运力的补充办法，对扩张招商局船队规模和提升船队的影响力发挥了积极的作用。

六是收购船队。1876 年，招商局在激烈的竞争中抓住机遇，一举收购外商在华最大的轮船企业——美国旗昌轮船公司，购进大船 16 艘，小轮 4 艘，船队规模急剧增长。1877 年招商局江海轮船达到 29 艘，船舶总吨位增加到 30526 吨，为购并旗昌之前的 2.57 倍，"从此中国涉江浮海之火船（轮船），半皆招商局旗帜"，从而为招商局进一步开辟航线，扩大轮运业务准备了基础和条件，成为日后与太古、怡和展开激烈竞争的中国唯一的、最大的航运公司。

（二）开辟航线，迅速扩大主业经营规模

招商局创立后，以上海为中心，迅速开辟沿海、沿江和海外业务，以不屈的意志，开拓外国航运公司垄断的三大航运市场。

1872年11月30日，招商局派伊敦轮装载货物从上海驶往汕头，首先开辟了沿海南洋航线。1873年3月底，又派永清轮从上海运漕首航天津，开辟了沿海北洋航线。同年7月，招商局附局轮船永宁轮从上海航至镇江、九江、汉口，进而开辟了长江航线。到1883年，招商局在长江与南北洋航线上共配置江海轮船26艘，其中长江航线6艘，北洋航线5艘，南洋航线6艘，其余机动船只9艘。

在国内站稳脚跟后，招商局积极派出海轮，以"天远不届"的精神开辟海外远洋航线。1873年，招商局派伊敦轮开辟中国—日本神户、长崎的航线。这是招商局走出国门，走向世界的第一条海外航线。1873年底伊敦轮开辟吕宋航线。1880年招商局开辟了众多的海外航线，如美西檀香山、旧金山航线，越南、泰国、新加坡、印度等东南亚航线，英国伦敦航线等。1883年，招商局派兴盛轮开辟朝鲜航线。对于招商局开辟远洋航线，时人评论："近年招商局轮船愈行愈远，大为华人生色，天道剥久必复，转歉而赢之机兆于此矣。"

招商局长江航线东起上海，西至宜宾，1892年后到达重庆。招商局沿海航线以上海为枢纽，南至海口、海防，北至天津、牛庄(营口)。招商局海外航线以上海为原点，连接东亚、东南亚、南亚，远航欧美。

在宽阔的江面上，在波涛汹涌的海面上，在深蓝色的大洋上，悬挂大清龙旗和招商局双鱼旗的招商局轮船日夜兼程，运漕载货搭客，振奋了中华民族的精神，赢得了国人和各地华侨的欢呼。

（三）设立分支机构，布局海内外

为巩固航线、建立人脉、扩大市场，招商局首先在广州、香港、武汉、天津、厦门设立五大分局，在牛庄、烟台、福州、汕头、宁波、镇江、九江、汉口及国外的长崎、横滨、神户、新加坡、槟榔屿、安南、吕宋等重要航线结点建立分局和办事处，形成了海内外经营网络。

（四）建章立制，加强改善主业管理

招商局参照外国航运企业的有关章程、条例，并结合中国文化传统和国情实际，建立了一套较为完整的轮运管理制度。招商

晚清武汉船舶

局的管理制度包括：船长负责制、按船报账制、装卸货物制度、搭客制度、装运转口货物制度、情况通报制度、运费提成制度、承包制，等等。这些制度是随着轮船营运活动的发展而不断产生和逐步完善的。通过这些制度的安排而形成的管理方式促进了招商局主业的发展，在当时赢得了广泛的好评。

二、围绕主业，配套紧密相关业务

任何综合型企业经营的业务都不会是孤立存在发展的，而是与其他业务有着不同程度的相关性，以相关的紧密程度可分为直接相关和间接相关。招商局创立之初，即高度重视围绕主业发展相关业务，建立今天我们讲的产业链，使主业获得更加直接的支持。主要表现在：

（一）投资建设港口、添置仓栈

港口、仓栈是水上运输活动的重要地点，不仅是轮船运输的辅助设施，而且其本身也是重要的经营资源。船舶与港口是水运生产的两大基本要素，二者互为条件，互相制约。招商局是一家港航合一的近代航运企业，为保证港航之间的均衡发展，每年拨出资金用于码头、仓库、堆场等的实施建设。

招商局在开局之初就把港口、仓栈建设提升到战略发展的高度上。在《轮船招商公局规条》中，就明确要率先在上海、天津"自行设立码头、栈房"，"其余各口或租或置，容随时相度办理"。1876年，招商局并购美国旗昌公司也体现了这一战略思考。旗昌公司在 1862 年率先进入中国，比招商局早了 10 年，占有多处具有地理优势的港口资源。因此，并购旗昌使招商局获得了位置最佳的上海金利源码头，以及宁波、汉口、九江、镇江、天津等外埠仓库栈房。这些位置优越的轮船码头、仓栈为招商局增添了更为雄厚的物质基础。

1873 年，招商局从上海浦东陆家嘴起步，以航线开辟为契机，以各地设立的总、分支机构为依托，开展了一系列持续不断的港口、仓栈建设。上海、天津、汉口、烟台、芜湖、宁波、温州、福州等地成为招商局最早构建港口码头、仓栈的地方。配合海外航线的开辟，招商局也尝试过在海外构建码头仓库设施，在越南的海防、顺安两地添置了码头栈房。招商局投资建设港口、添置仓栈，为航运主业的扩张发展提供了必要的条件，而各商埠地皮随后的大幅增长也增强了招商局的经济实力。

（二）为开展对外贸易建立保税港区（关栈）

关栈是官方核准设立的海关保税仓栈，为西方各国商埠所普遍采用。凡未纳税的外贸进口货物，均可存入关栈仓库并享受缓缴关税的优惠。关栈有些类似于现在很多国家和地区设立的保税仓库。

1887 年，清政府决定由招商局设立和管理中国第一家关栈。招商局中栈、北栈的 12 间库房被正式核准改为关栈，并于 1888 年 1 月 1 日对外开放，主要存放百货。同年 8 月，招商局集资创办上海浦东华栈公司，正式设立了火油关栈，专门存放进口煤油。从

1888 年 9 月到 1889 年，招商局共囤煤油 37 万余箱，比旗昌、怡和两栈同期囤油数多出 10 万箱。当时，招商局坚决拒绝与外商同办煤油关栈的建议，使外商从招商局手中夺走关栈囤油管理权的图谋多次被挫败。

1889 年 3 月，招商局会办马建忠禀请李鸿章，将百货与煤油两关栈着准招商局承办，以免利权旁落，得到李鸿章与总理衙门的支持。此后，招商局受海关委托，继续管理和经营百货、火油关栈，维护了中国政府的主权和招商局的经济利益。

（三）建立修船厂

轮船招商局开业后，为改变船舶修理全部委托外商船厂代办的局面，1874 年，招商局便会集绅商，纠集巨款，在虹口自设船厂，一切均用机器，以备修造船舶之用，厂名为同茂铁厂。这是中国创办的第一家新式轮船修理厂，最初两年主要承担招商局轮船的小修任务，大修仍需外国人承担。同茂铁厂创办之初，厂内全用华人，两年之后聘请了一位外籍总工程师，该厂可以在不需要外国人参与的情况下自行生产轮船锅炉、汽艇蒸汽锅炉及螺旋桨推进器。

（四）建立揽载行，开展货运代理业务

李鸿章规定，招商局的经营方针为"分运漕米，兼揽客货"。招商局在把漕运作为营运业务中心环节的同时，对客货运输予以高度重视，开局前就十分强调为客商装运货物。在实际营业活动中，客货运输占有特别重要的地位。因此，招商局总办唐廷枢亲自分管揽载工作。揽载业兴起于鸦片战争之后，随着轮船运输业的发展，揽载经纪人专门设立揽载行招揽客货，揽载行成为现代货运代理企业的雏形。为了同外商洋行争衡，招商局在上海南北二市各开一行揽载货物，又在英法两租界各开一栈揽载乘客。在此期间，招商局附设的揽载行计有上海的长源泰、长发栈、长裕泰、万安楼、信昌隆、大同源，天津的春元栈，重庆的招商渝等。几年时间内，长源泰、长发栈等行揽载货物运费40余万两白银，揽载搭客也有几万人。

三、支持主业，积极拓展延伸业务

招商局在围绕主业，拓展相关业务的同时，积极探索新的投资领域，但新业务的拓展仍清晰地表现出紧紧围绕主业，起到支持主业发展的目的。主要表现在：

（一）发展船舶保险业务

发展船舶自行保险是招商局的经营方针。开局前，李鸿章提出"须华商自建行栈自筹保险"，招商局开局前制定的《轮船招商公局规条》也明确："本局招商畅旺，轮船愈多，保险银两愈重。拟由本局自行保险，俟银两积有成效，再行设立公司广为保险。"招商局第一艘轮船伊敦轮开航后，为压垮中国航业，各国在华保险行联手拒绝为其承保。为了保障航运的安全，轮船招商局多方努力，几经斡旋，最后，英国怡和洋行和保安行才勉强同意承保，但提出了苛刻的条件。因此，唐廷枢充分认识到"夫轮船于保险事属两歧，而实则归于一本，有如许保险生意，则必有如许轮船生意"。1873年7月，招商局在制定的《轮船招商章程》中明确提出，"栈房轮船均宜保险"，规定"栈房由招商局向保险行保火险，轮船则等三年之后另筹保险公款以便自行保险"。1875年4月，招商局船只在黑水洋附近被怡和洋行的澳顺轮撞沉，这是招商局首起海损事故，因对方船主逃逸，招商局经济损失惨重。这在重重打击招商局的同时，也点燃了招商局自办保险的激情，激发了招商局的勇气。

1875年9月，徐润上奏自设保险局，随即得到批准。保险招商局公布的第一批办理保险业务的地点为镇江、九江、汉口、宁波、天津、烟台、营口、广州、上海、福州、香港、厦门、汕头等13个口岸，第二批为台北、淡水、基隆、高雄等4个口岸，以及新加坡、吕宋、西贡、长崎、横滨、神户、大阪、箱馆等国外口岸。招商局自办保险打破了外国保险公司对中国保险市场的垄断局面，为客户提供了选择的便利。招商局航运和保险并举，对货主而言是提供了一项增值服务，深受华商的欢迎。因此，保险招商局很快就"投股愈额"，而"各口来股更多"，到年底投股额已达20万两白银，承保的数额也随之增加。

1876年的7月，徐润、唐廷枢、陈树棠、李积善等在保险招商局的基础上，创办了仁和保险公司。为扩大保险业务范围，1878

年3月，徐润等人又招股20万两白银成立了济和船栈保险局，后改成济和水火险公司。1886年，为了划清权限，仁和与济和合组为仁济和保险公司。

自保船险使招商局在各种海事中的经济损失减少到了最低，既吸引了货源，也积累了巨额的保险基金，增强了经济实力。仁济和将大量股本存入招商局，使招商局增加了一大笔可以长年使用的流动资金，为主业扩张和局外投资提供了资金保障。

（二）参与投资煤炭开采业务

煤炭是轮船的血液，是招商局使用的主要能源，招商局开局后，煤炭基本上从日本长崎等地进口，"每年数十万金，皆被东洋吮吸"，巨额支出成为招商局的一大心病。开办煤矿的必要性和紧迫性，成为招商局高层的共识。

1876年，唐廷枢奉李鸿章之命亲赴直隶唐山开平镇，勘察煤铁矿物，并向李鸿章屡次条陈，从煤质、储藏量、生产成本、利润、市场营销等方面对开平煤矿详加分析，得出了"采办应有把握"的结论，李鸿章大加赞赏，令唐廷枢赶紧设法筹办。1878年，开平矿务局在开平镇正式开局，唐廷枢担任该局总办。1881年开平矿全面投产，日产量300吨，1883年超过600吨，1894年已达到2000吨，平均年增长率为19.37%。唐廷枢注重改善产销条件，先后修建了运煤专用运河和铁路（唐山至胥各庄铁路），还自备六艘煤轮，在上海、天津、牛庄等港口开设专用码头和堆场。开平煤矿的建成，使我国的煤矿开采在凿井、开拓、掘进、通风等方面形成了比较完整的工艺系统，在排水、通风等关键环节上实现了机器生产，并在一定程度上扩大了开采的深度和广度，提高了劳动生产率。

开平矿务局不仅满足了招商局的日常用煤，也为清政府北洋舰队提供了大量煤炭，还通过轮船将富余的煤矿输往上海等地，满足当地工业和民用的需求。1882年，招商局向湖北荆门煤矿投资6.09万余两白银。1899年，萍乡煤矿经招商局督办，盛宣怀奏准召集华股开办，招商局入股10万两白银，萍乡煤矿成为中国较早使用机器采煤、洗煤、炼焦、运输煤焦的特大型煤矿之一，也是当时中国现代化程度最高的一座煤矿。有些煤矿招商局虽未正式投资，但与之保持了密切的联系，如湖北广济煤矿局，安徽的池州贵池县煤矿及淄川、磁州、基隆煤矿等，招商局的主管人员曾参与建设、入股等。招商局对煤矿的直接投资或带动煤矿的开发建设，使招商局摆脱了对外国煤炭的依赖，大大降低了招商局轮船的燃料成本，提升了招商局主业盈利水平。

（三）参与组建商业银行，开展金融业务

1896年，盛宣怀奏设中国银行（后更名为中国通商银行），盛宣怀命招商局认股80万两白银，招商局从当年余利拨银20万两及历年船险公积中拨银60万两入股，成为中国通商银行的最大股东。招商局拨出巨款，创设中国第一家商业银行，除"通华商之气脉，杜洋商之挟持"外，更重要的是"凑入中国通商银行股份，以公济公，即以利兴利"。招商局认识到"况银行为商务枢纽，今日借轮船之利以成银行，安知他日又不借银行之力推广轮船乎？"非常重视银行对企业经营的作用，主管人员长期兼任通商银行总经理及董事长、董事等职，并曾数次向通商银行借款。通商银行为招商局的主业发展提供了强大的资金支持。

（四）引进开展电信业务

早在 1874 年，招商局就开始酝酿架设电话线，次年，请上海英国工部局，架设从总局到虹口码头的电缆。1879 年，招商局架设从天津大沽码头至紫竹林站房的电话线，这是中国人自己敷设的第一条电话专线。1880 年，李鸿章奏设天津电报总局，并在上海、苏州、镇江等 7 处设分局。经唐廷枢、盛宣怀等招商局领导成员推荐，李鸿章 1881 年札委郑观应为上海电报局总办。1882 年，电报局由官办改为官督商办，盛宣怀任京沪电报局委员，郑观应等任董事。招商局在这一时期虽未直接投资，但与之保持着密切的人事与业务联系。1885 年，盛宣怀一人兼任招商局督办与电报局督办，其时招商局尚未独立置备无线电设施，因此招商局"消息之传递，必藉各埠电局只转授"。可以说，电话电报事业的创立、电讯设施的更新，对招商局航运事业的发展具有至关重要的意义。

总的来说，招商局早期的一系列探索和实践基本是围绕航运主业开展的，虽然也有与主业无关的投资，如上海机器织布局，但招商局后来积极地退出。招商局通过船队建设、航线开辟、网点设局和制度建设，拓展、做实、做强了主业；通过筑港建仓、经营关栈、建立修造船厂，开展货运代理等上下游业务，巩固了主业；通过兴办保险、投资煤炭、设立银行、引进电讯，保障了主业。尽管有些产业如修船业、揽货业等开展不顺，有的还中途夭折，但不能否认，招商局为发展主业付出了艰辛努力，这些失败只能反映招商局探索发展主业的艰难。同时，招商局早期业务的拓展既为中国近代经济的发展起到示范和引路作用，同时也加速了招商局主营业务的发展壮大。

也许是招商局百年"基因"的作用，一百多年后，今天的招商局与一百多年前有着惊人的相似之处，积极培育、支持做强做大核心主业仍是招商局的基本经营方针和经营策略，不偏离主业，围绕主业适度发展相关业务是招商局重要的经营之道。无论一百多年前初创时，还是一百多年后的今天，相似的经营方略似乎透出了这个百年企业特有的行商理念与传统。百年之道必有其道理，这也许是百年前的招商局给今天的重要启示。

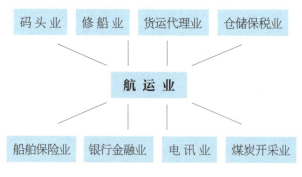

招商局初期业务结构示意图

中国最早"走出去"的企业

　　"走出去"是当前政府和企业的热门话题。政府倡导、鼓励、支持，企业跃跃欲试，有的已一马当先走出国门，在异国土地上开拓经营。

　　"走出去"，即在全球经济一体化的大背景下，让中国企业走出国门，以世界为舞台，拓展经营领域和空间，加大中国企业乃至中国经济融入世界的力度和广度，加入国际经济格局大调整的行列，做强做大中国企业。

1872—1883 年招商局航线及 1873 年招商局总支机构分布图

上溯 40 年，那是外国企业杀进来、我们把人家请进来的历史。

然而上溯约 150 年，则演绎过一场中国企业走出去的壮举，尽管没有延续下来，但却在中国企业史上留下了重重的一笔。这中间的雄心勃勃、艰难险阻、甜酸苦辣、苦苦探索、成败之因，对我们今天仍有启迪作用，本文试对此略做述评。

中国最早走出去的企业是招商局（即今招商局集团的前身）；

中国企业最早走出去的业务是远洋航运；

中国企业最早走出去的时间是 1873 年 8 月初；

中国企业最早走出去的标志是招商局伊敦轮首航日本。

以上几条是否可作为中国企业走出去的"最早"尚可商讨，但这些毕竟发生在 140 余年前的晚清同治年间。

一、当时的国际情势

当世界历史推进到 19 世纪 70 年代时，世界正在发生着重大变化，几个具有代表性的国家和地区是这一时期的注释。

英国：19 世纪五六十年代，英国在经济上实行自由贸易政策，1867 年，英国启动国会改革和文官制度改革。至 19 世纪 70 年代，英国在世界工业生产和世界贸易中仍占首位，并占据了世界上最多的殖民地。但此后，美、德等新兴的资本主义国家，在大量采用先进的科学技术的基础上，工业生产出现跳跃式的发展。加之

1878—1879 年经济危机的打击，造成英国市场萧条、农业衰落，直接影响了工业发展的速度，使英国不可避免地丧失了工业垄断的地位。英国为了补偿工业霸权地位的丧失，更进一步加紧掠夺殖民地，拼命开辟新的财源和市场。

美国：在 1861—1865 年的南北战争中，领导北方的资产阶级获得了胜利，维护了国家统一，确保了工业资本主义在美国的统治地位，为美国资本主义的加速发展扫清了道路，并为美国跻身于世界强国之列奠定了基础。1870 年以后，世界资本主义国家启动以电气化为标志的第二次工业革命，美国成为电气化时代的领先国家，开始了其国力和国际地位的大发展时期。

日本：作为中国近邻的日本，在 1872 年前后正在进行着一场具有深远历史意义的社会大变革——明治维新。1869—1872 年，明治政府连续颁布维新法令：1869 年废藩置县，为发展资本主义经济奠定行政基础；1870 年建立总管工业建设的工部省，引进西方技术设备，建立日本近代军事工业；1871 年实施土地改革；1872年允许土地买卖，允许农民自由择业；1873 年颁布《地税改革条例》……生存危机是日本明治维新获得成功的内在动力，富国强兵成为明治维新的最终目标。明治维新将日本从一个封建落后的国家，带入了近代资本主义国家的行列中，在前后"30 年里，日本走完了西方二三百年才能走完的历史"（李兆忠《暧昧的日本人》），其巨大变化，如李鸿章言："该国近年改变旧制，改习西洋兵法，仿造铁路火车，添置电报，开煤铁矿，自铸洋钱，于国计民生，不无利益。并多派学生赴西国学习器艺、多借洋债，与英人暗结党援，其势日张，其志不小。"当1873年，刚刚创立的招商局开辟走向世界的第一条航线——日本神户、长崎航线时，日本正处于这样一个社会大变革时期。洋务运动难与明治维新相比，虽均倡导富国强兵，但结局大相径庭。李鸿章创办轮船招商局，点缀了洋务运动最后的一轮光环，实乃不幸中之万幸，遗憾中之欣慰。

19世纪40年代后，世界进入了新一轮的市场争夺，以英美为代表的西方列强，把眼睛盯向了中国，以其政府为后盾的英美轮运企业大举进入中国。

我们以当时中国经济最为发达的上海为例。第一次鸦片战争后，中国国门被打开，西方列强入侵中国，通过一系列不平等条约取得了在中国沿海及内河的自由航行特权。外商新式小轮迅速扑向福建沿海及上海。1848年中国首次出现了专业轮船公司——香港广州小轮公司。19世纪50年代起，西方国家开航到中国的轮船逐渐增多，一些较大的洋行也纷纷经营轮船业务。到1872年，中国第一家轮船公司——轮船招商局成立时，已有13家洋行和轮船公司设立航运机构在中国水域经营，如：1850年设立的英资省港轮船公司；1862年在上海设立的美资旗昌轮船公司；1863年设立的英资上海拖驳公司；1865年设立的英资省港澳轮船公司；1867年设立的英资上海公正轮船公司；1868年设立的英资上海北清轮船公司；1872年设立的美资中国太平洋轮船公司和英资上海华海轮船公司等。仅从以上看，在上海设立的外资航运公司就有五家。这些轮船公司在各通商口岸遍设分支机构，拥有各自的码头、仓栈、保险系统，到 19 世纪 60 年代中期后，垄断了中国沿海、长江航线，中国大量木帆船被迫从运输线上退出，以上海为中心的中国旧式轮运遭受毁灭性打击。上海是清朝漕运总局所在地，是航运中心和沙船（木帆船）服务中心，但见有成千上万的沙船闲置在黄浦江上，一片凄惨景象。沙船商因"无力转运"而"资本亏折殆尽"。闲置的沙船经日晒雨淋逐渐烂掉，帆船货运的黄金时代成为历史。曾经盛极一时的沙船运输业褪去昔日光环，沙船数量从道光年间的3000 余艘，到 1867 年降为四五百艘，中国传统航运业走向衰亡。

二、中国第一家民族工商企业——轮船招商局的创立

漕运被视为"一代之大政"，一直依靠沙船的漕粮运输难以为继，成为清政府亟须解决的重大国计民生课题。

同时，西方新式轮船公司取得对中国江海运输的垄断地位，并赚取了丰厚的利润，中国买办或买办化商人为追逐巨利，巧妙与外资轮船公司结合，"诡寄经营"，避开清政府对设立工矿企业的禁锢，"依附洋商名下"，出现了"华商避捐，洋商得利"的不利局面，威胁社会经济管理体制运行安全，引起了清政府的注意和重视，一些洋务派官僚对此极为关注。

另外，外强操纵中国航运业，不仅使原有从业人员失去生计，而且埋下严重的国家安全隐患。

几经激烈争论，清政府高层最终达成共识，面对严峻的现实，

采取"师夷制夷"的方针，积极发展新式轮船运输业。

1872年12月23日，李鸿章上奏《设局招商试办轮船分运江浙漕粮由》，开宗明义提出"为派员设局招商，试办轮船，分运来年江、浙漕粮，以备官船造成雇领"的主张。12月26日，清廷批准了李鸿章的上奏，中国第一家轮船公司，也是中国第一家公司——轮船招商局诞生。1873年1月17日，招商局正式开局。招商局的创立是中国近代经济史上的一个重大事件，开启了中国工商企业创立发展的历史，招商局由此成为中国民族工商企业的先驱。

三、招商局走出去的方式

1873年5月，买办出身的唐廷枢、徐润主持招商局，鲜明提出招商局的经营管理方针，就是力图采用"纯用西法经理"的指导思想和积极扩大规模、努力进取的经营理念，因此主张"中国商轮出洋，揽载客货水脚，以分洋商之利"。到中国周边国家和英美等资本主义发达国家设立海外机构、开辟航线就成为扩大经营规模的一项重要战略。当时，招商局走出去的方式和意图均比较简单，就是开辟航线和设立机构，增加海外营运收入。

（一）开辟远洋航线

招商局开辟远洋航线较早，在开局半年后即以日本为第一个走出去的目的地，后以东南亚航线作为重心进行海外拓展经营。

1873年8月，招商局派伊敦轮开辟中国—日本神户、长崎航线。

这是招商局走出国门、走向世界的第一条国际航线。

1873 年底，伊敦轮开辟东南亚航线，驶往吕宋等地。

1875 年 11 月，招商局派"成大"夹板船前往长崎运输煤炭。招商局远洋运输形式开始由客运转变为客货兼运。1875 年 11 月 27 日《申报》刊登招商局启示："夹板船往长崎。称：本局'成大'夹板船，于十一月初二日准王长崎，如贵客有货装运，即请至敝局账房面议可也。特此布闻。"

1875 年 12 月 31 日，《申报》刊登招商局消息：

中国火船将赴新加坡

前日福州船政局"扬武"兵船驶往东洋，经旅居横滨之华人十分欢忭，特于公所内设盛席，以宴在船之人，诚以中国轮船创行未久，平日往来者无非沿海属地，从未至域外也。兹又传得招商局"厚生"火船将不日走新加坡一带，则南洋东海各有帆樯矣。从此渐推渐广，则四大洲中，我国之巨舰艨艟何不可遍历哉？贸易之盛行将拭目俟之。

1877 年，招商局一举击败并收购了当时中国领水中规模最大的外资美商旗昌轮船公司，为实施更大的海外拓展计划奠定了基础。

1879 年 10 月 19 日，招商局和众轮试航檀香山。

1880 年 7 月 20 日，和众轮正式开航美西航线，8 月 15 日抵檀香山，8 月 30 日抵旧金山。

1880 年，招商局开辟越南、吕宋、暹罗、新加坡、槟榔屿、印度南洋航线。

1880 年，招商局海琛轮载北洋水师员弁前往英国实习。

1881 年 2 月 5 日，《申报》登载："前报曾载招商局海琛轮船欲至欧洲，将中国所购之船驾驶回华云云。刻下，海琛船装中国水手一百五十名回至上海，俟欧洲有电音来沪，然后驶至英京，带船回华也。" 2 月 13 日又有报道："招商局海琛轮船拟往英国，带领所购之船，前已列报。可又由沪开至吴淞，船上水手及一切应用之物均已预备齐全，不日即将开往英国矣。"

1881 年 10 月 4 日，招商局美富轮运茶叶 966371 磅前往英国，中旬抵伦敦。

1882 年 3 月 31 日，《申报》刊登消息："招商局美富轮船去年载肇兴公司内值事人前赴英京，今正已由英驶回香港，均经列报。兹悉该船于前日又由港回沪，涉万里之洪波，经重洋之骇浪，是亦得所壮观矣。"

1883 年 4 月 6 日，招商局派兴盛轮开辟上海、高丽、天津航线。

1888 年 4 月 12 日，招商局派广济轮开辟上海、烟台、仁川、牛庄航线。

招商局轮船在上海起航，突破外海（南、北洋），横渡太平洋、大西洋，走出国门，出现在东亚、东南亚、南亚，到达欧美，蔚为大观，振奋了国人和当地华侨。

（二）设立机构，开展海外业务

招商局走出去，设立机构开展业务，首先着眼于周边国家和地区，特别是历史上与中国关系良好的东南亚国家。

1873 年，在香港设立的分局，成为境外第一个经营机构，也是招商局创立初期的五大分局之一。

1879 年，在新加坡设立分局。

1879 年底，在暹罗（泰国）设立分局，在越南建立码头。

1881 年，在越南海防、顺安设立分局。

（三）出国考察，开拓业务

招商局走出去，也需要一个"摸着石头过河"的过程。为此，从 1879 年至 1884 年，招商局积极派员出访、考察，以此了解有关情况，制订走出去的计划和安排。

1879 年，招商局派候补知县温宗彦考察新加坡，并设立新加坡分局，经营三宝垄等地业务。后又派上海富商张鸿禄（1881 年成为招商局帮办）考察南洋，探讨在新加坡、吕宋、暹罗等地"派船试走，以扩经营"的可能性。两江总督刘坤一委派李炳彰考察越南，探讨在越南设分局。

1881 年招商局香港分局商董唐廷庚（唐廷枢的胞弟）奉命再次考察越南，被越南国王允准在越南设立分局。同年，为振兴远洋业务，唐廷庚前往檀香山、旧金山、古巴考察，后转赴欧洲，历时 200 天。

1883 年 4 月，招商局总办唐廷枢"亲至外洋"，探讨"迭放轮船行走外洋，未能获利"的原因，考察的项目包括欧美和东南亚的码头、船厂、轮船公司及煤矿、铁矿等。1883 年 4 月 19 日《申报》报道"观察出洋"称："昨日法国轮船'加禄根'开往外洋，有唐景星观察（即唐廷枢）附轮出洋。闻因欲推广招商局生意，故特亲往各处可设码头之处，往返约需八月为期，并请袁翔甫大令偕行云。"

6 月 13 日又报道"总办行踪"："前日上海接到电音，谓招商局总办唐君景星于四月二十四日偕其同人已抵意大利国，沿途均幸平安云。"1884 年 1 月 18 日、20 日，《申报》以"海外归来""行旌抵沪"报道唐廷枢结束海外 9 个月的考察经香港回到上海。

1883 年，招商局帮办郑观应赴南洋考察，准备通过考察了解、掌握有关情况，整顿南洋航运业务。

招商局多批次派出高级管理人员出洋考察，开阔了眼界，了解了实情，展示出走向世界的强烈愿望和信心。

四、招商局早期"走出去"的路不平坦

招商局创立后的"走出去"前后经历两个阶段。第一阶段大致在创立后到 1890 年前，约 15 年时间。这一阶段的特点是商业色彩浓厚，企业雄心勃勃，政府不加干预乐见其成，但严重受挫，与预期相差甚远。第二阶段是在 1890 年后，招商局雄心未减，总结经验教训，欲再次扬帆远航，但政府出于政治考虑，态度大变，不予支持，招商局在内外不利的条件下，不得不放弃"走出去"。从此中国企

业中断了"走出去"的历史，再次提出，已是一百多年后的今天了。

招商局早期"走出去"的短短实践，过程极不平凡，可谓举步维艰，虽有西人赞誉、国人扬眉、海外华人欢欣，但其间困难重重，不尽如人意。

（一）竞争激烈，经营艰辛

两次鸦片战争后，中国海关由西方国家把持，近代中国的对外贸易，开始由洋行垄断，不但进口全部由洋行经营，即使出口也是将商品卖给口岸的洋行，而非直接运销国外。所有进出口结汇、信贷、保险和航运，都由外商经办。因此，招商局开展远洋运输，市场条件是恶劣的。首先面临货源的竞争，其次是运输价格的竞争，艰辛程度可想而知，从招商局在东南亚的遭遇即可窥一斑。

东南亚诸国与中国有传统的友谊，是华侨聚居之地，1880 年，招商局积极开辟东南亚航线和设立本地机构辅助经营活动，力图使东南亚成为"走出去"的桥头堡。但此时东南亚诸国已成为西方国家的殖民地，西方航运企业早已"捷足先登"。西方船队"跌价抢运"，竭力同招商局船队对抗，招商局难以与之争衡，东南亚一带航线仅仅 1 年便先后停驶，仅剩越南一线。虽然在 1883 年再派轮行走新加坡、槟榔屿航线，但"亏折甚巨"。

（二）当地国贸易保护主义顽固

当时，尽管英国为打开落后国家市场大肆倡导自由贸易，但并没有得到其他发达国家的响应，美国就是其中之一。只是经历了第一次世界大战，欧洲衰落，美国羽翼丰满，才举起了自由贸易的旗子。

旧金山是美国华侨聚集的地方，当地侨胞希望中国船只来航，为往来贸易和回国探亲提供便利。这本应成为招商局走出去的机遇。但当和众轮驶抵旧金山时，当地海关官员对和众轮加征10%的船钞并处以每吨1元的罚款。同时，为使招商局放弃航线，旧金山海关强行规定侨居旧金山的华商华工如果搭乘招商局轮船回国，便不准再回到旧金山。虽然经招商局和中国驻美公使力争，最后退回多收的税费，但从此之后，因客源匮乏，招商局轮船未再航行该线。

（三）利益相关者横加干涉

招商局是轮船航运业的新兵，开辟海外业务，加剧了竞争态势，自然而然引起了外资、外国同业的抵制和破坏。航行英国的美富轮由于"洋商颇存妒心，遂至无利"，不再开航英国。1881年4月17日，曾开航美西航线的和众轮被违规行驶的英国兵船撞沉，极大削弱了招商局的远洋运输能力。在外国航运企业、洋行公开刁难、排挤下，招商局远洋航线最终被迫相继停航。进入19世纪80年代中期之后，外国航运企业、洋行又起劲发出反对招商局恢复和发展外洋轮运业务的声音，希图独占和垄断中国远洋运输的利益，获取高额垄断利润。远洋运输的衰敝进一步加剧了中外贸易的不平衡，"中国岁亏至银三千数百余万"。

（四）当地社会动荡严重影响商业活动

任何商业活动都需要稳定的国内外社会环境条件。在招商局"走出去"的过程中，战争等造成的社会动荡曾无情地打击了招商局的商业努力。

1883 年，招商局力图整顿南洋航运业务，但法国挑起对华侵略战争，南洋一带形势紧张，虽然一度派船恢复了中断的南洋航线，但在中法战争爆发后，招商局包括南洋航线在内的所有外洋航线全部被切断，"走出去"的战略遭受重大挫折。招商局经营较持久的朝鲜航线第一次在 1883 年 4 月到 1884 年 3 月试行 1 年；第二次在 1888 年 4 月至 1894 年 6 月共开展 6 年余，也分别在中法战争和中日甲午战争前夕停航。

（五）制度、文化障碍

招商局"走出去"，也深受当地社会制度、政策、文化等软性力量的制约。

日本、吕宋等国实行保护本国商船政策，招商局开辟当地航线不受鼓励，更难以在当地设局。

19 世纪 20 年代独立的巴西，拥有大量土地，但是国内人口稀少，希望刚刚被打开国门、人口庞大的大清王朝移民到巴西，为开发巴西做出贡献。中巴《和好通商条约》在 1881 年 10 月 3 日于天津签订后，巴西政府屡次要求招商局开辟巴西航路，以便招徕华工。唐廷枢也想趁机打开南美航路，派船航行巴西。但唐廷枢在 1883

年出国考察期间在巴西停留两月，发现巴西仍未废除奴隶制度，任意虐待华工，因此不敢承揽，开辟南美航线的计划未能实现。

（六）得不到本国政府支持

晚清政府因国力空虚、自顾不暇，难以在财政、外交上给予招商局以实质性的支持。

1881年，唐廷庚考察欧美回国后，禀送《局轮搭华人到檀香山章程》，并向北洋禀请兴办远洋航运业，因受多方掣肘，未果。新生的招商局资金短缺，"走出去"又未能实时获利，加上1884年后得不到官款的资助，只能望洋兴叹。1890年4月，已基本还清官款、资金压力减轻的招商局再展雄心，呈禀北洋大臣，请求允准派轮驶往外洋，恢复远洋运输业务，并提出了具体的设想，"遣人分至各国设立货栈，自运土货，由商轮装载出洋销售"，同时建议所有行驶外洋的商轮都由招商局提供。但李鸿章、奕譞等晚清重臣对招商局派船航行外洋持消极怀疑态度，认为招商局"走出去"仍难有起色，生怕招致非议，强烈反对招商局再派船出洋揽载。同时，主管招商局的李鸿章已不赞同之前唐廷枢执政招商局时采取的积极扩大航运规模的经营路线。1885年继唐廷枢之后督办招商局的盛宣怀被李鸿章劝诫"中西情形不同，未便悉仿西法"，被迫实行以"敛字诀"为宗旨的方针，把大量资金转投其他产业。招商局的"走出去"只能偃旗息鼓，这出大戏被迫谢幕。

总的来说，招商局"走出去"，宏观上缺乏强大的国家支持、公平竞争的国际经济环境及和谐发展的世界文明秩序，自身也不够强大，也就是中国人说的天时、地利、人和不到位，各方面的条件不善，可谓是心有余而力不足，结局是可想而知的。

五、招商局早期走出去的历史意义

（一）开民族企业走出去之先河

在外族入侵、国门洞开、外国工业品倾销的近代中国，招商局采取积极扩大规模、努力进取的经营方法，派轮船走出国门，在国外设点揽载，开辟远洋航线，是中国近代航运史上的一项壮举，开中国近代民族企业走出去的先河。招商局率先"走出去"赢得了国人的尊敬，国人认为此举"大为我华人生色"，期盼"天道剥久必复，转歉而赢之机兆在于此矣"。

（二）促进中国远洋航运和对外贸易的探索和兴起

招商局在郑和下西洋三百多年之后，以"通五洲航，招天下商"的理想和"无远不届"的气概，开航日本、朝鲜、东南亚、印度、英国、美国等地，为中国的新式轮船走向世界进行探索，积累了近代远洋航运的一些技术和经验，在一定程度上促进了中国远洋航运的发展。

轮船是廉价的运输工具，轮船招商局的创办，新增了运输方式和途径，为对外贸易人员和物品往来提供了便利。同时，招商局的进入，带动了降价竞争，降低了远洋运输成本，促进了中国对外贸易的发展。

此外，在招商局的影响和推动下，一些华商从 19 世纪 70 年代开始筹办远洋贸易公司，招商局对此采取了积极扶持的态度。

1876 年，宏远公司开始酝酿筹办，定资本为 30 万两白银，由招商局总办唐廷枢发起，郑观应也参与策划，最后由船政大臣黎兆棠正式提出了议立宏远公司的方案，准备在上海及英法各国设立公司，招商局也准备派出轮船协助。由于"巨资难集"，创办宏远公司的计划未能付诸实施。1881 年，李鸿章奏准，创设公司赴英贸易，"拟暂就招商局现有轮船酌量试办"，并函嘱黎兆棠劝谕粤商筹办。黎兆棠提出集股创设肇兴公司，在伦敦设立办事机构。1882 年，招商局美富轮运送有关人员及股份资本前往伦敦，正式开办肇兴公司。可惜，因遭到英国商人和托运人方面毫不妥协的反对，肇兴公司开办不到三年就因亏耗过半而被迫停业关闭。

（三）推动民族航运企业扩大规模

招商局诞生后，外国航运企业在中国林立，竞争空前激烈，积极扩大规模无疑是在竞争中生存和发展的重要法则。1877 年，招商局收购美商旗昌轮船公司，购进大轮船 16 艘、小轮船 4 艘以及上海的码头和趸船等，"从此中国涉江浮海之火船，半皆招商局旗帜"，极大地增强了整体运输能力和综合竞争力。尔后，招商局与外商太古、怡和轮船公司签订为期 3 年的齐价合同（随后还有 6 次为期 3 年或 5 年的齐价合同）。从第一次订立齐价合同起，无论是招商局，还是英商的太古、怡和轮船公司，都希望以降价竞争的方式抢得先机、扩大经营，但又无不受到竞争对手和自身实力的困扰和束缚，结果都只好选择合作来共同发展，通过订立合约划分各条航线营业额来实现这种合作。签订齐价合同，在实质上是招商局为保卫民族航运业，在反对外国航运势力的曲折斗争中采取的一种斗争形式。由此，招商局与外商航运公司在国内市场的竞争进入相持的阶段，"打打停停"成为一道风景。在国内运输市场份额相对稳定的情况下，开辟远洋航线为招商局扩大企业规模提供了一种途径。

当今天我们把"走出去"作为做强做大中国企业的战略推行时，也许招商局"走出去"的历史会给我们一些启示。中国终要走向世界，中国终要融入世界，中国终要立于世界之林。因此，"走出去"是必然的选择，"走出去"的路还很长、很长。

携手同行的两个近代企业巨人

招商局和汉冶萍是晚清洋务运动乃至近代中国企业中两颗最耀眼的明星。

创立于1872年的招商局是中国第一家公司、第一家轮船运输企业，是中国近代修造船、保险、煤矿、钢铁、纺织、铁路、电报、银行、关栈等产业的开创者，被誉为中国民族工商企业的先驱。

创立于1908年的汉冶萍公司是近代中国第一家钢铁煤炭联营企业、当时中国资产规模最大的企业。在鼎盛时期，汉冶萍公司一度发展成为亚洲最大的钢铁煤炭联合企业，在全球范围内也仅次于德国弗尔克林根钢铁厂。汉冶萍公司旗下核心企业——汉阳铁厂是近代中国第一家钢铁厂，曾经是亚洲首屈一指的金牌钢铁联合企业。汉阳铁厂下属的大冶铁矿是当时亚洲开采的最大的铁矿。汉阳铁厂不仅为我国近代铁路网的初步形成做出了重大贡献，而且其钢铁产品还远销欧美、日本等地，为中国钢铁产品走向国际市场开展了有益的探索。汉冶萍公司旗下萍乡煤矿是中国较早使用机器采煤、洗煤、炼焦、运输煤焦的特大型煤矿之一，是当时中国现代化程度最高的一座煤矿。中国近现代的伟人孙中山、毛泽东等曾对汉阳铁厂、汉冶萍公司赞誉有加。

汉冶萍是招商局创立之初对外投资最大的企业，招商局也是汉冶萍最大的投资商和最大的战略盟友，是汉冶萍辉煌的创造者，在汉冶萍诞生和发展过程中发挥了极其重要的作用。1898 年后，招商局开始投资汉阳铁厂和后来的汉冶萍公司。1908 年，汉阳铁厂、大冶铁矿、萍乡煤矿合并组成汉冶萍厂矿有限公司。截至 1908 年，招商局在汉冶萍累计投资 101.9 万余两白银，汉阳铁厂、萍乡煤矿创办资本的 95% 和 80% 来自招商局及其关系企业。招商局督办盛宣怀担任汉阳铁厂与汉冶萍公司最高负责人长达 20 年，招商局帮办郑观应担任过汉阳铁厂的总办，招商局的管理体制和经营模式也为汉冶萍所借鉴。招商局和汉冶萍公司之间的这种特殊的战略协同关系有力促进了双方企业的发展。

煤炭是轮船进入蒸汽动力时代的重要燃料，钢铁是现代工业的"脊梁"。招商局携手汉冶萍既是自身经营发展的需要，也是招商局实现以实业救国为己任的远大理想的必然之举。李鸿章在招商局开局前夕就提出招商局经营"非铁不成，非煤不济"的思想。招商局对汉冶萍的投资和付出的艰辛正是这种经营思想的重要实践，也是招商局帮助国家"以铁立国"的雄心壮志的体现。

招商局与汉冶萍经历了许多相同的发展背景和路径，也存在密切的联系，但结局却大相径庭。辛亥革命后，汉冶萍公司历经收归国有、大借款、官商合办、袁世凯"二十一条"等多次风波后，元气大伤，最终沦为日本原料生产基地和经济附庸，至1948年退出了历史舞台。其间，随着1916年盛宣怀的离世和招商局自身出现经营困难，招商局逐渐失去了对汉冶萍的控制，结束了与汉冶萍的战略联盟关系。而招商局虽然也是跌宕起伏，但生生不息，历经北伐、官督整理、国营、抗日、重建总部、复员、股份改造、抵制迁台、起义、航政改革、改革开放、亚洲金融风暴、重整和再造、新的再造等重大事件和治理过程，现已成为中央企业中的领先者。

在为汉冶萍扼腕叹息、感慨近代民族企业经营艰难时，我们从中可联想到许多值得深思的命题，如国家命运与企业生存发展的关系、国家利益与企业利益的平衡、企业经营与债务安排、市场的开放与外国资本的渗透、出口与定价权、外强把持民族产业的危害、企业发展与上下游产业的依存关系、企业家

《招商局与汉冶萍》书影

与企业的经营等。《招商局与汉冶萍》是一本论述招商局与汉冶萍这两家近代企业巨人之间在人事、资金、管理等方面存在的密

切联系，以及双方发展结局的研究专著，在平实的叙述之外，此书留给读者许多有关民族企业生存与发展问题的思考。除告诉读者这两个古老企业的前世今生和渊源关系外，这正是《招商局与汉冶萍》把这两家顶级的近代民族企业放在一起研究的重要意义所在。因此，此书对于研究中国煤炭钢铁发展史、企业发展史具有参考价值，对于我们今天理性分析和把握产业之间的相互依存关系，以及如何更好地发展中国钢铁业也具有一定的借鉴作用。

1873：目光投向香港

一、伊敦轮驶往香港

岁尾年首，辞旧迎新。新年伊始，1873 年 1 月 17 日，上海洋泾浜南永安街"车马盈门，热闹非凡"，轮船招商局正式开业。

开业的第二天，1873 年 1 月 19 日，上海外滩码头鞭炮声震耳欲聋，悬挂着招商局双鱼旗的伊敦轮，离开码头，驶出长江口，驶向大海，开始了它的香港之行，2 月 23 日，伊敦轮又由香港返回上海，完成了招商局轮船首航香港。

伊敦轮能在开局之初即顺利首航香港，得益于两个已经具备的条件：第一是购置伊敦轮；第二是开辟南洋航线。

木帆船是中国传统的航运工具，木帆船运输业一直是中国封建社会交通运输极为重要的组成部分。五口通商后，中国以木帆船为代表的旧式航运业受到外国轮船公司的入侵威胁。到了招商局创办前的

19世纪60年代，中国沿海木帆船面临着更加严峻的局面。木制帆船与蒸汽动力轮船成了那个时代落后与先进、破产与兴盛的代表。

购置先进的轮船，抵御外国轮船企业的贪婪入侵，收回民族航运利权以图富国强兵，成为洋务派的战略举措。如唐廷枢后来在《论轮船招商事宜及现办情形》中所言：

> 夫五口通商之始，夹板船盛行，而民船揽载日减，迨后轮船四出，水脚愈贱，船身愈坚，驾驶之灵快捷十倍，各商以其货不受潮，本可速归也，遂争趋之，而夹板生意大为侵夺矣。以皆时事变迁，非甘弃民船，而取洋船也。目前大局势成难挽，亟宜自置轮船揽运货物，以收利权，此正富国便商之要务也。

油画《首航香港》

就是在这样的背景下，招商局在其创办之前，即购置了中国民族航运的第一艘蒸汽动力商轮——伊敦轮。

伊敦轮总吨数 812 吨，净吨数 507 吨，总长 78.49 米，宽 9.08 米，型深 5.63 米，航速 12 节，是一艘钢质客货两用船，可载客 134 人，同时载货 590 吨，由英国 Summers Day&Co. 在 Northam, Southampton 船厂建造，1856 年 5 月 21 日下水，原名"DELTA"，其首任船东英国铁行航运公司（P&O）在接管东印度公司在苏伊士—孟买的邮政服务航线后，由于该公司船舶多挂靠阿拉伯半岛西南部红海口的亚丁（Aden）港，遂将船名改为"Aden"。1872 年 11 月 2 日，招商局登记告白，斥资 15000 英镑（约合 50397 两白银）买下当时属于大英轮船公司的 Aden 轮，改名伊敦轮。由于年代久远，已无法找到伊敦轮当时营运的资料。2005 年，招商局史研究会与上海海事大学将复制伊敦轮模型立为科研项目，在大英博物馆找到了伊敦轮的有关建造资料，并据此复制完成了伊敦轮模型，收藏于招商局博物馆，并捐赠一艘于 2010 年在上海建成开放的中国航海博物馆。

招商局创办于上海，上海是当时中国最大的港口城市，以上海为起点，向南航行称作南洋航线，向北为北洋航线，向西则是长江航线。招商局创立前，就已开航南洋航线。1872 年 11 月 30 日，伊敦轮从上海起程航行至汕头，这是中国商轮第一次行驶南洋航线，也是中国商轮第一次在中国近海航行。从 1872 年底至 1873 年初，伊敦轮往返于上海—汕头之间，这也为将南洋航线延伸至香港打下了基础。

伊敦轮的首航香港，在维多利亚湾留下了深深的航迹，在上海与香港间连起了宝贵的南洋航线，将远东两大港口城市紧紧地连在了一起，也从此把招商局与香港紧紧地连在了一起。招商局的历史有多长，招商局与香港关联的历史就有多长。今天人们看到耸立在香港港澳码头处的招商局大厦，就会想到150年前伊敦轮在维多利亚湾的身影。

二、 招商局在香港设立分局

招商局创立之后，迅速开辟航线、购置船舶、扩大船队，同时在各地开设分局，香港是最早设立分局的城市。反映招商局自同治十二年六月（1873年6月）至同治十三年六月底（1874年6月底）经营活动的《轮船招商局第一年帐略》中记载：招商局"先在上海三马路地方买屋开设总局，除天津原有局栈外，又在牛庆、燕（烟）台、福州、厦门、广州、香港、汕头、宁波、镇江、九江、汉口以及外洋之长崎、横滨、神户、新加坡、槟榔屿、安南、吕宋等十九处各设分局，往来揽载"。从中可知招商局在创办后的第一年，就在香港设立了分局，从此香港有了招商局的分支机构——轮船招商局香港分局。一直到中华人民共和国成立后，1951年全国进行航政改革，招商局在内地改为中国人民轮船总公司，香港分局经批准保留轮船招商局股份有限公司名称和法律地位，从此承接了招商局的全部法律义务，并形成香港招商局与台湾招商局共存的局面。直至 1995 年，台湾招商局并入台湾阳明海运公司，香港招商局成为百年招商局的薪火传人。招商局到今天 150 年历史，其总部 79 年在上海，59 年在香港。这也许就是 150 年前注定的百年之缘。那么其缘由何在呢？

第一，香港有优越的港口。香港位于太平洋西岸中心地带，珠江三角洲的中部南端，在珠江口外东侧，与澳门相望，濒临南海，同台湾、海南，以及外国的日本、菲律宾、印度尼西亚、新加坡、马来西亚、越南等地遥遥相望。海岸线长、港口优良，特别是香港岛与九龙半岛之间的维多利亚港，面积达 6000 多公顷，宽 1.6 千米，长 9.6 千米，有三个入海口，即：东面的鲤鱼门水道、西北面的汲水门水道、西面的硫磺海峡水道，海内三大海湾，两个避风塘。加上地处热带，终年不冻，港内自然吃水达 12 米，远洋巨轮自由进出，成为世界三个最优良的天然港口之一。1841 年香港开港以后，其地理位置优势进一步发挥，成为公认的远东交通枢纽。一百多年前，香港已是繁忙的港口城市，外国企业纷纷在香港设立航运公司。1843 年，大英轮船公司在香港设立分公司，1845 年 8 月 13 日，该公司远洋汽轮玛丽伍德夫人号经好望角到达香港，从此开始一月一班的定期航班。后又有鞑靼轮往来省港线。1872 年，太古洋行创办太古轮船公司；1881 年，怡和洋行创办怡和轮船公司。到 1850 年有不少于 90 艘共 37800 吨的美国轮船到达香港，有 65 艘共 31200 吨的英国轮船靠泊香港。香港像一个海上游乐场，吸引着来自四面八方的轮船在这里停靠，从这里拉响起锚的汽笛声，

1873 年招商局伊敦轮的汽笛声自然也加入其中。

第二，香港有繁荣的进出口贸易。船靠货，货靠贸易，航运的发达靠的是繁荣的贸易。招商局创立之时，香港已成为进出口贸易的重要城市。英国占据香港后，立即将其扩展为远东贸易基地。1843 年香港已有 12 家规模较大的英资商行，6 家印度商行。1855 年，经营香港与上海、宁波、福州、厦门等口岸之间航运业务的外商就有 219 家。19 世纪五六十年代，几乎一半的英国进入中国的货物经过香港。王赓武在《香港史新编》中写道：招商局创立前的 1871 年，"香港的经济和社会都发展得相当有规模了。当年进入香港的船只共 28000 吨，比 1861 年时的 1286 吨，增长 20 多倍"。到了 1880 年香港出口贸易占全国的 21%，进口占 37%。这为发展航运提供了难得的需求条件。

第三，香港实行自由港政策。英国占领香港后，即推行自由经济政策，香港成为自由港的城市。自由经济是海外商人和投资者最有吸引力的政策，而自由港是其自由经济的最早体现。1841 年 2 月 1 日，义律与伯麦在英军占领港岛后即发表第一个布告，指出："凡属华商与中国船舶来港贸易，一律特免纳任何费用赋税。"同年 6 月 7 日，义律正式宣布香港为自由港，对进口货物不征收关税，进口货物储存、整理、分类、加工、再包装或再出口均不受限制。自由港政策的实行，使香港成为公认的亚洲重要的转口港，转口贸易的迅速发展，给航运业带来了机会，成为香港迅速发展的最重要因素。

第四，香港航运配套设施完善。在贸易、金融、航运不断扩大的同时，仓库、码头、船坞、房地产、酒店、电力、电讯、市内交通、制造业、服务业迅速发展。香港自然成了航运业青睐的理想港湾。以轮运业起家的招商局自然把目光投向香港，把业务做到香港，把机构设在香港，把梦想的种子播在香港。

香港分局不仅建得早，而且是招商局的重要分局。无论在其创办之初，还是在后来抗战期间总局暂避港岛、招商局海员起义中都发挥了不可替代的作用。

《招商局创办之初（1873—1880）》一书对此也有清晰的反映。在唐廷枢、徐润合签的《奉宪核定轮船招商局章程》中就有"天津分栈则拟举宋缙为商董，汉口、香港、汕头三处皆将来轮船分赴揽载之区，拟举刘绍宗、陈树棠、范世尧三人充当商董，分管汉口、香港、汕头三处事务，俾期联络，以后如另有别口贸易或遇附入股份较大者，再行酌量选充"。从中可知，香港分局建立之初，就已选定陈树棠为香港分局商董，分管香港事务。陈树棠在招商局创办之初，即为投资股东，拥有股份 10 万两白银。1875 年，招商局决定设立保险招商局，陈与唐廷枢、徐润及其他 11 名分局商董联名在报纸上刊登《保险招商局公启》，香港成为招商局办理保险业务的第一批口岸城市。1876 年 7 月，徐润、唐廷枢、陈树棠等又在此基础上创办了中国人自办的第一家船舶保险公司——仁和保险公司。陈树棠可谓中国保险业的先驱者之一。陈出身买办，是经营茶叶出口的著名商人，后来出任过清政府驻旧金山领事和清政府首任驻朝商务代表。

陈树棠个人资料鲜见于历史档案，但其在清朝的对外关系中不可不提。从权赫秀发表于 2006 年第 1 期《社会科学研究》上的研究报告《陈树棠在朝鲜的商务领事活动与近代中朝关系》中，似能找到陈树棠在招商局中的一些重要经历。

陈树棠于 1880 年 1 月至 1882 年 2 月，经当时驻美公使陈兰彬奏派，担任驻旧金山首任总领事。当时已是二品衔候选道。后来李鸿章在选派总办朝鲜各口商务委员人选的奏折中称其"在任三年，办理裕如，商家悦服"。陈回国后成为李鸿章幕僚。朝鲜高宗政府领选使金允桢，曾在 1882 年底于天津李鸿章幕下见到陈树棠，并留下相关记载称："陈菱南，名树棠，二品道台，广东人，曾游美国十年，会讲美国话，习于商务，致巨资。"

1882 年底，陈奉李鸿章之命随同招商局总办唐廷枢一起赴朝考察商务，还曾在汉城受到朝鲜国王高宗的接见。1883 年 9 月 2 日，李鸿章奏请派陈赴朝出使，得到清廷批准，1883 年 10 月，陈以"钦命总办朝鲜商务二品衔出省遇缺即补道"官衔，乘招商局永清轮由上海东渡朝鲜西海岸仁川港赴任，并于同年 10 月 20 日在朝鲜王朝首都汉城就任办公，陈成为清政府首任总办朝鲜商务代表。陈在朝期间与朝鲜先后签订了三项通商的合约，即：代表招商局签署的《轮船往来上海朝鲜公道合约章程》（1883 年 10 月 31 日）、《招商局轮船往来合约章程续约》（1884 年 1 月 11 日）和《仁川口华商地界章程》（1884 年 4 月 2 日），均由陈直接办理。权赫秀认为，"其内容在近代中朝关系史上均具有重要意义"。其中关于中朝轮船往来的两份合约，直接促成了近代中朝乃至中日朝国际航线的开通。

1885年10月，清政府为加大对朝控制，改由袁世凯以"驻扎朝鲜总理交涉通商事务"之名常驻朝鲜，对陈以"积劳致疾""给假调治"为理由免职回国。陈在朝虽不到两年，但历史记载表明，陈在朝期间促进了近代中朝经济关系的迅速发展，实际上是近代中国最早派驻朝鲜的最高级别的外事与经贸官员，其商务及领事工作是近代中朝关系乃至晚清对外关系史上的一段重要内容。据权赫秀初步研究，在韩国藏朝鲜王朝高宗政府统理交涉通商事务衙门档案中，就存有陈树棠与统理交涉通商事务衙门之间往来文书计440余件。这也是档案中存有较完整记录的重要史料和学术界关于晚清对外关系史研究给予关注的重要内容。由此，似乎可推测出陈的两次出使办商务不能不与其在招商局的从商经历有关，且其在朝鲜签署的重要合约也与招商局有关，与国际贸易的开展和国际航线的开通有关。

岁月不断山城缘

　　招商局，一家跨越三个世纪的百年老企业；重庆，一座具有悠久历史的著名山城。在一段民族危难的特殊岁月，招商局与重庆走到了一起，结下了不解之缘，演奏出一曲抗战烽火中的铿锵交响。

　　招商局在其百年发展历程，在中国的很多沿海、沿江城市中都留下了深深的足迹，书写了许多脍炙人口的故事。这些城市以其博大的胸怀哺育了招商局的成长。被誉为"招商局第二故乡"的重庆拥抱了在抗日战争时期颠沛流离的招商局，使其有了安身立命、报效祖国的环境。

　　自1937年7月7日开始，日本军国主义者对中国发动了全面的侵略战争，中华民族处于危亡的呐喊抗争之中。日寇的铁蹄也致使招商局财产遭受巨大的损失，其总局、分局先后被占领。武汉失守后，江海轮船集中于宜昌，再度成为日军空袭的重要目标。招商局江轮除撤入川江外，别无他途。

　　川江自古被视为天险，航运全长 647 千米，海拔高度相差 145 米，川江流速通常超过 11 千米／时，最急水流达到 24 千米／时，滩多流急，航道狭窄，礁石林立，全航程有险滩 35 个，泄滩、青滩、崆岭自古称为川江三大险滩，是川江航行最艰难的区段。招商局江顺、江安、江华、江汉、江新、江建六大江轮航行三大险滩堪称一场惊心动魄的搏斗。自 1938 年 11 月 13 日清晨江顺轮从宜昌起航，直至 1939 年 10 月 12 日除江建轮暂泊台子湾外，其余 5 艘安全抵达重庆，六大江轮的全体船员不畏艰险，以大无畏的革命精神和熟练的航行技术，穿越川江三峡天险，创造了千吨级的巨型江轮航行川江的奇迹，也为日后国民政府西迁，建立西南抗战大后方做了重要的准备，拉开了招商局西迁入川的序幕。

　　随着日寇侵华的升级，位于上海的招商局总局被迫撤离诞生地上海。招商局总经理蔡增基自率一部分人员迁香港，设办事处继续办公；另派一部分人员组织设立长江业务管理处，随国民政府西迁，负责内河业务，供应军工运输。1942 年 12 月，香港沦陷，蔡增基避难澳门，所有档案账册、财产契据，均在香港丧失，港方业务完全停顿。交通部以战时军运急需加强、战后复兴尤待规划、局务不容中断为虑，决定招商局在重庆恢复办公，任命徐学禹为总经理。招商局遂在重庆五四路真原堂巷租得新建房屋一院，遵令着手筹备恢复办公事宜，并接收了长江业务管理处。1943 年 4 月 26 日，徐学禹就职视事，招商局在重庆正式恢复办公。招商局总局定居重庆后，主要开展了以下工作：

一、适应战时需要，调整建立战时管理体制、机制

第一，在总经理之上恢复理事会制度，在重庆聘请关心招商局的人士为理事，以收群策群力之效。

第二，增设了一批机构，策应后方运输。在川江方面设立宜宾分局、泸县办事处、万县分局、巴东办事处、三斗坪办事处，在湘江方面设立湖南分局、常德办事处、津市办事处、湘潭办事处和衡阳办事处。

第三，紧缩编制，节省开支。招商局撤入川江之后，招商局总局及分支机构仍有 1369 人。总局重建后，撤销 532 人，同时新招员工 275 人，实有员工 1112 人。

第四，修订各项规章制度。先后制订公布了《国营招商局理事会组织规则》《国营招商局组织规程》《国营招商局局务会议办法》《国营招商局公文处理办法》《国营招商局员工福利委员会组织章程》《国营招商局办事细则》《国营招商局职员规则》《国营招商局业务稽查服务简则》《国营招商局关于主管人员不得擅离职守的训令》《国营招商局关于各级员司工警不得任意辞离请假的训令》等规章制度，使局务管理日趋正常。

二、坚持抗战，开展川江军运

在重庆期间，招商局的营运活动始终没有停顿，对沟通后方物资交流和军事运输做出了巨大贡献。

招商局一直主持汀（印度的汀江）渝（重庆）水空联运线中

宜宾至重庆的水运工作，为就近管理特设立宜宾分局。当时，经宜宾分局出口的物资主要有猪鬃、桐油、钨砂、水银、铋砂、羊毛、茶叶、生丝等，经宜宾分局进口的物资主要有汽油、钢条、钢板、紫铜、锌板、铜盂、炸药、马口铁、炭精柱、无烟药、钞票、子弹等。1944年底，抗战由相持进入了反攻阶段，军品运输十分紧迫。时届枯水时期，有的航运公司受利益驱使不愿意运载军品，招商局函请水空联运委员会，严令各船公司在宜宾联运货物未运清前，不得借故推诿拒装公物，以应军需。参与联运的永昌实业公司的永昌轮管理腐化，时生纠纷，甚至无钱支付煤费和搬运费。为争取时间，招商局宜宾分局为其垫付费用。

当时的渝（重庆）坪（三斗坪）线，货物运输上水以纸、桐油、土铁、花纱、什货为大宗，下水以米、盐、药材、什物等为大宗，每年运出数量甚巨，商旅往来也很频繁，因巴东一带时有空袭，其他民营公司轮船多视下驶为畏途，因此，该线商船颇为稀少。招商局为维持军工运输，抽人分配该线客货航运业务。

招商局的协庆轮常年担任军运，曾在下游敌机炸船之际冒险下驶完成任务，受到后方勤务部奖励，后于1943年9月17日在巴东上游西怀口地方应差时，突遭敌机轰炸，机舱及船身损坏甚重。招商局的招商五号轮于湘战紧急时刻在湖滨接运军队为敌炸毁。招商局的恒通轮也于1943年9月23日行驶渝碚线客班时在利滩地方触礁搁浅失事。

在开展各项运输活动过程中，招商局积极献策，大胆建言，不惜牺牲。1943 年 9 月 10 日，招商局就开辟川江夜航事宜呈报当时的国民政府交通部，提出"川江不宜夜航，唯军运时期，空袭频繁，白昼航行未免冒险过甚"，拟请在万县至三斗坪间装设明亮的灯桩，择月色皎洁之夜在上水时分段（三斗坪至香溪、香溪至巴东、巴东至巫山、巫山至奉节、奉节至万县）实施夜航，获得了国民政府军政部的同意和赞赏。

三、在极其艰苦的战争条件下，积极开展各项营运活动

国民政府西迁重庆后，川江运输日益繁忙，招商局除留飞龙轮在巴东应差外，或投入、或代理、或改装、或租赁、或派遣大批轮船营运江津至白沙、重庆至木洞、重庆至北碚等线，对沟通重庆附近的客货交流发挥了重要作用。当时招商局开辟的川、湘航线主要有重庆—万县—巴东—三斗坪线，重庆—泸州—宜宾线，重庆—江津—白沙线及重庆—北碚线；湖南方面的长沙—湘潭线，长沙—津市线，长沙—常德线及常德—津市线。同时，设法开展多种形式的联运协作，如叙（宜宾）渝（重庆）、泸（泸县）渝（重庆）水空联运，与湘桂粤汉两路办理水陆联运，以及津市至三斗坪驿运线。仅 1942 年川、湘两线即运货 6254 吨，载客 52044 人。

四、开展战后复员准备

1944 年，招商局制订《国营招商局 1944 年度普通政务计划》，提出要加强原有航线运轮力量，恢复收复失地内之航运和准备航

业复员工作。招商局克服大后方既无干船坞又无浮船坞，修船工具不完备、动辄需拼凑数厂之工具，无机器起重设备、仅有极旧式之霸王车的种种困难，自行设计一种砂石混合基地，开展修理江新、江汉、江安、江顺、江华、建国（江建）和江大等七大江轮（因炸坏甚重几经研究无法修复，打捞机件锅炉运渝重配船壳以利营运）。招商局扩充了机器厂，充实组织，增加锯木及翻砂设备，并在唐家沱设置工场以便就近工作。1945 年 5 月 25 日，招商局沈仲毅、胡时渊、黄慕宗、杨经纶、朱德茂、钱元龙、辛一心等按总经理徐学禹要求召开国营招商局复员计划谈话，讨论人事、财产现状、敌人撤退时如何保管财产、房产如何临时整理，如何组织临时机构等议题。6 月 7 日，招商局制订《国营招商局配合反攻军事进展收复各地资产筹备复航工作计划大纲》。这些为抗战胜利后恢复各项经营管理活动提供了充分的准备。抗日战争胜利后，招商局回迁上海，另行于 10 月 5 日成立重庆分局负责办理川江航运业务，并代办总局在重庆期间未了事项。招商局重庆分局除积极为战后重庆经济的复兴开展粮运、盐运、公运、邮运等各项轮运活动外，还在 1946 年末至 1947 年夏之间受交通部委托抽调航行速度平稳的登陆艇将故宫博物院存放在四川的文物分批运回南京妥善保存。

重庆是招商局在抗战时期得以劫后重生的地方，也是战后招商局业务走向全面复兴的起点。珍藏在重庆市档案馆的多个全宗档案为此提供了佐证。

招商局非常珍惜在特殊历史条件下与重庆结下的缘分，并且今天继续延续着这份情缘。1996年10月18日，招商局作为第一大股东的招商银行在重庆成立支行，开始投入资金支持重庆的经济发展。2000年9月，原交通部重庆公路科学研究所转制进入招商局集团，并更名为重庆交通科研设计院，招商局集团以此为基地，进一步加快了在重庆的发展。重庆交通科研设计院为重庆市二环八射高速公路网的设计、建设做出了积极贡献。2004年，招商局的地产业、物流业又先后进入重庆，开始在重庆的发展。近年来，招商局集团与重庆市进行了更深入的交流，准备在重庆开展更多领域的投资拓展，相信招商局与重庆的联系将更加紧密。

招商局的历史是一部十分独特又十分珍贵的企业发展史，研究招商局的历史，可以使我们从一个新的视角去解读中国近现代发生的一系列重大历史事件，并从中得到启发。真实记载和反映招商局历史的档案资料应当属于全社会。为了让人们更好地认识、研究招商局与重庆历史上的那一段艰难与共的岁月，在重庆市政府的大力支持下，招商局与重庆市档案馆合作，对招商局在重庆的档案进行了整理，从大量原始资料中选出了重要的相关历史资料，编纂成《招商局与重庆：1943—1949年档案史料汇编》。此书由重庆档案馆十余个历史档案全宗中直接反映招商局历史活动的六百余份档案文件组成，按照专题编排，真实地展示了招商局在重庆的风雨岁月，反映了招商局在抗战大后方所展开的各项工作，以及招商局在抗战中的历史贡献。《招商局与重庆：1943—1949 年档案史料汇编》的出版，填补了招商局在重庆抗战时期的史料空白，提供了其一系列社会、经济活动的史料依据，无论对于招商局与重庆市的文化建设、还是对中华民族抗战史的研究来说，都是一项有意义的工作。

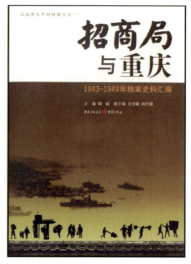

《招商局与重庆：1943—1949 年档案史料汇编》书影

同时存在两个招商局的一段历史

　　创立于晚清同治年间的轮船招商局，已历经百年。在招商局的发展历史上，曾有过一段时间同时存在两个招商局主体，即属于大陆经营的香港招商局和隶属台湾的台湾招商局，这是企业史上不多见的特殊现象。

　　为了研究这个问题，2008 年招商局博士后工作站招收了一名博士研究生——厦门大学台湾研究院的王玉国博士，专门研究"招商局与台湾"，笔者作为指导老师之一，自然参与了这一专题的研究工作。为了掌握第一手的研究资料，王玉国专门赴台湾"中研院"近代史研究所、台湾"国史馆"、台湾阳明海运股份有限公司进行调研考察，在第一手资料的基础上完成了《招商局与台湾》的写作，并于 2010 年 7 月出版。

　　此前，2001 年笔者赴台湾考察访问期间，专程拜访台湾阳明公司董事长陈庭辉，在阳明公司总部参观招商局历史展览，亲身感受了两岸招商局同根同源、一脉相承的历史。尽管那时台湾招商局已为台湾阳明海运公司取而代之，招商局这一百年老字号在台湾已经不存在了。

"一脉相承，一干两枝"作为招商局历史上的一段特殊现象，不仅对于研究招商局历史有着不可或缺的重要意义，同时站在祖国统一大业的政治高度阐述这一段历史，同样有着十分重要的价值。

一、造成两个招商局的历史背景

招商局与台湾相关的史料最早是关于1874年7月，针对日本兴兵侵台，清政府派船运兵赴台。抗战胜利收复台湾后，1945年12月国营招商局在台湾设立台湾分局。1948年9月，为了摆脱社会经济危机，国民政府决定将国营招商局改组为招商局轮船股份有限公司，总部仍设于上海，此时台湾设有分公司，高雄、基隆设有办事处。随着形势的变化，招商局作为即将垮台的国民政府的最大国营航运企业，如同它的"股东"一样，面对的是迅速败亡的局面。从1948年下半年开始，招商局在当时的总经理徐学禹（1949年3月改任董事长，胡时渊任总经理）主持下开始拟定撤台计划，包括：在长江行驶的大型江轮及可以出海的拖轮、铁驳船、修理船、仓库船等全部撤往台湾；海轮接受台湾调配，必要时全部集中到台湾；修船厂全部机器设备、建造中的船舶、船厂职工全部撤往台湾，与台湾造船厂合并；招商局卷宗、档案、账册全部运往台湾。1949 年 4 月 21 日渡江战役打响，4 月 23 日南京解放，4 月 30 日招商局董事会决定在台湾成立招商局总管理处（1949 年 6 月 1 日在台北正式成立），招商局迁台正式展开。迁台船舶 92 艘，总吨位 244,695 吨，迁台员工 5356 人，占员工总数的 1/3。

1949 年 5 月 27 日上海解放，陈毅、粟裕随即签发接收招商局的命令，上海市军管会正式委派于眉、邓寅冬为军事总代表进驻轮船招商局，进行军管接收。招商局回到人民手中，随之招商局历史上的首届党委——"中共华东军政委员会直属机关党委会招商局分党委"正式成立。招商局党委成立后即在上海市委和华东经委党组织的领导下，克服各种困难，在组织接管、复航、抢运、支前、打捞沉船、领导起义等方面做出了重大贡献。

由此，在特定的时代背景下，同根同源的两个招商局，在海峡两岸跌宕起伏的浪涛中以特殊的方式共同延续百年血脉。

二、两个招商局的并存发展

从国民党退出大陆撤至台湾、中华人民共和国成立到 20 世纪 60 年代末、70 年代初，有 20 年的时间，大陆、台湾两个招商局并存发展。

留在大陆的招商局，经过 1950 年国家航政体制改革，根据国家经济发展需要，将招商局资产下放沿海各省市，由此建立起了中华人民共和国的水运业。同时，招商局在香港坚持经营，但以美国为首的西方国家对新生的中华人民共和国实行禁运，香港招商局的航运业务陷入停顿状态。直到1956年开始恢复业务，利用香港特殊环境，打破西方国家经济封锁，融资购船、代理船务，为发展国家远洋航运事业做出重要贡献。

迁至台湾的招商局经历了1950年至1953年的整理时期、1945年至1964年的扩展时期、1965年至1971年的革新时期，始终作为台湾航运支柱支撑台湾的航运业，在台湾经济发展中发挥重要作用。1971年台湾招商局登记船舶23艘，总吨位341,708吨，占台湾各航业公司船舶总吨位的27%；货运量3,901,517吨，占台湾各航运公司货运总量的31%。

由于西方国家的经济封锁，直到1964年中华人民共和国才组建中国远洋运输总公司，发展远洋业。大陆招商局基本处于维持、坚守、等待时机的状态。台湾招商局则抓住20世纪60年代经济快速发展、外贸快速增长的有利时机，迅速发展。因此在这一时期，台湾招商局的发展优于大陆招商局。直到1978年，中国大陆实行改革开放，交通部党组向中共中央、国务院递呈《关于充分利用香港招商局问题的请示》，提出了"立足港澳、背靠内地、面向海外、多种经营、买卖结合、工商结合"的经营方针，并于1979年1月在深圳蛇口建立中国改革开放后第一个对外开放的开发区——蛇口工业区，历经百年的招商局进入了崭新的发展时期，由此创造了招商局历史上的第二次辉煌。

三、台湾招商局的衰亡

1971 年，发生了一个举世瞩目的历史事件——中华人民共和国恢复在联合国的合法席位，成为安理会五个常任理事国之一。经营国际航运的台湾招商局受到严重影响，其所谓船籍、挂旗、船员证件失去国际法保护，面临极大限制，台湾招商局的船舶不能继续从事国际运营。

台湾当局为应对变化，于 1972 年 12 月 28 日招商局创办 100周年时，成立了阳明海运公司，经营海上货物运输，其目的是由阳明海运取代台湾招商局。1973 年，台湾招商局向阳明海运出售 17艘船，160146 吨，只象征性地保留了 1 艘"顶名船"。台湾当局采取"金蝉脱壳"的办法，弱化招商局，做大阳明公司，一明一暗，两块牌子，一套人马，逐步使阳明海运取代招商局。直到 1995 年，台当局批准台湾招商局彻底并入阳明海运，台湾招商局最终退出历史舞台。从此，世界上只有一个招商局，即大陆的招商局集团有限公司（招商局轮船股份有限公司、香港招商局），大陆的招商局最终担当起了延续血脉、传承历史的重任。

尽管两岸长期存在政治纷争，但一个中国的原则不可动摇。基于百余年的发展历史，招商局的根在大陆是难以撼动的历史事实，无论过去存在的大陆、台湾两个招商局，还是后来的大陆招商局、台湾阳明公司，追根寻源，还是同根同源、一脉相承，这也充分体现在招商局与阳明海运在航运、港口上的广泛交流与合作，包括双方一度频繁开展的招商局历史研究，使招商局历史史料更加丰富，涉及领域更加宽阔，研究更加深入，成果更加宝贵。招商局作为一个百年企业在振兴中华、推进实现祖国统一大业的伟大事业中做出了具有特殊意义的贡献。

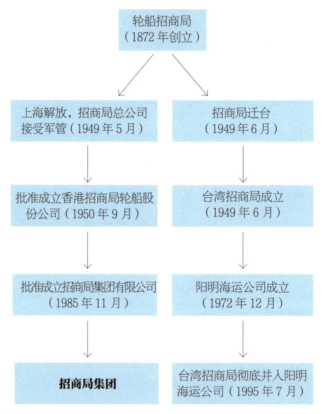

两个招商局同时存在图示

招商局历史中的革命史

　　150 年的历史对于一个企业来说是不可多得的，因而也是十分珍贵的。创立于 1872 年的招商局的 150 年历史可谓一部企业百科全书，从多方面、多角度研究招商局历史可以得到不同的有价值的研究成果。以往的研究更多地集中在招商局的商业史、企业发展史中，而其革命史的研究则缺乏概念，不成系统。纵观 150 年历史，特别是在社会急剧变革的时代，招商局从不缺位，尤为难得。在 150 年中，清政府控制影响了 39 年（1872—1911），民国政府控制影响 38 年，招商局经历了由官办到商办，再由商办到官办（国营招商局），后又穿上股份公司的外衣，到中华人民共和国成立之前，前后加起来 77 年，可以说招商局是一个在晚清政府、民国政府控制影响下的具有很高社会影响力的企业。在这样的时代和社会背景下，招商局历史中的革命部分就显得尤为重要。可以说，革命史是招商局历史的重要组成部分，应当加以深入研究，并确定其在招商局历史中的应有地位。

一、如何定义招商局革命史?

定义招商局革命史应当以客观真实的史料为依据和基础。从以下几点给出定义:一是需要定义招商局与时代背景、社会潮流的关系和其历史作为的性质;二是需要回答招商局历史上的革命史实是具体的、孤立的、个体的偶发事件,还是紧跟时代、融入潮流、意识觉醒的革命作为;三是从效果上看其对历史进程发挥作用的价值;四是"革命"含义所指为社会意义的革命,而非产业革命、技术革命、商业革命等。由此出发,笔者以为,招商局革命史是指其在时代的伟大变革中,在民族危亡的紧要关头,在光明与黑暗、进步与反动的抉择时刻,所表现出的具有鲜明政治立场与社会进步意义、顺应时代潮流、与反动势力相对立并与之进行坚决斗争的反抗外敌入侵、维护国家利益、追求光明、崇尚进步的革命性史实。

二、具有代表性、典型性的招商局革命史史实

(一)面对时代变革,转向支持新生

在招商局历史档案中有一份珍贵的史料,是辛亥革命后,孙中山以临时政府大总统身份发给招商局的电文,这成为招商局在辛亥革命中有所作为的重要研究依据。习近平总书记在纪念辛亥革命110周年时指出:"110年前,以孙中山先生为代表的革命党人发动了震惊世界的辛亥革命,推翻了清朝政府,结束了在中国延续几

千年的君主专制制度，近代以来中国发生的深刻社会变革由此拉开了序幕。这是中国人民和中国先进分子为实现民族独立、人民解放进行的一次伟大而艰辛探索。"

辛亥革命为中国民族资本主义的发展开辟了道路，在这场空前激烈的社会革命中，已经有39年历史的招商局，作为清政府控制影响下最大的一家官督商办企业，不可避免地受到革命浪潮的巨大冲击。招商局的股东们大多数属于民族资产阶级，但在政治上倾向于君主立宪派，对辛亥革命心存疑虑甚至反感，但在中华民国临时政府成立后，特别是在抵押借款的重大事件上发生了变化，逐渐由对抗转向合作。

1912年1月1日，孙中山就任临时大总统。新生的革命政权财政极为困难，完全靠举债度日。1月2日，临时政府第一次内阁会议作出三项决议，其中第二项就是以招商局局产做抵押向日本借款。正在积极争取商办的招商局股东一时不能接受，表示拒绝。为此孙中山亲自来函来电，申明大义，说服股东支持新生政权。2月6日，孙中山致函招商局：

　　招商局董事股东公鉴：政府因于军需国用孔亟，非得巨款无以解决民国之困难。战士既不惮牺牲其生命，则我商民亦必各致其力，尽义务于国家。前者提出以招商局局产抵押借款之议，实于贵局之权利利益毫无所损。前日贵局董事股东开会通过，而其间尚有不及周知情形不免误会者，兹已委任专员与贵局接洽妥商，更将债约草案及政府对于招商局之博抽办法大略条件呈达，敬乞速行酌夺，示复为要。（见《临时大总统孙文致招商局董事股东函》）

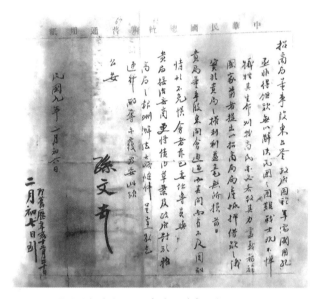

《临时大总统孙文致招商局董事股东函》

2月10日，招商局召开特别会议，接受政府要求，同意将局产借给政府抵押借款，表决时"会场掌声如雷"，由此表明，招商局对辛亥革命的态度已经转向合作。而后又支持北伐，出动局轮13艘，支援民军，运载革命军及军需物资，补贴运费达白银10万两之多。

同时，辛亥革命的成功又对招商局的发展起到了重要的推动作用，重要的标志就是由官督商办实现了完全的商办。清政府被推翻后，清政府邮传部派驻招商局的管理人员相继离局，官督商办体制就此结束。招商局名称也改为"商办招商局轮船有限公司"，并在管理制度与经济制度上进行了一些改革，使企业有较多的自主权，能够独立开展经营活动，使招商局从受官僚买办控制转化为民族资本主义企业，招商局进入了新的历史阶段。

这一史实表明，在结束封建主义统治，开辟资本主义道路的中国民主革命重要时期，招商局没有缺位，并显示出了独特的重要地位和作用。当然，这更多地表现为招商局上层对辛亥革命态度的转变和支持辛亥革命的程度。尽管如此，仍不失为招商局革命史上的一段重要史实。

（二）沉船御敌，共赴国难

2002年3月7日，中新网《长江马当水道打捞起用于阻止日寇的18艘沉船》的报道称：

> 总投资2600万元的长江马当（江西彭泽县境内）水道沉船打捞工程5日全部结束，在江底沉睡了65年的18艘沉船，被悉数打捞上岸。

> 1937年12月，国民政府为阻止侵华日军溯江而上进犯武汉，在马当水道沉铁船18艘、大小木船百余艘，并布设水雷39枚，构筑"马当阻塞线"，但最终仍未能阻挡日寇的铁蹄，次年10月27日，武汉沦陷。

> 解放后，人民政府曾多次组织打捞马当沉船，但因技术原因未能如愿。2000年2月18日，马当沉船打捞工程再次启动。

这篇报道的背后是一个民族悲壮历史的故事。

抗战全面爆发后，为阻绝日军沿长江西进，国民政府决定沉船封江。1937 年 7 月 28 日，蒋介石在南京最高国防会议中决定在日军尚未进攻长江流域之前制敌之先，封断长江航路，截断长江中上游九江、武汉、宜昌、重庆一带的日军第 11 战队 13 艘舰船和大批日侨的归路，作为与日交涉的筹码，并防止日军再度溯江而上。会议决定在 1937 年 8 月 12 日执行封江。

日军闻讯后，长江中游的日本舰船匆忙下驶。当日本军舰陆续经过时，部分要塞单位因为警惕不足，未能及时做出反应，海军舰队则因没有接到截击指令，只能按兵不动。

1937 年 8 月 11 日沪战前夕，国民政府军政部、海军司令部联合召开经济军事会议，招商局派代表列席。为阻挡和延缓日军的进攻，会议决定采用堵塞港道的办法，征用各类船只沉于港口要塞，同时布下水雷，以此迟缓日军西进。

最早沉船的是江阴要塞。1937 年 8 月 12 日，国民政府两个舰队主力在江阴江面集合完毕，这是甲午战争之后海军的第一次对外大型动员，全体海军全体官兵皆怀高亢斗志，誓与日寇决一死战！12 日上午 8 时，江阴江面各舰由平海号轻巡洋舰率领进行升旗典礼。8 时整，平海舰举行升旗仪式，各舰官兵在舰舷"站坡"，向军旗行礼致敬。历史资料显示，首批自沉的军舰为舰龄最大的通济练习舰，大同、自强轻巡洋舰，德胜、威胜水机母舰，武胜测量艇（已停用），辰字与宿字鱼雷艇（均已停用），这批军舰大多为清代遗留的旧舰。此外，海军还向招商局与各民间轮船公司征集一批轮船沉于江阴黄山下游鹅鼻嘴。

在各舰抵达位置之后，坐镇平海舰的陈绍宽海军上将发出沉船命令，各舰同时打开水底门，缓缓下沉。自沉作业一直进行到傍晚才初告结束，因为水流甚急，第一批舰下沉时多半被水流冲离原定理想位置，导致封锁线并不完整。当海军部发现封锁线并不完整而空隙甚多之后，又征用了 3 艘民轮沉入封锁线，在镇江、芜湖、九江、汉口、沙市等地缴获的 8 艘日籍趸船也先后被拖到封锁线凿沉。海军部又请行政院训令江苏、浙江、安徽、湖北各省政府紧急征用民用小船、盐船 185 艘，满载石子沉入封锁线的空隙中。这些民船一共使用了 30.94 万立方英尺石子，合 65020 石。如果加上 1937 年 9 月 25 日自沉（海战后）的海容舰、海圻舰、海筹舰、海琛舰四艘巡洋舰，在江阴的沉船封江作业中一共自沉老旧军舰与商轮 43 艘，合计吨位 63800 余吨。其中招商局商船新铭轮（2133 吨）、同华轮（1176 吨）、泰顺轮（1962 吨）、广利轮（2300 吨）、嘉禾轮（1733 吨）、遇顺轮（1696 吨）、公平轮（2705 吨）等 7 艘，共 13705 吨。招商局沉船占江阴沉船总吨的 31.2%，占招商局当年江海大轮总吨的 25.1%。

长江沉船的第二个要塞是江西马当。日军占领上海和南京以后，华中形势渐趋紧张，为阻止日军溯江西进，1938 年，再次在马当沉船 18 艘，包括招商局的新丰轮（1707 吨）、江裕轮（3084 吨）、汉口刘家庙的趸船（2000 吨）、安庆的趸船（2000 吨），合计 8791 吨，占马当沉船总吨的1/3还多。此外招商局为配合抗日，还先后在上海、镇海、龙潭、宜昌等地沉船御敌，总吨为12023吨。

1937年7月至1939年初，招商局在长江要塞共沉船24艘，计34519吨，占招商局船舶总吨的40%。这是抗日战争中悲壮的一幕，要塞沉船虽属一种无奈的防御措施，但延缓了日军的进攻速度，为我军民及物资后撤赢得了宝贵时间，这也充分表现了全民同仇敌忾、共赴国难的伟大牺牲精神。

（三）江轮入川，坚持抗战

全面抗战爆发后，在日寇的铁蹄蹂躏下，招商局财产遭受巨大的损失，总局、分局先后被占领。交通运输特别是水上运输在近代战争中占有举足轻重的战略地位。日本侵略军为了破坏战时中国经济的基础，掐断中国军事运输的动脉，把招商局的庞大船队和仓库码头作为重点打击目标。早在1932年"一二·八"事变时日军就调集军舰集结吴淞口，阻止招商局等中国航运公司的轮船进出，并向招商局南栈等处投掷炸弹。"八一三"淞沪战役爆发，日军进攻上海，刚刚改造完成的招商局锦江轮就遭日军炸毁，同时日军掠走了即将竣工的招商局轮船17艘，计19778吨。随着战争的不断升级，招商局船队面临被彻底摧毁或沦于敌手的严重威胁。把轮船撤入长江腹地以便避敌锋芒、坚持抗战，是招商局面对危局的主要措施。

黄振亚的《长江大撤退》记载：1938年11月13日清晨，总吨位 4000 吨的招商局江顺轮首先从宜昌起航，经过 4 小时的航程抵达庙河。之后江安轮、江新轮、江华轮、江汉轮相继到达。因庙河水域停泊过多大船易遭空袭，决定继续上驶设法进川。12 月间江顺轮、江安轮上驶至川江第一险滩泄滩，因水势甚急，岸上绞滩设施不适，上滩失败。后经技术人员研究改变绞滩设备设置，1939 年 1 月 2 日招商局 6 条小轮及其他轮船共 11 条全部绞上泄滩，冲过第一险滩。1 月 11 日江新轮、江汉轮、江华轮三轮绞上泄滩，驶抵巴东停泊，为防日军空袭，三轮继续西进，相继驶抵奉节、巫山。后续各船陆续过滩，历尽艰险，江新轮于 1939 年 6 月 9 日驶抵重庆，江汉轮 8 月 4 日、江顺轮 10 月 12 日到达重庆，除江建轮暂泊台子湾外，其余 5 艘安全抵达重庆。六大江轮穿越三峡天险是继马当沉船抗日后的又一壮举。随后招商局总局自上海转至重庆，其运营活动有力支持了抗日战争的胜利。

（四）担当复航先锋，支援解放战争

抗战胜利后，以蒋介石为代表的封建官僚资本不顾国家前途、人民希望，悍然发动内战，再次将国家和人民推入水深火热的战火之中。中国共产党团结国内进步势力，带领人民奋起反击，仅仅过了 3 年不到的时间，"蒋家王朝"就面临土崩瓦解。1949 年元旦，毛泽东发表了《将革命进行到底》的新年献词，指出：

东北的敌人已经完全消灭，华北的敌人即将完全消灭，

华东和中原的敌人只剩下少数。国民党的主力在长江以北被消灭的结果，大大地便利了人民解放军今后渡江南进解放全中国的作战。

一九四九年中国人民解放军将向长江以南进军，将要获得比一九四八年更加伟大的胜利。

一九四九年将要召集没有反动分子参加的以完成人民革命任务为目标的政治协商会议，宣告中华人民共和国的成立，并组成共和国的中央政府。

此时，经过抗战胜利后接收敌伪船舶及码头、仓库及各类设施，招商局迅速扩张。然而，内战却将招商局拖入破产边缘，不得已，1948 年国营招商局改名为招商局轮船股份有限公司，名义上股份化，实际上还是由国民党反动政府操控。经历 77 年风雨的招商局正面临着血与火的考验，面临着进步与黑暗的抉择。

蒋介石为了重整军力、卷土重来，以和平谈判为掩护，加紧部署长江防线。在和谈无望的情况下，人民解放军百万大军陈兵长江，渡江战役即将开始。1949 年 4 月 20 日，南京国民党政府决定拒签《国内和平协定》（最后修正案），人民解放军立即发起渡江战役。21 日，中国人民革命军事委员会主席毛泽东、中国人民解放军总司令朱德联名发布《向全国进军的命令》，命令中国人民解放军"奋勇前进，坚决、彻底、干净、全部地歼灭中国境内一切敢于抵抗的国民党反动派，解放全国人民，保卫中国领土主权的独立和完整"。

4月20日9时左右，渡江战役箭在弦上，英国紫石英号军舰由东向西，悍然闯进长江人民解放军防线，不顾解放军警告，以保护使馆和侨民为

与解放军交火并受到重创的英国军舰紫石英号

借口，强行溯江上驶，双方发生激烈炮战。该舰被击伤后，搁浅于镇江附近江面，由此爆发了震惊中外的紫石英号事件。

5月27日，中国人民解放了军解放中国最大的城市上海。当天，上海市军事管制委员会和上海市人民政府成立，陈毅任上海市军管会主任兼上海市市长，粟裕任军管会副主任。陈毅、粟裕签署军管会接收招商局轮船股份有限公司的命令，军代表于眉代表军管会接收招商局，招商局回到人民手中。于眉后来担任交通部副部长，兼任中华人民共和国成立后招商局第一任董事长。

6月2日，第三野战军一部解放长江口外的崇明岛。至此，渡江战役胜利结束。6月1日，中国人民解放军通令解除长江封锁，迅速打捞沉船，疏通航道，修复船只，恢复航运，复产复工，支援前线。

中国人民解放军上海军管会《航运通讯》1949年7月25日第2期《月余复航简志》记叙：蒋匪溃逃时，对上海航业界大肆破坏，可航船只大部拖走，余者不是焚毁，便是击沉，沉没在黄浦江里的

船只约有 130 艘之多。在复航中遇到许多困难，如敌机轰炸，封锁海口，海江灯塔多被破坏或移动位置。6 月 3 日，响应军管会复航号召，克服困难，在艰难的条件下，招商局江陵号第一个复航，由上海港起锚驶往汉口，被军管会称为"复航先锋"，担任上海军管会航运处处长的于眉出席江陵号升旗礼。江陵号于 12 日 9 时安全驶抵汉口港，这是长江干线第一艘复航的客货班轮，上海市军管会授予其"江陵解放号"称号，招商局江陵解放号成为长江解放后活跃在长江上的航运先锋，标志着招商局跨入了新时代。（有关江陵解放的更多历史，详见本书下篇《考证江陵解放号》一文）

紫石英号搁浅后，英方不但不承认错误，反而派遣黑天鹅号护卫舰、伴侣号驱逐舰、伦敦号巡洋舰等主力舰前往江阴，继续干扰我军并企图强行解救紫石英号护卫舰，增援的英舰先后被我军击退。此后，双方就事件责任及紫石英号被扣的问题展开接触和谈判，但一直未有结果。据有关资料记载：1949 年 7 月 30 日晚 21 时许，已经修复了的紫石英号趁江陵解放号客轮恰好经过该舰驶往上海之机，企图尾随该轮潜逃，被解放军监视哨兵发现，哨兵立即通知解放军驻大港炮兵加以拦截。21 时 15 分，紫石英号到达大港，虽经解放军炮兵鸣炮警告，仍不停驶，反而向炮兵开炮射击，并驶至江陵解放号一侧，借助夜色胁迫江陵解放号客轮作为屏障在它的左侧行驶。同时由于江陵解放号关闭了船上的灯，天色过暗无法分辨，加之两船距离过近，岸上部队分辨不清哪是敌舰，在炮击过程中，江陵解放号沉没，罪魁祸首紫石英号趁夜逃走。

8月3日，《人民日报》发表文章《帝国主义以怨报德，英舰紫石英号无耻逃逸击沉我江轮淹毙乘客数百》，袁仲贤将军发表谈话，深信全国军民必为牺牲者复仇。

令人欣慰的是，之后江陵解放号成为迎接中华人民共和国诞生的标志，留在了共和国的名片上。1948年12月1日，以华北银行为基础，合并北海银行、西北农民银行，在河北省石家庄市宣布成立中国人民银行，南汉宸成为第一任行长。中国人民银行一成立，即发行中国人民银行券（简称人民币），使之成为即将诞生的中华人民共和国的中央银行和法定货币。在华北、华东、西北三区统一流通，所有公私款项收付及一切交易都使用人民币，同时计划按照不同比价逐步收回各解放区原来所发的各种货币，从而使人民币基本上成为全国解放区统一流通的货币。第一套人民币是中华人民共和国成立后的首套货币，是人民币起始之作，一直到1955年5月10日正式停止市场流通，整个流通时间只有6年。第一套人民币中的一百元（红轮船），1949年8月发行，当时纪年仍采用民国纪年"中华民国三十八年"即公元1949年。100元红轮船是第一套人民币发行数量最多的票券之一。票面主景是一艘气势磅礴的解放号轮船，迎接着上海的解放。巨轮停靠在黄浦江边，准备起航，蓄势待发。巨轮前面有一只小舢板，是上海人渡江必备的交通工具，黄浦江对岸高楼大厦林立，整张票面以胜利的红色为主色，起航的解放号轮船，承载着中国人民对未来美好生活的向往，预示着一个崭新的时代已经来临！这也成为招商局历史的珍贵纪念。

（五）接受军管，投入人民怀抱

1949年5月27日上海解放，陈毅、粟裕签发接收招商局的命令，上海市军管会正式委派于眉、邓寅冬为军事总代表进驻国营招商局，进行军管接收。随之中共华东军政委员会直属机关党委会招商局分党委正式成立，这便是招商局历史上的首届党委。首届党委书记是邓寅冬，他是军管会航运处副处长、招商局副总代表。委员有军管会航运处处长、招商局总军代表于眉（后曾任招商局董事长、交通部副部长）、董华民（分管业务处，招商局香港海员起义组织策划者）、姜远（分管船务处）、马骏（分管人事处）、李宁（分管中国油轮公司）、王瑞丰（分管航政局）。招商局党委成立后即在上海市委和华东经委党组织的领导下，克服各种困难，在组织接管、复航、抢运、支前、打捞沉船、领导起义等方面做出了重大贡献，在招商局百年历史上具有时代意义。

（六）领导复航、抢运物资、支援前线

据吴长荣提供的招商局第一届局党委委员姜远老人的回忆：上海刚解放时，由于国民党对长江口的封锁，需要招商局派油轮冲出长江口，去大连把苏联运来的石油转运到天津，再用火车将油运往上海及其他地区。1949年6月8日，永潇轮开航，局党委委员李宁上船动员、慰问船员，鼓励船员们为迎接中华人民共和国的诞生而奋斗。永潇轮船员在大连—天津航线上战天斗地，在老船长彭树道、军代表徐赞绪的带领下，把一船船的石油运往天津，为中华人民共和国立下了汗马功劳，使永潇轮成为英雄船。永湘轮也于1949 年 6 月 16 日投入这条航线战斗。

1949 年 10 月，局党委和局军管会接到市委命令，要组织、发动船员及招商局几个船厂的职工，支援解放舟山群岛。动员令发出后，广大海员及船厂职工纷纷报名响应，其中有中 122 轮等 27 艘船的 1082 名船员、船厂职工 160 人。船员们运送部队，运输军用物资，还教解放军战士驾驶和机器操纵技术。船厂职工在浙江象山等地建立了 3 个造修船厂，船厂职工不顾敌机轰炸，夜以继日地工作，从 1949 年 10 月至 1950 年 5 月舟山解放时，160 名职工共完成建造、改装大小机帆船 320 艘，修好 250 艘，为解放舟山群岛、嵊泗列岛等做出了重要贡献，有 124 人立功受奖。

在后来解放一江山岛中，局党委和局军管会专门派出 53 名海员，分别驾驶利东、益昌两轮参加战斗，为解放一江山岛、大陈岛做出了贡献，江振义等 4 名船员荣立二等功，19 名船员荣立三等功。

1950 年 5 月舟山群岛解放后，南洋航线也复航了，但战斗十分激烈复杂，船舶经常遭到国民党军舰的偷袭与劫持。为了保护南洋航线，局党委决定成立武装护航大队，由军代表冯攀启任大队长，经过努力，终于把军用物资运往前线，把福建货物运往上海。

（七）香港海员起义

1949 年 9 月至 1950 年上半年，海辽轮及海厦轮等招商局 13

艘在港商轮光荣起义，回到祖国大陆的怀抱，这是在中共华南地下党的领导、策划、组织、推动下，在招商局广大海员的支持参与下的一次具有历史意义的伟大壮举。10 月 19 日毛泽东主席亲发贺电：

> 海辽轮方枕流船长和全体船员同志们：
> 庆贺你们在海上起义，并将海辽轮驶回东北港口的成功。你们为着人民国家利益，团结一致，战胜困难，脱离反动派而站在人民方面，这种举动是全国人民所欢迎的，是还在国民党反动派和官僚资本控制下的一切船长、船员们所应当效法的。

海辽轮全体船员给毛泽东主席发了致敬电：

> 敬爱的毛主席，我们海辽轮是人民的运输工具，可是自上海解放以后，给国民党反动派政府用在违反人民利益的任务上。我们全体船员被迫在船上替死党工作，内心痛苦异常，渴望解放已久。这次在港汕应差途中，因具有充分的长途航行之燃油、水、食物，故毅然于九月十九日上午九时正式宣布解放——途归航。于九月二十日安全到达东北。现在"海辽"是回归人民所有了。此后在主席英明领导之下，我们愿为全面解放事业与人民航运做出更大努力。

1949年9月19日夜9时，在中共华南地下党派出的香港海员起义负责人董华民、刘双恩的领导下，海辽轮船长方枕流带领海辽轮船员毅然起义，在海上，经过9天艰难险阻，克服随时被国民党空军轰炸、海军阻截的危险，回到解放区大连。

28日天刚亮，方枕流举起望远镜看见了大连港外的三山岛，心情分外兴奋。8天9夜的惊险航程就要结束了，心中涌起一种游子归乡的情感。他立即命令水手升起"我要进港加水"的国际号旗——这是香港地下党组织负责人刘双恩事前交代的联络信号。

刘双恩既是香港地下党组织负责人，又是华夏公司奥林托尔轮的船长。海辽轮离港后，他一直监听其发出的电讯，当监听到海辽轮向汕头报告抛锚修理的电报时，他便知海辽轮起义了，就马上把这消息报告给党组织。正在北平参加新政协会议的香港地下党负责人钱之光收到电报后，立即报告了中共中央有关部门，中共中央办公厅立即电示旅大区党委书记欧阳钦等，准备接应。在中共香港地下党组织指示的联络人、同利公司副经理兼大连轮船副经理魏震东的协调下，时隔不久，中共中央办公厅驻旅大办事处主任、以中西

新中国钞票上的海辽轮

药房经理身份为掩护的徐德明走上船来，对方枕流等人归来表示热烈的欢迎。当日下午，魏震东及工作人员带着大批慰问品上船慰问，并将根据中共旅大区党委的安排，由他们公布负责接待海辽轮的有关事宜消息，告诉了方枕流。

当时，中华人民共和国尚未宣布成立，苏联同国民党政府保持着外交关系，故莫斯科没有立即批准海辽轮进港，后来只同意靠码头装淡水，加完后即在港外抛锚。还是那位苏联港务监督长兼领水员引海辽轮进出港。加完淡水的海辽轮出港后，那位监督长令该轮将铁锚恰好抛在大连港的港界线上。这样做，若有敌机飞来也不敢轻易进行轰炸。

9月30日，魏震东带着一面五星红旗又一次上船告诉方枕流，明日即10月1日下午北京将举行开国大典，到时候海辽轮可在船上

招商局香港海员起义通告

周恩来总理对香港员工发布护产令

举行升旗仪式。1949年10月1日下午2时30分，方枕流命令全体船员到甲板上集合。3时整，当《义勇军进行曲》从收音机里传出来的时候，全体船员肃立、敬礼，目送着五星红旗徐徐升起，并聆听收音机里传出的毛泽东主席的声音：中华人民共和国中央人民政府今天成立了。新中国诞生了。

10月24日，新华社刊发了海辽轮脱离国民党驶抵东北港口的消息，同时发表了海辽轮全体船员给毛泽东主席的致敬电和毛泽东主席给海辽轮的嘉勉电，以及该轮全体船员告国民党海员书。海辽轮就这样回到了祖国的怀抱，人民的怀抱。

海辽轮的起义，在国民党海员中引起了极大的震动，更使台湾招商局十分震惊。据当时担任上海招商局总经理职务的胡时渊在《我参加招商局护产起义的经过》中回忆，他早在1948年11月24日就与中共驻香港代表、时任香港《文汇报》常务兼总经理张雅琴会面，接受了护产、反对将轮船疏散到台湾的指示。1949年5月27日上海解放，上海招商局（今上海海运局）总经理胡时渊就和解放军驻局军事总代表于眉、副总经理黄慕宗联名，分别写信给香港招商局经理汤传篯、副经理陈天骏，劝他们率全局职工和海轮船员在香港起义，并派陈邦达船长持信于8月间秘密去了香港，取得了汤、陈的赞同。

1950年1月15日，招商局香港分局及聚集在香港的13艘招商局海轮在中共党组织和招商局上海总公司的精心策划下高举爱国主义旗帜，顺应历史潮流，不顾流血牺牲，受海辽轮起义的影响和鼓舞，在中共中央和中央人民政府支持下，与台湾和香港当局破坏起义、阻挠返回大陆的图谋坚持斗争了9个多月，香港招商分局汤、陈二位经理领导全局职工和海厦轮、登禹轮、林森轮、邓铿轮、教仁轮、鸿章轮、海康轮、蔡锷轮、成功轮、海汉轮、中106登陆艇、民312拖轮、民302拖轮13艘船，总载重4万吨，800多海员，举行了声势浩大的起义，回归祖国大陆的怀抱。香港招商局起义是当时轰动世界的爱国壮举，它与此前的香港两航起义等一起汇成了一股回归祖国大陆的奔腾洪流。从此，招商局的历史揭开了新的一页。起义各轮全部回到了人民怀抱。中华人民共和国总理兼外交部长周恩来随即发表声明，指出这些财产、船舶都属于中华人民共和国，不许任何人破坏，或作其他主张。

香港13轮集体起义后，万吨级海玄轮在由红海驶往日本途中，于1950年夏在新加坡宣布起义。此后，永灏轮也在香港起义。海轮的连连起义，有力地打击了国民党反动派的气焰，鼓舞了建设新中国的人们的士气。

中国人民银行在1953年发行的五分币值纸币上印制了海辽轮，使之成为共和国的难忘记忆和香港海员的光荣。

三、招商局革命史的历史意义

（一）民族前途、国家利益至上

始终把民族复兴、国家强大作为自己的理想与追求。江海沉船的伟大壮举，充分表现了在民族危亡时刻，在民族大义面前，招商局作为民族企业毅然决然为民族赴汤蹈火、在所不辞，表现出了坚定信念和崇高的爱国主义精神。

（二）与时俱进、追求进步

招商局是时代的产物，时代感是招商局的特色。在时代的转折时刻显得尤为突出的，就是毅然选择光明与进步。海辽轮起义，是招商局先辈们高举爱国主义旗帜、勇敢奔向光明的一次壮举。海辽轮在党的影响和领导下，坚定追求进步、追求光明的理想信念，用奉献和牺牲书写了对国家和民族的无限热爱。正如毛泽东主席在贺电中所指出的，海辽轮起义是"为着人民国家的利益"。他们在国家和民族发展的转折点上选择了正确的政治方向，坚定明确地回答了"要不要跟党走、要不要回归新中国"的时代之问。海辽轮是第一艘海外起义的商船。当时，"是回归新中国，还是跟随国民党退守台湾"，成为海外很多中资机构和社会人士面临的历史选择。在大家犹豫观望之际，海辽轮勇敢站到社会历史发展的潮头，率先举起了起义旗帜，一呼百应，随后大批中资机构汇成了一股回归新中国的奔腾洪流。

（三）敢于斗争，善于斗争

在复杂的斗争环境中勇敢面对，坚韧不拔，百折不挠。地处鱼龙混杂的香港，招商局 13 轮精心策划，周密部署，一举成功起义，威震海内外，表现出了高超的斗争艺术和勇往直前、敢为人先的开拓精神。海辽轮是一艘面对攻击毫无还手之力的普通商船，要摆脱国民党的控制，要通过港口海事的盘查，要避过敌方飞机军舰的侦察，困难可想而知。但在船长方枕流的带领下，全体船员不怕牺牲、团结一心，回到祖国大陆的怀抱。招商局先辈们在起义中表现出的众志成城、百折不挠的奋斗精神，成为招商局弥足珍贵的企业品格。

（四）党的领导是招商局走向新生、成就大业的根本保障

海辽轮起义，是在党的领导下，招商局迎接企业新生的一次重大转折。从1872年创立到1949年中华人民共和国成立的77年，招商局都是在晚清政府、国民政府控制影响下生存的。在新旧两个时代更迭的革命时代，招商局广大进步管理者和进步海员，顺应革命进程，接受党的领导，在中国共产党领导下融入了伟大的社会革命之中，创造出了海辽轮首义、香港海员起义、复产斗争、支援前线、恢复经济等一系列伟大的革命历史。

招商局革命史具有厚重完备的史料支持，有着深远广阔的研究空间，其意义不可轻视。

九个名称背后的历史

1993 年至 1997 年，国务院领导并国务院有关部门曾三次批示并向全国各地正式发文，明确提出各地在审批行政机构和事业单位设置时不要使用"招商局"名称，以保护百年老店的名称专属。

招商局这一特有名称至今已有 150 年的历史。但这只是人们最简明扼要的习惯叫法，如果细加考究，招商局在百余年的历史上曾先后用了九个名称（见表 1），这些名称的背后，都有一段长长的历史，是认识招商局发展历史的一个特殊角度。本文试从招商局名称演变入手，揭示其名称背后的历史。

招商局历史上的名称

时期	开始使用时间	名称
清朝	1873 年 1 月	轮船招商公局
	1873 年 5 月	轮船招商总局
	1912 年 3 月	商办轮船招商总局有限公司
	1926 年 12 月	商办轮船招商局股份有限公司

续表

时期	开始使用时间	名称
民国	1932 年 11 月	国营招商局
	1948 年 10 月	招商局轮船股份有限公司（中国注册）（曾简称招商局上海总公司）
	1949 年 2 月 10 日	招商局轮船股份有限公司（香港注册）（曾简称香港招商局）
新中国	1951 年 2 月 1 日	中国人民轮船总公司（其间招商局香港分公司仍继续使用"招商局轮船股份有限公司"名称）
	1985 年 11 月 12 日	招商局集团（2000 年 3 月 2 日补办登记）
	1986 年 10 月 14 日	招商局集团有限公司（中国登记）
	1987 年 8 月 6 日	招商局集团有限公司（香港登记）

一、轮船招商公局

招商局诞生时用的第一个名字是轮船招商公局。以沙船为世业的淞沪巨商、候补同知（候补知府衔）、海运委员朱其昂受李鸿章命筹备创办轮船招商。先是提出局轮应挂局旗，1872 年 10 月 4 日，总理衙门致函兵部大臣，准招商局轮除悬挂清朝三角龙旗外，另挂双鱼旗。

招商局创办时的印章

招商局第一面局旗

10月25日，朱又报请颁发官刻关防（公章），总理衙门认为该局系商局，印章应自行拟刊，"不必官为刊发"，于是招商局自制了"总办轮船招商公局关防"。1873年1月17日，即以轮船招商公局面世。

"局"在汉语中有一解为办理某些业务的机构，如常见的邮局、电话局、书局等等。李鸿章奏呈清廷设立招商局时的奏折题目中有"设局招商"，招商局即由此得。而在招商局一名中，加入"公"字，使之为招商公局，推敲起来，似有如下意义：

一是招商局由官而设。洋务派代表李鸿章是轮船招商局的积极创办者，他不仅亲自物色筹办人，而且批准拨借20万串官银支持其创办，批准成立当年即可运江浙漕米20万石，亲自转呈朱其昂等所拟《轮船招商章程》，阐述试办轮船招商的意义，确定其管理体制，而且亲自奏呈清廷批准设立招商局。可见招商局是由官发起，由官而设，用"招商公局"客观上体现了由官而设的意思。李鸿章也在创办招商局的奏折、论述中将即将成立的招商局视为官局。如在1872年12月23日致总理衙门的《论试办轮船招商》一文中，即有"仍循往年许道身、容闳原议，先招华商，将素所附搭洋行之船只资本渐渐拆归官局"。

二是招商局面向社会集股而创。招商局虽为官设，但却是面向社会集股而成，并非完全由官出资、由官运作的纯粹官局。李鸿章转呈总理衙门的朱其昂等所拟的《轮船招商公局规条》中就明确强调在华商中招收股份，并把重点放在争取置有轮船的商人入局上，有关招股的条款共有十条之多，规定每股规银100两，入股数

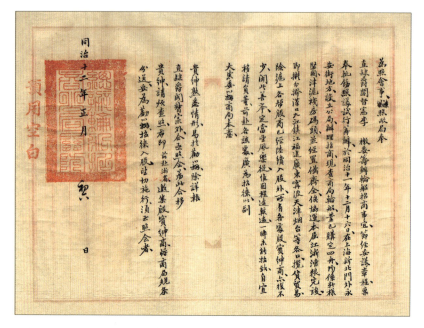

招商局创办时的招股书

目不加限制，股金按年一分起息。凡能代局招满300股者可为局董，每月给薪水规银15两，自行搭股满300股者，该项规银也可照领。有股份者使用局轮时实行九分回扣，华商自买船可以附局经营，也可将轮船在商局全部或部分入股，并可将船卖于商局。其目的主要是为了争取置有轮船的买办和买办化商人入股，以便招徕买办资本。因此用公局，比较准确地体现了面向社会集股而创的客观情况。

三是体现以公为大的理想追求。公，历来有大之意，洋务派创办轮船招商的目的是要改变"中国长江外海生意，全被洋人轮船夹板占尽，近年华商殷实狡黠者，多附洋商名下"，但"本利不肯结算，暗受洋人盘折之亏，官司不能过问"的现实，实现"从此中外轮船畅行，闽沪各厂造成商船，亦得随时租领，庶使我内江外海之利，不致为洋人占尽"的理想，"其关系国计民生者，实非浅鲜"。实现此愿望，非有宏图大志不可，非创百年大业不可，非以大气魄所为不可。因此以"公局"定名实为优选。

上述皆为今日后人的理解，但有一重要证据表明，此名出自李鸿章。1872 年 12 月 23 日，李鸿章致总理衙门的《论试办轮船招商》一文中就已写入轮船公局字样。李鸿章在文中称"若正名定分，立有华商轮船公局，暂准照新关章程完税免厘，略予便宜，至揽载货物起岸后仍照常捐厘，于饷源无甚窒碍，而使华商不至皆变为洋商……"至少可见，定名轮船招商公局，李鸿章是完全赞同的，反映了创办者的意愿和初衷及对其长远的理想。

这一名称较为直接地反映出招商局创立之初名为商办、实为官办的本质特点。其商办体现在民间集股，政府只是借款，不为官本，就连刻制印章，也以既是商局"不必官为刊发"，由招商局自己定制；其官办则体现在由官倡导创办，由官确定其体制，由官选派管理人员。社会集股，官家创办，商家演戏，官家指挥，"公局"之名似乎是绝好的选择。

定名"公局"体现了李鸿章为招商局定制的"官督商办"的体制。官督商办就其本质说是封建政权同私人资本相结合。无论怎样讲，官督商办难以掩饰其封建官僚集团借助商人资本扩充自己或者派系的政治经济势力的实质，即通过"委派局员，代表官方督办局务，通过核定章程、条规，用舍员董，决定重大事件、稽查账目"等。这种特定环境下的企业组织形式，客观地说，在当时的条件下也起到一定的积极作用，即由于封建国家政权的直接参与和扶持，使新创立的招商局得以获得有利于自身发展的外部环境和条件。特别是在同外国轮船公司抗衡中，能得以站稳脚跟，同时，必然存在着封建官僚侵占商利，"挟私用人"，使企业成为封建官僚的利益工具，以致成为束缚招商局发展的桎梏。这也是"公局"不久即改为"总局"的原因。

二、轮船招商总局

历经百余年的上海外滩九号楼的门楣上嵌刻着"轮船招商总局"字样，证明一百多年前，招商局曾以轮船招商总局为名。史料显示，此名从1873年5月开始使用，这是招商局历史上的第二个名字。

"轮船招商公局"只用了半年，即改"公局"为"总局"，原因何在呢？

1873年1月，轮船招商公局正式挂牌营业后，发展并不顺利，可以说是困难重重。突出的问题是：1.领导机构不健全，经营管理不得力。尤其实际创办组织者朱其昂"独任其难"，"自知才力不及"，主动提出辞

轮船招商总局门楣

去主要负责人之职；2.买办商人对招商局采取不合作态度，资本筹集工作毫无进展；3.经营业务屡遭挫折，无论是选买船只，选用船管人员，还是建立栈房码头，揽取货物，均遇到困难，并非像设想的那样一呼百应。

在这种情况下，李鸿章对创立不到半年的招商局进行了一次重大改组，改组招商局领导层，将一批既有经济实力，又有丰富航运管理经验，同时在中外航运界、商界有着广泛社会联系的买办商人引入招商局领导层，使领导机构得到充实加强。1873年6月4日，被称为上海第一买办、华商"领袖与代言人"的唐廷枢被委任为招商局总办；9月9日，又委任唐廷枢极力推荐的盛宣怀、徐润为会办；不久又委派朱其诏和朱其昂为会办。张后铨在《招商局史（近代部分）》中曾指出：唐廷枢入主招商局具有特殊重要的意义。1873年6月9日的《申报》曾有文评论："唐君阅历外务，洞悉西船运载法制，此所任属之，真可谓知人善任者也。想轮船公事，从此日见起色，其利益岂浅鲜哉！"1882年3月25日，李鸿章又委任曾任津沪电报局、上海机器织布局会办、总办等职的郑观应为招商局帮办。从此形成了以唐廷枢、徐润、郑观应为核心的招商局领导机构。

这次重大改组对招商局在初创期的快速发展具有十分重大的意义，为创造招商局的第一次辉煌打下了重要的基础。随着唐、徐、郑等人拥有的买办资本通过招商局转为民族资本，招商局已经成为具有资本主义性质的企业。

同时，淡化官督，强化商办，以吸引一批在航运界拥有巨大势力的买办商人入局。为适应此项改革，遂将"轮船招商公局"更名为"轮船招商总局"。

由"公局"改为"总局"，其意在于淡化官方色彩，因此外界看来，招商局开始由官办向商办转化。招商局开始按照资本主义方式从事经营和管理。

这次重大改组的结果就是带来招商局历史上的第一次大发展。第一，资本筹集局面大为改善。到1881年已招足100万两白银，股票市值达200万；1883年又招新股白银100万两，一批巨商，包括南洋华侨纷纷入股。第二，开辟江海、远洋航线。招商局的商轮活跃于中国内河、近海，出现于南亚、东亚，远洋轮横渡太平洋、大西洋，首航英美等国，中国江海航业面貌发生重大变化。第三，广泛进行局外投资，加强外部经济联系。1875年11月招股集资，创办了中国第一家保险企业——保险招商局，在此基础上创办了仁和保险公司、济和水火险公司；1882年投资中国近代开设最早的大型煤矿——开平矿务局，对中国近代煤开采业起到巨大的推动作用；1879年，架设从天津大沽码头至紫竹林栈房的电线，成为中国人自己敷设的第一条电话专线。

招商局对近代中国经济变革和发展发挥的重要作用以"轮船招商总局"这一名称留在了历史之中。

三、商办轮船招商总局有限公司、商办轮船招商局股份有限公司

辛亥革命成功后，孙中山领导的中华民国临时政府实行保护

和促进民族资本发展的经济政策，目的在于把中国的民族工商业从清政府的所谓官办、官督商办的桎梏下解放出来，以促进其发展，这就为招商局基本体制的改变创造了条件。

招商局虽在 1909 年就已经成立了董事会，但有名无实，徒具商办之名。

1912 年 3 月 31 日，由股东之一的临时政府司法部长伍廷芳主持召开了招商局第二次股东大会。会议围绕选举董事会成员展开了激烈的争论，最终确定了董事会成员与经理人员分离，废除"办事董事"，设置经理；选举产生了新的董事会，伍廷芳被公推为董事会主席。这标志着招商局摆脱官督商办，进入了完全商办时期。随即更名为"商办轮船招商总局有限公司"，1926 年 12 月，又改称"商办轮船招商局股份有限公司"。这些都构成了招商局进入完全商办时期的重要标志。

招商局实行完全商办后，股东有了较多的发言权，并在一定程

商办轮船招商总局有限公司印　　商办轮船招商局股份有限公司印

度上取得了对企业的支配权，招商局也从早期的官僚资本主义企业转化为民族资本主义企业。为维护商办体制，招商局的股东同袁世凯北洋军阀政府进行了坚决的斗争，在一个较长的时间内保持了商办的性质。

四、国营招商局

1927年，招商局进入了一个重大转折的历史时期。南京国民政府成立后，开始对招商局全面控制。

1927年4月底，国民党中央执行委员会第85次会议通过决议，正式组成国民政府清查整理招商局委员会，从5月20日开始对招商局进行清查整理。

1928年，全国交通会议确定了将招商局收归国营的原则。

1930年10月28日，国民政府行政院明令将招商局收归国营。

1932年11月8日，国民政府行政院第75次会议通过了宋子文、朱家骅的提议并做出决议，11月15日国民政府正式颁布招商局收归国营令。

1932年11月11日，招商局正式更名为国营招商局。

所谓国营，实际上是把招商局纳入国民党官僚买办资本体系，使之成为买办的、封建的国家垄断资本主义企业，这又是招商局历史上的一次重大变化。

国营令颁布后，国民党政府又在体制、人事、财权等方面进行了一系列重大变动。在《暂行组织章程》中明确规定，招商局为国

国营招商局标志　　　　国营招商局分公司印信　　　国营招商局关防印

营事业，直辖于交通部。废除了董事会，组建了理事会、监事会，任命了总经理。这些人选中囊括了政界、工商界、军界以及黑社会的各类代表人物，就连上海滩上赫赫有名的杜月笙也成为招商局的常务理事，从而强化了对招商局的控制。

五、招商局轮船股份有限公司

1948 年，随着人民解放战争的节节胜利，国民党政府的财政面临绝境，国民党统治区内通货恶性膨胀，达到空前严重的程度，经济已濒临彻底崩溃。为了摆脱困境，3 月 12 日，国民党政府行政院作出了出售国营企业资产决定，决定将招商局在内的五家国营企业的资产指拨出售，招商局轮船股份有限公司正是这一特殊背景的产物。

按照出售方案，招商局资产由交通部以美元估价转归国库，再由国库转入中央银行，然后按资产估价发行股票，其中一半由政府保留，一半由中央银行发行、出售。招商局当时的资产被估价为金圆券 6 亿元，分为 600 万股，每股 100 元，票面分为 5 股、10 股、

招商局轮船股份有限公司
成立公告

50 股、100 股、1000 股五种。

经过一番运作，经交通部、工商部核准变更登记手续并颁发新的营业执照，招商局轮船股份有限公司于 1948 年 10 月 1 日在上海正式成立，在历史上亦称招商局上海总公司。1949 年 2 月 10 日又以该名向港英政府申请办理了注册手续，领取了在港营业执照。

从这段简要历史中，可以看到所谓的"股份有限公司"名不符实，并不是真正意义上的股份公司，完全是

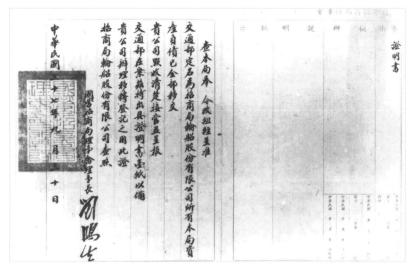

招商局改组令

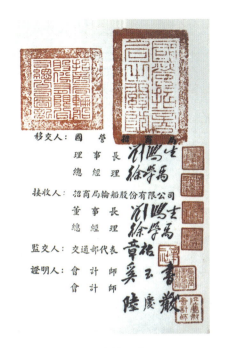

改组交接文件

当时国民党政府迫于经济危机采取的一种变相控制的手段。改组为股份公司，并不意味着官僚资本在该局统治的削弱和招商局性质的转变，招商局仍是一个不折不扣的官僚资本控制的国有制企业。因此，股票推销受到抵制，实际社会销售款不足预定销售额的万分之二。相当部分卖给了交通部及有关司局人员及招商局的高层管理者。其中交通部司局以上人员22 人，占股份的 36.67%，招商局总公司负责人 6 人，占 10%，招商局各机关及分公司负责人 32 人，占 53.33%。

六、中国人民轮船总公司

招商局轮船股份有限公司于 1949 年 6 月 7 日被中国人民解放军上海市军管会正式接管。后其总分支机构采取了"分散经营、保本自给"的方式，由地方军事管制委员会直接经营管理。上海解放后，招商局总公司曾派人到各地与招商局各分公司取得联系，先后统一了长江线的安庆办事处和芜湖、南京、镇江三个分公司，北洋线在海州设立分公司，在烟台设立办事处，南洋线则统一了宁波、

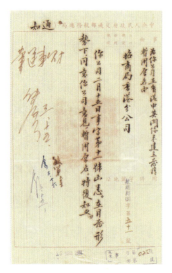

香港招商局
保留原名文件

新中国成立后招商局改名
"中国人民轮船公司"时
使用的旗帜

温州两分公司，但招商局的整体统一问题无法靠自身解决。招商局总公司与各地分公司只能采取联营的方式，无法统一经营。

1950年3月12日，中央人民政府政务院颁布执行《关于1950年航务工作的决定》，正式启动航务企业管理体制的变革。该决定在航务体制上规定：交通部下设航务总局及国营轮船总公司（将旧招商局业务归并），领导航务建设，管理航运工作。4月1日，交通部代政务院财经委员会拟订《关于统一经营国营航运事业成立统一的国营轮船总公司的决定》一文，提出将招商局总公司改组为国营轮船总公司，直属交通部航务总局领导。

1951年1月25日，根据政务院财经委员会1950年8月19日的批示，交通部正式行文决定："自1951年2月1日起，招商局总公司改称中国人民轮船总公司（后又称为中国人民轮船公司），并决定与本部（交通部）航务总局合并办公；原各地招商局各分支机构并于同日一律改称中国人民轮船总公司某某（地名）分公司（或办事处）。"

　　1951年2月14日，招商局香港分公司致函中国人民轮船总公司，向总公司汇报了香港招商局的特殊情况，指出："香港招商局所处的地理环境与内地有异，1948年10月1日，该公司已正式更名为招商局轮船股份有限公司，1949年2月10日，向港英政府办理了注册手续并领了营业执照。中英两国尚未正式建立外交关系，此时如果更改公司名称，很可能在注册及产权过户等方面带来纠葛。"招商局香港分公司要求"暂时仍沿用原名，以杜纠纷"。3月15日，总公司复函表示同意，"招商局"名称得以保留。因此，自1951年2月1日起，招商局香港分公司继续使用"招商局轮船股份有限公司"的名称，继承了这块老字号招牌。

　　1951年7月，交通部根据全国第二届航务会议的决定，并奉政务院第86次政务会议决议，撤销中国人民轮船总公司，在交通部内部成立海运管理总局、河运管理总局，交通部水运管理体制实行专业分工，海运与河运分开。据此，中国人民轮船总公司沿海分支机构分别改组为各地的海运局，沿长江的机构则改组为长航局。至此，招商局历史上使用了仅半年左右的"中国人民轮船总公司"的名称消失了，在中国近现代航运史上有着特殊影响，统管南北航线，统管江、海、洋运输，集运输、港口、栈埠、船舶修造于一体的老招商局在体制结构上全部解体。

七、招商局集团、招商局集团有限公司

　　20世纪50年代的航运业改组，招商局在各省市的资产、人员、

业务分到各地，形成了中国港口航运业的基础，仅香港招商局承载了延续招商局历史的重任。

当历史演进到 20 世纪 70 年代末，在中国改革开放大潮来临之际，招商局又一次站立潮头，创立蛇口工业区、招商银行、平安保险等，又一次创造了新时代的众多第一，为世人瞩目。但从管理体制上，香港招商局隶属于中国的另一航运大企业——中国远洋运输总公司，在香港经营。因管理体制已不再适应招商局的发展和发挥招商局的作用，招商局迎来其历史上另一重要阶段，这一转折又一次体现在其名称的变更上。

80 年代中期的招商局已由一家单一的航运企业逐步发展成为一个以航运为中心，多功能、多元化的工商结合、买卖结合的综合性企业集团。业务涉及各工业门类、石油后勤服务基地、汽车运输、商业贸易、金融、旅游、酒店、房地产等，初步建成了一个高层次、多行业、多形式的经济网络。招商局组建企业集团的条件和时机已经成熟。

1984 年 12 月 20 日，招商局向其主管部门交通部递呈《关于正式成立招商局集团的报告》，提出独立组建招商局集团。集团的组成成员包括三类企业，即招商局直属企业、招商局代管企业、上述企业的子公司及联营企业。

招商局独立组建企业集团的请求得到交通部的大力支持。1985 年 10 月 30 日交通部正式上报国务院，1985 年 11 月 12 日国务院正式批准成立招商局集团。随后，为了真正体现招商局集团领导机构的企业法人地位，使之合法化，以利于对外开展各项经济活动，名副其实地行使对整个集团的领导，1986年4月3日交通部致函国家工商行政管理局，要求为招商局集团有限公司补登记手续，在北京注册，同时对外仍保留招商局轮船股份有限公司名义，注册资本为8亿元人民币。

1986年10月14日，招商局集团有限公司获中华人民共和国工商行政管理局核准登记。1987年8月6日，又获香港政府注册署核准，作为中国公司进行商业登记。2000年3月，国家工商行政管理总局又为招商局集团进行了正式注册登记。

从这一次的名称改变可以看出，这不是一次体制的改变，而是适应发展需要的一次组织模式的确立。这两个名称恰当地反映了招商局发展的需要和发展的现实。

在纪念招商局创立130周年时，秦晓董事长曾撰文《招商局：中国民族企业百年历程缩影》指出：

> 作为我国第一家近代民族工商企业和洋务运动至今仅存的硕果，在一个多世纪的发展历程中，招商局与民族、国家的命运休戚与共，始终以追求民族富强为历史使命，始终站在时代的前列，在中国近现代化进程及当代改革开放事业中都发挥了特殊的作用。

在招商局百余年的发展过程中，招商局的名字深深地嵌刻在历史的记忆中。招商局三个粗壮、沉稳、含蓄的大字已成为一个历史品牌，是一部特有的历史，它属于百余年来招商局数代人的奋斗，它属于今天招商局对历史重任的承担。

招商局在中国企业史研究中的地位与价值

在 2014 年招商局史研究会发起举办的招商局与中国企业史研究国际学术研讨会上，时任招商局集团董事长、招商局第 24 代"掌门人"李建红在演讲《书写中国自己的企业史》中提出：日益走向强大的中国需要一部成熟的中国企业史。本文仅就招商局史在中国企业史研究中所具有典型意义和应有的地位、价值做初步探讨。

一、招商局史研究应当为中国企业史发展做出贡献

招商局创立于晚清同治年间，"借洋务创于晚清擎一代商旗，始航运历经百年奠千秋基业"。朱镕基总理在招商局创立 130 周年时曾题写"百年民族企业，喜看硕果仅存"的赞誉。著名词作家阎肃为招商局创作的歌词开头便是："问我航程有多远，1872 到今天。"150 年"坐不改姓行不更名"，可谓老干新枝基业长青。招商局不平凡的百年史不仅属于自己，更应属于社会。招商局史研究应当为中国企业史的发展做出贡献。

（一）招商局历史足够长，而且完整

招商局自1872年创立，150年风雨历程，历经晚清、民国、新中国三个历史时期，在19、20、21三个世纪留下深深的足迹，与中国社会发展相濡以沫，相伴而行，每一段历史都与中国社会的宏大背景相依相衬。招商局史不仅是一部企业自身的成长史，也不单纯是一部商业史，更是一部社会变迁史。晚清洋务运动的推行、与西方列强的利益抗争、辛亥革命时的为国抵押、抗日战争时的沉船御敌、江轮入川坚持抗战、战后收复敌产、解放战争时的复产斗争、香港海员起义、建立新中国航运基业、利用香港打破帝国主义经济封锁、改革开放挺立潮头、做强做大国家央企，这种全景式的完整历史体现在一家企业身上是不可多得的。招商局150年的漫长历史，勾勒出中国150年历史的发展轨迹，搭建起了中国企业从无到有、由小到大，从少到多、由简到繁的历史发展框架。

（二）招商局规模足够大，具有影响力

晚清时它是中国最大的民族航运企业，具有与当时的外国航运企业争雄的实力；民国时它是国家的航运业支柱；新中国成立后它的资产下放沿海沿江各地，建立起了新中国的航运业。今天的招商局已成为总资产达13万亿元，2021年当年营业收入4000多亿元、经营利润1500多亿元，以港口、远洋能源运输、高速公路、海洋工业、现代物流、金融服务、园区产业为主要业务的综合性产业集团，位列世界500强，是一个国际化的跨国经营企业。无论是历史上，还是今天，它的发展从没有止步，成为今天这样一个具有150年历史的超大型中国企业，其历史具有极大的意义。

（三）作为企业史研究，招商局历史足够丰富

一是体制几度演变，是中国企业体制变革的样本。体制演变是企业史研究的重要内容。招商局1872年即"招募商股"发行股票，以股份制起家，吸纳民族资本，引导民间资本流向，聚集华商力量，成为中国第一家股份制企业，开启了中国社会商业组织现代化的时代里程；实行"官督商办"，并成为晚清企业体制的标本，时至今天仍是国家与企业关系讨论的重要话题。辛亥革命后，获得短暂的自主商办机会，20世纪30年代遍及各地的"国营招商局"招牌，昭示了招商局的国有身份；而国民党反动政府崩溃前的股份化改制让招商局披上了股份公司的外衣。新中国建立初期的企业下放又经历了中央与地方的责任分权，资产分置；长期在港经营使招商局成为境外经营的中资企业；新世纪之初又经历了部委脱钩转隶。在招商局150年历史上，其企业体制几度演变，作为国有企业的研究样本，具有很大的研究价值。

二是产业门类多，涉足领域广。晚清时，以航运业起家，围绕航运主业延伸诸多产业，并创诸多第一。研究中国产业发展，往往都能在招商局找到源头和脉络。如：

涉足修造船业：1874年在上海虹口设立第一家修造船机器厂——同茂铁厂，成为船舶修造业的前身。

涉足保险业：1875年创办保险招商局，1876年募股创办中国第一家保险公司——仁和保险；1878年又创办济和水火险公司，开始了中国人自办保险的探索历程；1886年招商局整合保险资源合并成立仁济和保险公司。

涉足矿产业：1878年建立中国第一家大型煤矿企业——开平矿务局，

而后继续投资安徽荆门煤矿，并与湖北广济煤矿、安徽贵池煤矿，淄川、磁州、基隆煤矿保持密切的业务关系。

涉足纺织业：1878年开始参与筹办中国第一家使用机器大规模生产棉织品的上海机器织布局；1882年参与筹办采用近代技术加工野蚕丝的烟台缫丝局。

涉足电讯业：1879年架设中国人自己架设的第一条专用电话线——天津大沽码头至紫竹林栈房的电话线；1880年创办中国第一家电报局——天津电报局。

涉足铁路运输业：1881年招商局所属开平矿务局投资兴建中国第一条铁路专用线——唐山至胥各庄铁路。

涉足保税业：1887年招商局在上海北栈开始试办关栈（即官方批准的海关保税仓库），1888年1月1日正式对外商开放。

涉足金融业：1897年，作为大股东投资建立中国自办的第一家商业银行——中国通商银行。

改革开放以来，在园区开发业成绩斐然，1979年创办全国第一家成片开发区——蛇口工业区；在港口基建业，投资建设了全国第一座企业投资建设经营的港口码头——蛇口港；在金融业，1986年发起创办中国第一家企业股份制商业银行——招商银行；1987年发起创立中国第一家企业股份制保险公司——平安保险；在通讯业，1981年建成国内第一座由企业兴建的微波通讯站——蛇口微波站。涉足行业领域的众多凸显了招商局开产业之先河，探索之源头的先驱地位，是中国企业史研究不可多得的宝贵财富。

三是历史不仅久远而且曲折，既有辉煌，也有黑暗。在招商局 150年历史中，39 年受封建清朝政府控制影响，38 年在北洋政府和国民政府控制影响下生存，招商局是在旧中国半殖民地半封建的社会环境下产生和发展，不可能脱离当时的社会影响。在艰难的发展过程中，招商局既为社会发展进步做出过重要贡献，同时因鱼龙混杂、清浊难辨，曾被称为"中国旧式衙门与买办制度之混合组织"。

1885—1894 年间，经过前 10 年的初创，招商局官督商办体制正式确立，盛宣怀再次入局出任招商局督办，招商局虽有发展，但势头锐减，同时问题凸显，管理混乱。舞弊之风更加严重，盲目扩张，人浮于事，营私舞弊成了招商局的一种普遍现象。张后铨主编的《招商局史（近代部分）》指出：从督办盛宣怀到分局董事、总办以及轮船、仓栈主管乃至办事人员，不少人有贪污劣迹。盛宣怀利用招商局向国外订购船只等机会，大量接受贿赂和收取佣金。会办马建忠"私自借出之款甚多"，1894 年，他利用招商局与仁济和保险公司股票私自向其他保险公司押借 4.8 万两白银。各船买办徇私舞弊十分猖獗，形成一种不加遏制的歪风。郑观应曾深有感触地说，对这些丑恶现象"若不痛为革除，中国商务何能振兴？"

同时招商局与民营航运业的矛盾、局内的官委商督与广大股商的矛盾日益激化。盛宣怀扩充官僚买办资本，严重损害了民族资本家的利益。招商局内部争斗白热化，徐润被盛宣怀逼得倾家荡产。辛亥革命风暴来临之际的招商局可谓内忧外困，经济状况严重恶化，营业收入水平下降，经营管理封建化凸显，局务管理日益腐败，招商局进入一个历史的阵痛期。

即使是商办时期也"不仅恢复和建立了一套陈旧腐朽的管理体制和管理方式,并逐步使之制度化;与此同时,必要的检查稽核制度不断削弱,最后被根本取消,各种舞弊营私的行为更加肆无忌惮,更加猖獗"。(见张后铨《招商局史(近代部分)》)特别是实行的回佣制,使以各种方式收取佣金贿金合法化,成为有权者填塞欲壑的重要财源,愈来愈成为损害招商局利益的巨大毒瘤。20世纪20年代末被揭露而轰动一时的汉口分局施氏父子贪污案、天津分局麦氏家族舞弊案、积余公司舞弊案被称作"招商局三大案",更是震动商界,以致哗然于市。这些反面事例无疑也是中国企业史研究不可躲避的,更能真实地展现中国企业发展的艰难与曲折。历史可以给人以启示,正面的、进步的、成功的可以给人以启示;反面的、腐朽的、失败的同样可以给人以启示,甚至更深刻的启示。这在企业史研究中同样是不可忽略的研究课题和领域。

四是史料翔实,保存完整。招商局历来高度重视档案管理,招商局史料是它的核心部分。招商局史研究一个最为突出的特点就是将研究建立在史料的收集、整理、研究、利用上,研究成果以史料为支撑。1997年招商局成立125周年之际,交通部将其当年接收的晚清与招商局相关的历史档案五万卷全部转交给招商局保管使用;长航集团划归招商局集团后,其全部历史档案也一并移交招商局档案馆。另外,经历年广泛搜集、各种渠道征集、通过国家档案馆复制,也积累了较丰富的第一手原始史料。同时,在档案管理中,坚持保管、开发、利用相结合,创办了招商局历史博物馆,组建了招商局史研究会,与社会科学文献出版社多年合作出版"招商局文库"研究丛刊,目前已出版各类研究书籍五十余部。其中一类是史料选编，有《招商局珍档》《〈申报〉招商局史料选辑（晚清卷）》《〈申报〉招商局史料选辑（民国卷）》《招商局印谱》、《招商局画史》（中英文版）、《招商局创办之初（1873—1880）》《国民政府清查整理招商局委员会报告书》《招商局史稿外大事记》《轮船招商局：盛宣怀档案资料选辑》等，为研究者提供完整真实的第一手研究史料；再一类是研究专著，有朱荫贵、虞和平、易惠莉、黎志刚四位近代历史研究专家、学者的专著，包括《招商局与中国近代研究》《招商局与中国近现代化》《招商局与中国现代化》《招商局史（近代部分）》《招商局史（现代部分）》《招商局与中国企业史研究论文集》《盛宣怀与晚清招商局和电报局》《招商局与中国港航业》《招商局与中国金融业》《招商局与中国地产业》《招商局工业史》《招商局公路史》《汉冶萍公司史》《招商局近代人物传》《蔡增基回忆录》《招商局与上海》《招商局与深圳》《招商局与湖北》《招商局与重庆：1943—1949年档案史料汇编》《招商局与台湾》；纪实史料有《辑录蛇口》《袁庚文集》及2000年以来招商局集团历任董事长文集、蛇口工业区开发纪实资料。招商局档案馆经过二十余年的建设，本身已成为企业史档案管理和研究利用基地，在中国近代历史研究中具有广泛的影响。

二、中国企业史研究的意义

（一）以中国企业史总结、探索中国特色的企业发展规律

中国企业的诞生和发展不同于欧美，有其特有的出生背景和成

长发展规律。中国企业出现于封建社会的晚期，传统手工制造业严重落后于西方飞速发展的工业，随着西方工业革命的成功、封建社会自身不断衰亡、洋务运动的兴起，中国近代工业开始起步。西方列强以国家为后盾强势占领中国市场，垄断商业利润，国家闭关自守、企业发展天地严重受限。如果从1600年英国女王伊丽莎白一世授予英国东印度公司皇家特许状，允其垄断好望角以东各国贸易权算起，到招商局创立，相隔了270年。中国在世界急剧变化的时候，显得分外麻木，因此注定了在那个时代的落后，因此当1872年轮船招商局创办时，轻而易举地拿到了中国近代第一个民族工商企业——股份制公司的桂冠。这样的环境背景注定了中国企业的发展有自己的特有规律。中国企业的发展又伴随着近半个世纪剧烈的社会变革和战乱；新中国建立后又经历了新民主主义革命、社会主义改造和社会主义建设，参考苏联长期实行的计划经济体制，特别是党的十一届三中全会后经历了四十余年翻天覆地的改革开放，经历了由计划经济向社会主义市场经济的转变，企业在社会变革的洪流中既有勇往直前，也有起伏跌宕，不断探索，实践创新。如今中国企业已成为影响并且推动世界经济发展的重要力量，成为西方不可小觑、不可忽视的竞争者。中国企业在其发展过程中，特别是新中国建立后，在中国共产党的领导下、在社会主义根本制度下，在企业与政府、企业与社会、企业与市场、企业经营管理、企业法律规范等方面形成了具有中国特色的企业发展规律，同时也形成并不断完善中国的企业发展理论。因此中国企业史的研究对于探索总结中国特色企业发展规律具有现实意义和历史意义。

（二）以中国企业史参与世界企业史的研究

企业史研究是具有专属性的研究领域。最先提出并进入企业史研究领域的无疑是当年引领经济发展的西方国家。企业史研究博士后史允在《企业史的"公元"前后》一文中对国际企业史研究做了框架性梳理。19世纪后半叶，欧美在完成第一次工业革命后，随着技术的迅速发展，经济活动蓬勃兴起，各类公司如雨后春笋般涌现，企业在经济、社会中扮演的角色日益重要，企业研究开始关注纷繁复杂的企业现象，寻找企业的发展规律，创造企业理论，企业史研究也应运而生。20世纪20年代，哈佛大学的历史学家N.格拉斯和H.拉森依发起并创立了企业史学会，1926年这个学会创办《企业史通报》杂志，1928年又创办《经济史与企业史》杂志，以此为阵地和平台，开展企业史研究，主张客观公正地研究企业史，推广企业史研究。N.格拉斯于1939年编写了《企业与资本主义——企业史入门》，同年二人合编《美国企业史指南》，一直被列为美国大学企业史课程的教材。哈佛大学还编辑出版了《哈佛企业史研究丛书》，陆续出版达20多卷。1939年，企业史学会被美国经济学会承认，在企业史学派的推动下，美国各大学开始设置企业史课程，企业史成为一门独立并且受欢迎的重要学科。有学者曾将美国企业史提到基本就是一部美国史的高度。二战后，熊彼特、钱德勒以"企业家历史研究中心"为平台，更加主导了国际企业史研究领域，尤以熊氏理论和钱氏三部曲影响深远。

中国企业的百年史同中国社会一样是一部跌宕的百年史。在招商局创立的 19 世纪 70 年代，"中国的商业组织仍然以家庭作坊与合伙为主要形式，但是模仿西方股份公司的公司已经出现……股份公司成为把中国传统的企业组织改造成现代的企业组织形式这一转型中最具吸引力的制度模式"。"19 世纪 70 年代和 80 年代，中国的商人们，比如说郑观应等人，在他们广为流传的著作中阐述了关于公司的新见解。他们高度赞扬了现代公司结构在资金积累中对现代企业具有的重要性。" ⚐

《公司的历史》一书的"序言"中写道："公司制引入中国后打开了中国近代历史的天窗。"1872 年在李鸿章的主持下，轮船招商局成立，在集资、经营管理、盈利分配等方式上已经具备近代资本主义股份制公司的特性。但真正使企业蓬勃发展，企业模式不断创新丰富的则是一百年后中国开始的伟大社会变革——改革开放。因此如将企业限定于狭义上的公司的历史，且公司在社会经济生活中担当不可替代的核心角色，中国企业伴随中国改革开放市场经济的建立而出现的巨大发展也只有四十余年的时间。即使今天进入市场的经济类书籍满目皆是，层出不穷，院校教育经济类学科从宏观经济理论到商贸实务操作五花八门，但系统性的、较为完整的中国企业史仍较为鲜见，企业的历史大多只是以案例的方式作为经济理论的注释，一部高质量的中国企业史也许还在孕育之中。

中国企业已经走向世界，中国已成为世界第二大经济体，中国的企业史研究同样需要进入世界企业史研究领域，结束西方主宰企业史研究领域和占据企业理论高地的历史，使中国企业史研究成为世界企业史

⚐ 黎志刚：《超越家族的信任与合伙——十九世纪末对"公司"一词的翻译》，收录于《黎志刚论招商局》，社会科学文献出版社，2012 年。

研究不可缺少的一部分，为世界企业史研究做出应有的贡献。

（三）以中国企业史振奋民族精神

中国的企业从一开始出现就面对与西方列强抗争，洋务派富国强兵的政治主张在相当程度上与中国第一批企业的出现相契合。作为中国第一个近代民族工商企业——轮船招商局的创办具有典型意义。李鸿章在提出创办轮船招商局时指出："目前海运固不致竭厥，若从此中国轮船畅行，闽、沪各厂造成商船亦得随时租领，庶使我内江外海之利不致为洋人占尽，其关系国计民生者实非浅鲜。"从中可以看出，由于西方列强的入侵，中国江海航权几乎丧失殆尽。洋人攫取航运暴利，民族传统航运业江河日下、几近衰亡的现实，也显示了洋务派以推行洋务，实现"强兵富国"的宏伟志愿和政治抱负。而招商局创办后，特别是创办之初的 10 年，与西方列强企业在航运领域展开了激烈的竞争，在一定程度上改变了竞争格局，打击了外国轮船垄断中国航运业的局面，与这一时期创办的其他民族工商企业一起推动了中国近代经济的兴起和发展。而在四十余年的改革开放中，中国企业同样在艰难中崛起，在竞争中求生存、谋发展，走出中国，走向世界，让世界知道了中国企业的创业精神和顽强拼搏的进取精神。同时打造了中国企业品牌，中国企业将中国民族精神锻造在自己的产品上，招商局集团的"以商业的成功推动时代的进步"经典地概括了中国企业在实现民族伟大复兴中的担当与追求。因此，中国企业史的研究必将从一个崭新的角度诠释自强求富、不甘欺辱、奋起抗争的民族精神。

下篇

见证

一代商旗　百年航程

一份具有重要意义的文件

李鸿章 1872 年 12 月 23 日（同治十一年十一月二十三日）上奏清廷的奏折《试办招商轮船折》是招商局历史上具有重要意义的文件。该奏稿阐述了洋务派创办轮船招商局的基本动机，提出了招商局实行官督商办的管理体制，规定了招商局执行"分运漕粮、兼揽客货"的经营方针。在整个清朝晚期，招商局大体上是按照上述原则进行管理和开展轮运业务活动的。走过百余年风雨历程的招商局是一部厚厚的历史，应该认真地加以研究。了解招商局历史，不可不细读李鸿章为创办招商局而上奏的这篇奏折。

一份奏折，两个版本。一为手写复制，一为刻版印刷，均未句读。该折虽已是文白相间，几近于白话文，但由于无句读，影响对其原意的理解，所以阅读起来仍有困难。偶有闲暇，为奏折试做句读，是否准确，还可推敲，权且提供一个推敲的基础。

这也是我第一次真正地阅读该奏章，几番研读，深感受益匪浅，萌生试解之意，因此写就此文，对该折试做评注。有关资料借助了张后铨先生主编的《招商局史（近代部分）》。

本文按奏章文序逐一读来。

钦差大臣大学士直隶总督一等伯李鸿章跪

这是本折的起奏语，李鸿章使用了四个表明其地位的职称：钦差大臣、大学士、直隶总督、一等伯。在清廷批准后的抄折上，用的是：钦差大臣办理通商事务、太子太保、武英殿大学士、兵部尚书、直隶总督、部堂、一等肃毅伯7个头衔，足见李鸿章之显贵权重。

钦差大臣 明清以来，凡由皇帝亲自派遣、出外办理指定重大事件的官员，称为钦差大臣。清代将由皇帝特命、颁授关防（印信）的官员称为钦差大臣，其权力比明朝大，一般简称钦使，统兵者称为钦帅。此处"钦差大臣"表明李鸿章借皇命以颐使的权位。

大学士 清朝的内阁大学士，分为中和殿、保和殿、武英殿、文

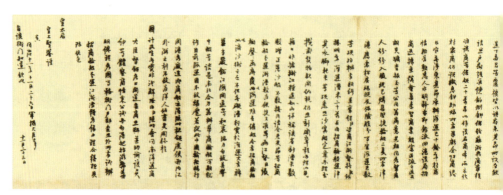

李鸿章《设局招商试办轮船分运江浙漕粮由》

· 196 ·

华殿、文渊阁、东阁大学士等，都称为中堂（李鸿章有李中堂之称谓即由此得）。大学士地位优崇，但设军机大臣后，实权低于军机大臣。梁启超编著的《李鸿章传》所附李鸿章年谱中标明：李鸿章于1872年7月（同治十一年六月）曾被授予武英殿大学士；1875年1月（同治十三年十二月）又被授予文华殿大学士，文华殿大学士居大学士之首。因此，大学士一衔表明了李鸿章的优崇地位。

直隶总督 清代地方行政设省、府、县三级。总督统辖一省或数省民政、财政、军政，一般由部、院大臣出任的高级地方官员。直隶，大约相当于现今的河北、天津、北京。

一等伯 爵位的等级。爵位是封建社会表示官员、贵族或有功之人、才能之士的地位、待遇的一种尊号，我国西周即已出现。清代爵位分为宗室爵、异姓功臣和蒙古爵三类。李鸿章的"一等伯"属异姓功臣类。分为九等：公、侯、伯、子、男、轻车都尉、骑都尉、云骑尉、恩骑尉。若此，李鸿章爵位当列第三等。李鸿章是1864年8月（同治三年六月）因镇压太平天国、攻克天京有功，

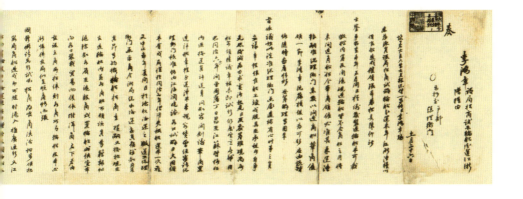

被清廷赐封一等伯爵位；1865年5月（同治四年四月）又被加封一等伯号为肃毅，即肃毅一等伯。李鸿章死后，1901年11月（光绪二十七年九月）清廷诏封太傅，晋封一等侯爵。

> 奏：为派员设局招商，试办轮船，分运来年江浙漕粮，
> 以备官船造成雇领，张本恭折，具陈仰祈。

为何而奏？李鸿章开宗明义讲出"设局招商，试办轮船"。围绕这个中心指出涉及"派员"，也就是让谁去办"设局招商，试办轮船"，设局招商干什么。设局招商用来"分运来年江浙漕粮"，有了轮船招商，官船造成，自然就会租用。由此可见，李鸿章此折是为创办招商局而奏。

其中"试办轮船"道出了尚无先例，因此要试办；分运漕粮，又道出了招商局创立初衷即与清政府运转、与国计民生关系重大。

李鸿章不仅把漕运视为创办招商局的前提条件，而且为招商局制定了"承运漕粮，兼揽客货"的经营方针。可以说，漕运与招商局的创办密切相关，晚清漕运的种种情况催生了招商局。

> 圣鉴事，窃查本年五月间，臣于《议复制造轮船未可裁撤折》内，筹及闽、沪现造轮船皆不合商船之用，将来间造商船，招令华商领雇，必准其兼运漕粮。嗣准，总理衙门奏复：以间造商船，华商雇领一节，李鸿章、沈葆桢俱以为可行，

应由该督抚随时察看情形，妥筹办理。等因奉旨依议，钦此。

1872年1月23日（同治十年十二月十四日），顽固派官僚、内阁学士宋晋奏请裁撤闽沪船局，由此引起一场关乎中国航运业前途的大辩论。

闽沪船局，指福州船政局和江南制造总局，都是洋务派19世纪60年代创办的两家规模较大的造船企业。在两厂遇到财政困难时，宋晋乘机发难，奏请裁撤。

洋务派曾国藩、李鸿章、沈葆桢、左宗棠坚决反对。李鸿章时任直隶总督，沈葆桢为船政大臣。1872年6月20日（同治十一年五月）李鸿章上奏《议复制造轮船未可裁撤折》，对宋晋的主张猛烈抨击，坚决反对裁撤两局。认为"国家诸费皆可省，惟养兵、设防、练习枪炮、制造兵轮船之费万不可省"。如果两船局"苟或停止，则前功尽弃、后效难图，而所费之项，转为虚糜，不独贻笑外人，亦且浸长寇志"，同时折内也指出"闽、沪现造轮船皆不合商船之用，将来间造商船，招令华商领雇（即租用），必准其兼运漕粮"。

福州船政局（1866年）

江南制造总局（1865年）

由于李鸿章等人的坚决反对，总理衙门遂于 8 月 21 日奏请清廷：船政不能停，应由李鸿章、沈葆桢妥筹办理。即折内言"嗣准，总理衙门奏复：以间造商船，华商雇领一节，李鸿章、沈葆桢俱以为可行，应由该督抚随时察看情形，妥筹办理"。由宋晋挑起的辩论这才告一段落。

透过这一段历史，可以看出李鸿章极力支持新式造船业，态度十分鲜明且坚决。同时，他也提出两局所造轮船，不合商用，今后要造商轮，供华商租用，并已提出应让商轮"兼运漕粮"和试办轮船招商的想法。当他认为时机已成熟时，便提出"试办轮船，分运来年江浙漕粮，以备官船造成雇领"。可见，李鸿章反对裁撤闽沪船局与试办轮船招商、分运江浙漕粮是一个完整的构想。

总理衙门 清代鸦片战争后设立的中央机构，也称衙署、译署。鸦片战争后，清政府为满足列强的要求，办理各国事务，设立了总理衙门、同文馆、总税务司、南北洋通商大臣等机构与职位。总理衙门以管理大臣为首，简称总理衙门大臣，而后来的内阁总理一职始设于 1911 年。

督抚 即总督、巡抚，同为由皇帝派遣、部院大臣出任的高级地方长官，常以封疆大吏称之。巡抚往往只管一省，如江苏巡抚、山东巡抚；总督则往往管辖数省组成的一个区域，如湖广总督、两江总督等。折内所涉沈葆桢、曾国藩、丁日昌皆属此列。李鸿章先后曾担任过江苏巡抚、湖广总督、直隶总督。

旋准，总理衙门函属："遴谕有心时事之员，妥议章程，俟官船工竣成规具在，承租者自争先恐后。"

从 1872 年初开始，李鸿章就以北洋通商大臣的名义，令有关官员筹划轮船招商之事。先后有津海关委员林士志、津海关运陈钦、江海关运沈秉成等提出方案。曾国藩死后，李鸿章成为筹议新式轮运的实际主持者。

在筹划过程中，以李鸿章为代表的北洋大臣的意见与南洋大臣何璟及属僚多有差异，北洋积极，南洋消极。其中机器局道员吴大廷态度暧昧。1872 年 6 月 8 日，李鸿章对吴大廷提出的方案逐条批示后，一并送总理衙门。

6 月 17 日，总理衙门做出批复，对李鸿章提出的"配运漕粮，商人租赁"，"物色为殷商所深信之官，使之领袖，假以事权"等表示支持，请李"遴谕有心时事之员，妥议章程，俟官船工竣成规具在，承租者自争先恐后"。这表明创办轮船招商一事得到肯定，并要加快推进。

诚为力求实济起见，臣反复筹维，现尚无船可领，徒议章程，未即试行，仍属空言无补。

虽然得到总理衙门支持，但李鸿章认为没有商船可供租用，空议章程无用。

西方列强的现代轮船进入中国沿海、长江，使人们看到了新式轮船的效率，但中国没有能造新式轮船的造船业。1866 年 6 月左宗棠向清廷提出设立福州船政局，7 月得到批准，尔后又有江南制造局。然而两局所造船为兵船，即"闽沪现造轮船皆不合商船之用"。所以李鸿章在折内言"现尚无船可领"。"可领"是可以租、购的意思。李的说法既反映了无船可用的现实，同时又为购置洋轮做了铺垫。

> 因思同治六、七年间曾国藩、丁日昌在江苏督抚任内，迭据道员许道身，同知容闳创议华商置造洋船章程，分运漕米，兼揽客货，曾经寄请总理衙门核准，饬由江海关道晓谕各口试办，日久因循未有成局，仅于同治七年借用夹板船运米一次，旋又中止。

"迭据道员许道身、同知容闳创议华商置造洋船章程"指的是 1867 年候补同知容闳提出的《联设新轮船公司章程》，共 16 款，对集股办法、人事管理、轮船营运、股东地位、财务管理及利润分配都做了详细规定。这是华商筹划组织轮船公司最早的一个章程。许道身是江南名绅，一向为李鸿章、丁日昌所倚重。容闳为第一位毕业于美国耶鲁大学的中国留学生、著名买办商人，一向为曾国藩所倚重，且与洋务派官僚关系密切。但容闳的倡议报到总理衙门，又交至江海关道研究后，被束之高阁，不了了之。

"仅于同治七年借用夹板船运米一次，旋又中止"指的是在沙船运漕日渐衰落的情况下，1867 年冬曾国藩奏请清廷，准备雇用洋船试行海运"米石"，这次试运纯粹为试验性质。1868 年春，曾国藩在江苏藩司丁日昌等人的安排下将米统包给一家叫"郭德盛"的船商承运。郭德盛雇用了美国满洲号商船，把 3 万石大米从上海运至天津。此次雇用洋船运米后，由于曾国藩担心用洋船会使沙船业加速衰亡，酿成社会问题，对清王朝统治不利，"旋又中止"。

道员 清代的道不属于一级政府，是介于省、府之间起监督作用的一级机构。道又分为管理区域事务的分守道（管民事）、分巡道（管刑事），以及管理专项事务的粮道、盐道、河道、海关道等。道员即担任"道"职的人。折内所涉许道身（道员）、如山（粮道）皆属此列。

同知 府的长官分为：知府、同知、通判。同知是知府的佐官，是折内所涉容闳即任此职。

江海关道 清代各税关设置的专职道员，也称津海关道。折内所涉陈钦（津海关道）、丁寿昌（天津道）皆属此列。

> 本年夏间，臣于验收海运之暇，遵照总理衙门函示，商令浙局总办海运委员候补知府朱其昂等酌拟轮船招商章程。嗣又据称，现在官造轮船内并无商船可领，该员等，籍隶淞沪，稔知各省在沪殷商，或置轮船，或挟资本向各口装载贸易，向俱依附洋商名下。

李鸿章为了说明创办轮船招商的必要性，又举出一现象，即"现在官造轮船内并无商船可领……各省在沪殷商，或置轮船，或挟资本向各口装载贸易，向俱依附洋商名下"。

随着西方新式轮船进入中国江海，中国商人开始购买洋轮，1867 年 3 月 7 日以上海通商大臣曾国藩的名义，公布了清政府的《华商买用洋商火轮夹板等项船只章程》，清政府由最初的限制改为鼓励。曾国藩曾言："以后凡有华商造买洋船，或租或雇，无论火轮夹板，装货出进江海各口，悉听自便。"而购置洋轮的华商大多托洋行出面，在外国领事馆呈报，改换姓名注册，挂洋旗行驶。19 世纪 60 年代后，挂洋旗行驶极为普遍，洋人从中大肆获利，却给清政府关税等收入造成巨大损失。

投资附股"依附洋商名下"是 19 世纪 60 年代初中国航运业的一大常见现象。华商附入资本最多的是旗昌洋行。旗昌轮船公司的白银 100 万两创办资本中，华商就占了 60% － 70%。后来创立的扬子保险公司，保险、轮船两公司的 140 万两资本中，旗昌仅占 6 万两，其余主要来自华商。买办或买办化商人与洋商的勾结使"华商避捐，洋商得利"，被称为"诡寄经营"，引起了清政府的注意和重视，一些洋务派官僚对此极为关注。李鸿章折中指出此现象，目的在于说明设立轮船招商局的必要性。

候补知府 知府即清代府一级行政区的长官。清代规定初任官试用 2 年（后改为 3 年），称职方可实授。没有补授实缺的官员，皆到吏部报道，听候选用，称为候补。候补知府，即准备选用知府一职。朱其昂即属此列。

若由官设立商局招来，则各商所有轮船股本必渐归并官局，似足顺商情，而张国体。拟请先行试办招商，为官商浃洽地步，俟机器局商船造成，即可随时添入，推广通行。又，江浙沙宁船只日少，海运米石日增，本届因沙船不敷，诸形棘手，应请以商局轮船分装海运米石，以补沙宁船之不足。将来虽米数愈增，亦可无缺船之患等情。臣饬，据津海关道陈钦、天津道丁寿昌等复核，皆以该府朱其昂所议为然。

请照户部核准练饷制钱借给苏浙典商章程，准该商等借领二十万串，以作设局商本，而示信于众商，仍预缴息钱助赈，所有盈亏全归商认，与官无涉。

李鸿章提出，为支持创办招商局，由清政府借给其二十万串钱（约13万两白银），"以作设局商本"，作用在于"示信于众商"，并要求缴纳利息，"所有盈亏全归商认，与官无涉"。

据有关资料，为筹办招商局，8月15日李鸿章就已报请户部申请借钱，并明确官方只取官利，不负盈亏。借期为3年，年息7厘，扣除预缴利息及其他款项，实收18.8万串，合12.3万余两白银。

可以看出，招商局初始资本中并不涉及清政府的股本投入，20万串钱属于借款，招商局并不是官商合办。政府借钱的目的，主要是表示支持，以吸引商人投资入股，同时也是帮助解决其筹办和创立时募集资本的困难。

而"所有盈亏全由商认，与官无涉"，则为之后的官督商办、

"经营自立"打下了基础。

户部 清政府分管财、税的部门。

> 朱其昂承办海运已十余年，于商情极为熟悉，人亦明干，当即饬派回沪设局招商。迭据禀称，会集素习商业、殷富、正派之道员胡光墉、李振玉等公同筹商，意见相同，各帮商人纷纷入股。现已购集坚捷轮船三只，所有津沪应需栈房、码头及保险股份事宜、海运米数等项，均办有头绪，并禀经臣咨商江浙督抚。

"派员"是李鸿章奏请的一个重要问题。折内李鸿章推举了朱其昂，并大加赞赏，称其"承办海运已十余年，于商情极为熟悉，人亦明干"。

朱其昂，字云甫，江苏宝山县人，是以沙船业为世业的淞沪巨商，他通过捐输获得候补知府衔，1865 年任候补同知及海运委员，1867 年受命管理沙船运输漕粮事务，是一个在沙船行业中颇有影响的人物。据李鸿章说，朱其昂虽出身沙船世家，但"习知洋船蹊径""熟悉南北各口岸情形""熟悉海运事宜、轮船生意"，不同于一般的旧式沙船主。他在北京、天津、上海、广东等地设有华裕丰汇银票号，具有一定的经济实力。朱其昂在进入招商局之前，已经与一些洋行买办建立了个人联系，清美洋行买办李振玉与他有长期的交往，旗昌轮船公司总买办陈竹坪也与他有密切关系。当陈竹坪与天津旗昌洋行买办刘森记发生财务纠纷时，朱其昂还充当过调解人。朱其昂虽不是买办商人，但已经是一个同外国洋行及其买办建立了密切关系的人物。

朱其昂对创办招商局十分坚决，愿以"身家作抵"。那么，他为创办招商局做了些什么呢？

一是于1872年8月初主持拟定了招商局第一个正式章程《轮船招商节略并各项条程》。

二是亲自主持创立招商局的筹备工作。1872年8月，李鸿章命朱其昂回上海，与地方官员"悉心复核妥议"。在征得机器局道员冯焌光、江海关道员沈秉成的支持和李鸿章批准后，积极开展筹办工作。朱在自己的商号广昌号内辟室办公，邀请上海著名钱商兼丝商胡光墉以及李振玉等筹划，并提出了悬挂局旗、刻制关防（公章）、租赁开局场所，大大推进了招商局创办的筹备工作。

三是最终拟制出《轮船招商公局规条》28款，成为招商局开局后的基本制度。

虽然招商局成立一年后，筹资遇到困难，朱其昂自知"才力不及"，主动辞去招商局主要负责人工作，改为虚挂招商局会办一职，但他在创办招商局的过程中可以说是功不可没。

　　臣饬拨明年海运漕米二十万石由招商轮船运津，其水脚耗米等项，悉照沙宁船定章办理。至揽载货物报关、纳税仍照新关章程办理，以免借口。

　　为了支持创办招商局，李鸿章下令调拨江浙漕粮 20 万石，由招商局轮船运往天津，并明确运费、耗米等项照沙宁船定章办理。为防止别人说闲话，又规定"揽载货物报关、纳税仍照新关章程办理"。

　　让招商局承运漕粮是对招商局实实在在的一项支持措施，清政府为招商局运漕支付了较高的运价，使招商局有一项稳定的运费收入。李鸿章以运漕支持招商局，一是为稳定官本，二是为与外商竞争。

　　昨据浙江粮道如山详称：该省新漕米数较增，正患沙船不敷拨用。请令朱其昂等招商轮船分运浙漕，较为便捷。又，准署两江督臣张树声函商复"以海运难在雇船，今有招商轮船以济沙卫之乏，不但无碍漕行，实于海运大有裨益。当严饬江海关道等，和衷协力，勿致善举中辍"等语是。南北合力，筹办华商轮船可期就绪。

　　李鸿章为使清廷批准试办轮船招商，在折内借浙江粮道如山和两江督臣张树声之口，阐述其必要性和好处：一是"新漕米数较增，正患沙船不敷拨用"，而以"招商轮船分运浙漕，较为便捷"；二是"海运难在雇船"，而有了招商轮船，不怕沙船不够。因此，他希望清廷命令各江海关道通力合作，"勿使善举中辍"。李鸿章认为只要"南北合力，筹办华商轮船可期就绪"，这也透出了李的担心，在后一段中也有所提及。

　　两江督臣 当时负责江苏、安徽及上海的地方最高长官。

目前海运固不致竭厥，若从此中国轮船畅行闽沪，各厂
造成商船亦得随时租领，庶使我内江外海之利，不致为洋人
占尽，其关系于国计民生者，实非浅鲜。

除由臣随时会同南洋通商大臣督饬各口关道妥商照料，
并切谕该员绅等，体察商情，秉公试办，勿得把持滋弊，并
咨明总理各国事务衙门、户部。

李鸿章指出了试办轮船招商的重大意义和对轮船招商寄予的
期望。

为了顺利实现试办轮船招商，他最后提出要坚定信心，各方
通力合作。李本人会同南洋通商大臣，利用其通商大臣之职，命令
各通商口岸"妥商照料"，予以便利。并请清廷对各关道提出要求——
"体察商情，秉公试办，勿得把持滋弊"。

前面的"和衷协力，勿致善举中辍"，以及这里的"秉公试办，
勿得把持滋弊"，都透露出了李鸿章的担心。李的担心不是没有缘由，
因为在办洋务问题上，存在着洋务派与顽固派的尖锐对立，办洋务
实非易事；在试办轮船招商上，同样存在着种种非议，顽固势力屡
屡从中作梗，其中的矛盾集中体现在南洋、北洋大臣对创办轮船招
商的态度上。

筹办轮船招商局之初，从表面上看，各方面人士，包括南洋
大臣何璟，道员吴大廷、沈秉成、冯焌光等对轮船招商都无异议，
但实际情况并非如此。南洋、北洋大臣及其僚属对兴办航运业的态

度是各不相同的，如沈秉成担心"华商轮船畅行"会使"老关税项大减"，何璟对轮船招商一事更始终采取敷衍塞责的态度，他在对吴大廷禀呈的批复中，以"沪局已成四船，既称不敷周转"为借口，认为"招商之说，似可从缓"。吴大廷等人与何璟的态度没有多少差异，冯焌光也逐渐采取消极态度。他们对李鸿章兴办轮运业的活动，不仅不予支持，反而时时掣肘。为此，李鸿章特地致函何璟，点名指责吴大廷"暗于事情"、冯焌光"不过随众画诺"、沈秉成则怀有"私计"。李鸿章在这封信中虽然没有直接提到何璟，但他在另一封信中却早已流露出对何璟的不满情绪："南洋无熟悉情形肯任大事之人，则筑室道谋，顾虑必多。"在这种情况下，李鸿章只能独自承担起筹办新式轮运的责任。

正当招商局筹备工作顺利开展的时候，顽固势力又从中作梗。按照招商局章程的规定与李鸿章的批示，该局轮船应该从沪、闽两厂调拨或租用。但朱其昂在上海发现沪厂并无现成轮船可供领用，而且该厂也没有打算立即动工建造合乎需要的轮船。江南方面官员，尤其是何璟、沈秉成对筹创轮船招商局仍百般阻挠，朱其昂请拨运漕粮 20 万石也未被应允。何璟在 10 月 30 日致函李鸿章，竟然认为轮船招商多有窒碍，要求"缓办"。李鸿章在 11 月 10 日复函何璟，做了针锋相对的回答，要何璟严饬江海关道等勿加阻挠。到 11 月 15 日，何璟丁忧离职，李鸿章的旧部张树声兼署两江总督，江南方面的阻挠态度才有所改变。李鸿章在 12 月 11 日致函张树声，强调"倡办华商轮船，为目前海运尚小，为中国数千百年国体商情财源兵势开拓地步"，表示自己要"破群议而为之"。12月中旬，张树声回信予以支持，这才基本排除了江南方面的阻力。

由此可见，在创办轮船招商局的问题上，一直存在两种声音、两股势力的明争暗斗。应该说，以李鸿章为代表的洋务派是"破群议而为之"，站在振兴民族航运的高度，认识此事"关系国计民生"，期待"中国轮船畅行闽沪"，"庶使我内江外海之利，不致为洋人占尽"，竭尽全力推动创办轮船招商局。由此可知，李鸿章作为招商局的创始人是当之无愧的。

南洋通商大臣 鸦片战争后，清政府订立了一系列与列强通商的不平等条约，为处理与各国事务，在设立总理衙门等机构的同时，设立了南、北洋通商大臣，分别处理南方与北方的对外通商事务，北洋通商大臣为李鸿章，南洋先后为曾国藩、何璟等。

查照外所有试办招商轮船，分运江浙漕粮各缘由理合，缮折具陈，伏乞皇太后、皇上圣鉴。谨奏。

在本折的最后，李鸿章指明，从各方面看，试办轮船、分运漕粮是合情合理的，应当予以批准。他恳请以皇太后、皇帝为代表的清廷批准。

同治十一年十一月二十六日，军机大臣奉旨。该衙门知道，钦此。另抄交户部、总理衙门此为李鸿章奏折获批时间，表明清廷已批准，抄发通报户部、总理衙门办理。

军机大臣 清政府处理中央政府日常事务的中枢实权部门是军机处，在军机处任职的大臣为军机大臣。

附录：《设局招商试办轮船分运江浙漕粮由》

钦差大臣大学士直隶总督一等伯李鸿章跪

奏：为派员设局招商，试办轮船，分运来年江浙漕粮，以备官船造成雇领，张本恭折，具陈仰祈。

圣鉴事，窃查本年五月间，臣于《议复制造轮船未可裁撤折》内，筹及闽沪现造轮船皆不合商船之用，将来间造商船，招令华商领雇，必准其兼运漕粮。嗣准，总理衙门奏复：以间造商船，华商雇领一节，李鸿章、沈葆桢俱以为可行，应由该督抚随时察看情形，妥筹办理。等因奉旨依议，钦此。

旋准，总理衙门函属：遴谕有心时事之员，妥议章程，俟官船工竣成规具在，承租者自争先恐后。诚为力求实济起见，臣反复筹维，现尚无船可领，徒议章程，未即试行，仍属空言无补。因思同治六、七年间曾国藩、丁日昌在江苏督抚任内，迭据道员许道身、同知容闳创议华商制造洋船章程，分运漕米，兼揽客货，曾经寄请总理衙门核准，饬由江海关道晓谕各口试办，日久因循未有成局，仅于同治七年借用夹板船运米一次，旋又中止。本年夏间，臣于验收海运之暇，遵照总理衙门函示，商令浙局总办海运委员候补知府朱其昂等酌拟轮船招商章程。嗣又据称，现在官造轮船内并无商船可领，该员等，籍隶淞沪，稔知各省在沪殷商，或置轮船，或挟资本向各口装载贸易，向俱依附洋商名下。若由官设立商局招来，则各商所有轮船股本必渐归并官局，似足顺商情，而张国体。拟请先行试办招商，为官商浃洽地步，俟机器局商船造成，即可随时添入，推广通行。又，江浙沙宁船只日少，海运米石日增，本届因沙船不敷，诸形棘手，应请以商局轮船分装海运米石，以补沙宁船之不足。将来虽米数愈增，亦可无缺船之患等情。臣饬，据津海关道陈钦、天津道丁寿昌等复核，皆以该府朱其昂所议为然。请照户部核准练饷制钱借给苏浙典商章程，准该商等借领二十万串，以作设局商本，而示信于众商，仍预缴息钱助赈，所有盈亏全归商认，与官无涉。

朱其昂承办海运已十余年，于商情极为熟悉，人亦明干，当即饬派回沪设局招商。迭据禀称，会集素习商业、殷富、正派之道员胡光墉、李振玉等公同筹商，意见相同，各帮商人纷纷入股。现已购集坚捷轮船三只，所有津沪应需栈房、码头及保险股份事宜、海运米数等项，均办有头绪，并禀经臣咨商江浙督抚。

臣饬拨明年海运漕米二十万石由招商轮船运津，其水脚耗米等项，悉照沙宁船定章办理。至揽载货物报关、纳税仍照新关章程办理，以免借口。昨据浙江粮道如山详称：该省新漕米数较增，正患沙船不敷拨用。请令朱其昂等招商轮船分运浙漕，较为便捷。又，准署两江督臣张树声函商复"以海运难在雇船，今有招商轮船以济沙卫之乏，不但无碍漕行，实于海运大有裨益。当严饬江海关道等，和衷协力，勿致善举中辍"等语是。南北合力，筹办华商轮船可期就绪。

目前海运固不致竭厥，若从此中国轮船畅行闽沪，各厂造成商船亦得随时租领，庶使我内江外海之利，不致为洋人占尽，其关系于国计民生者，实非浅鲜。除由臣随时会同南洋通商大臣督饬各口关道妥商照料，并切谕该员绅等，体察商情，秉公试办，勿得把持滋弊，并咨明总理各国事务衙门、户部。

查照外所有试办招商轮船，分运江浙漕粮各缘由理合，缮折具陈，伏乞皇太后皇上圣鉴。谨奏。

十一月二十三日

同治十一年十一月二十六日，军机大臣奉旨。该衙门知道，钦此。另抄交户部、总理衙门。

十一月二十六日

一封重要信函

　　1872 年 12 月 23 日，李鸿章以《设局招商试办轮船分运江浙漕粮由》向清廷奏呈创办轮船招商局的设想的同一天，还有一份同等重要的文件，可载入史册，并值得认真研究，这就是《论试办轮船招商》一文，为李向清政府负责洋务的总理衙门的函，这一重要文件收录在光绪年间编纂的《李文忠公全集》之中，为方便阅读，本文试为之句读。

　　此函是在朱其昂等人拟定《轮船招商局节略并各项条程》后，李鸿章为向总理衙门转呈而写。李鸿章贵为"钦差大臣大学士直隶总督一等伯"，故此件是以信函形式，向总理衙门说明创办招商局的理由。尽管此函与前文奏折内容大体一致，但亦有所不同。从文件性质上，奏折属请示件，即请求清廷批准创办轮船招商局，此函则属说明件，向总理衙门就创办招商局的一些重要问题做必要的说明，对招商局章程做一些解释，目的是征得具体管理部门的支持；

从内容上，奏折侧重于讲筹办的过程、进展情况，意在说明开业万事俱备，只待批准，函则侧重于讲具体事项，商讨如何试办，如在函中明确规定招商局的管理体制为"官督商办"等；从文体风格上，奏折按清朝大臣上奏的格式写就，文中不乏尊称、避讳，起语、结语俱全，而函则体现平等议事，不拘礼数，有事即讲，无事即结，以说清为主。

> 轮船招商转漕一事，叠承尊处殷殷函属筹议章程。本年五月十四日钧示以若：俟官船造有成数再行筹议，不惟咄嗟莫办，且恐造者之心思与用者之利钝，未能一意相承，依然无裨实用，何不趁此闲暇悉心拟议，一俟各船工竣成规具在，承租者争先恐后，船不赋闲，费不虚耗，而我即以验具良窳，加意讲求，遇有事时亦可驾轻就熟，是与造船初意变而不离其宗。属即遴谕有心时事之员妥实筹维，独抒己见，勿以纸上空谈，一禀了事。等因仰见长顾远虑，切实预筹，曷任佩服。

李鸿章此函是转呈招商局章程，因此开篇切题，指出已根据总理衙门的要求开展了"筹议章程"事项。其中引用了总理衙门对"筹议章程"的意见：在船还未造成时，先组织人把章程"悉心拟议"好，"一俟各船工竣成规具在，承租者争先恐后，船不赋闲，费不虚耗，而我即以验具良窳（窳同雨音，意为疵病、粗劣），加以讲求，遇有事时亦可驾轻就熟，是与造船初意变而不离其宗"。"不离其宗"即按拟定的方针、办法、规矩办。按照总理衙门的要求，李鸿章"即遴谕（告知、挑选）有心时事之员"筹议章程，并且要求"妥实筹维（谋划），独抒己见，勿以纸上空谈，一禀了事"。李鸿章借此赞扬总理衙门"长顾远虑，切实预筹"，也就是站得高、看得远、抓得实。

总理衙门要求筹议章程一事，翻看张后铨编《招商局史》，可了解一二。1872 年 3 月，总理衙门曾函询轮船招商之事，李鸿章即以北洋通商大臣名义令有关官员详细筹划，其后综理江南轮船操练事宜的道员吴大廷也按曾国藩生前要求开展了轮船招商筹划工作，并提出了创办轮船招商"五难"：招商难、设埠难、保险难、揽载难、用人难。6 月，李鸿章对吴大廷的"五难"逐条批示。6 月 2 日，李鸿章将吴大廷的意见和自己的批示一并递交总理衙门。6 月 17 日，总理衙门做出批复，支持李鸿章的意见。

> 鸿章窃查轮船招商章程，同治六年以后，曾文正、丁雨生叠据同知容闳、道员许道身等各有筹议成规。曾文正当将容闳所拟章程刊本寄送贵衙门查阅，并以核定华商置造洋船章程，饬由江海关道出示通颁各口晓谕试办，迄今又六七年，此局因循未成，实由筑室道谋，主持无人，商情惶惑，若徒议章程而不即试行，仍属无济于事。

1867 年（同治六年），上海通商大臣曾国藩颁令公布《华商买用洋商火轮夹板等项船只章程》，表明清政府对华商购置轮船的态度逐渐从限制转为鼓励。由此，一些华商提出兴办新式轮船企业，1867年容闳提出《联设新轮船公司章程》，是华商筹划组织轮船公司最早的一个章程。据资料记载，容闳拟订的章程共16款，主要内容为：1.议设公司本银必须40万两，分为4000股，每股100两，分4年交清；2.先设轮船2只，专走长江，专载中外商人货物，如生意畅旺，随时酌加轮船2只，一走天津、烟台、牛庄等处，一走福州、香港等处；3.公司轮船舱位须容2000吨；4.船上所用之人，船主、大车、大火各1人系外国人，其余俱用中国人。此外还对集股办法、人事管理、轮船营运、股东地位、财务管理及利润分配等做了具体而详细的规定。但该章程经曾国藩报送总理衙门后被束之高阁。后来，淮南名绅许道身也提出过此类建议，也未有结果。因此，李鸿章在函中称"迄今又六七年，此局因循未成"。他毫不客气地指出，不成功的原因是"实由筑室道谋，主持无人，商情惶惑"，并一针见血指出"若徒议章程而不即试行，仍属无济于事"，目的在于加快推进创办轮船招商局。

　　本年七月间，曾饬据南省海运委员，熟悉情形之知府朱其昂等酌拟招商章程二十条。其大意在于，官商合办，以广招徕，期于此事之必成，而示众商以可信。当经录咨贵衙门察核，并钞咨南洋大臣，札行沪道，仍饬该守朱其昂于海运事竣回沪，会同妥商。嗣沪局各道以官厂现无商船可领，迟

疑不决，而朱其昂等尤虑将来官局所造商船未能合式。诚如
钧谕，造者之心思与用者之利钝未能一意相承。且待造成，
再行招商，亦断不能以一二船取信于众而争先承租。莫如仍
循往年许道身、容闳原议，先招华商，将素所附搭洋行之船
只资本渐渐拆归官局，俟试行有效，则官造商船自可互相观摩，
随时给领。

总理衙门提出筹办招商局要求后，1872 年 8 月，朱其昂等拟
出《轮船招商局节略并各项条程》，主要内容包括：

1.在上海设立轮船商局，所有官商应办事件，均由商局会同
办理。惟管理商局者，必须"遴选精明公正留心时事之员"，"所
有官厂习气，概行除却"。

2.各省机器局所造轮船，由商局广为招商租用，以造价多少
来核定股份，散商可合资购买。

3.暂时减低租价，以鼓励商人租用，倘商人租用一时未能踊跃，
准由商局承领，在各口揽载，以资倡导。

4.商局轮船先向外国保险，倘外国不肯保险，准由机器局或
商局自行保险。

5.商局轮船承运漕粮，水脚、米耗均照江浙沙宁船章程办理。
天津需用栈房，由商局会同商人向江浙海运局借款自行置造，上海
及各口设立码头，由商局筹公款建造。

6.船工水手由商局选用，如中国舵工一时不能熟悉，准暂用

洋人一二名，帮同驾驶。

7.商局轮船载运客货，照新关章程纳税，并免除"落地"等捐。

8.轮船所用煤炭，由官招商开采，以免购用外骤煤炭。

此节略对招商局的日常管理、核定股份、租赁船只、参加保险、承运漕粮、选用水手、报关纳税乃至购用煤炭等问题都做了详细规定。李鸿章对该章程表示满意，将其概括为"官商合办，以广招徕，其于此事之必成，而示众商以可信"，于8月15日"当经录资贵衙门察核，并钞咨南洋大臣，札（旧时的一种公文）行沪道"。并命朱其昂立即回上海，同江海关道、上海机器局等商量创办事宜。

随后出现两个情况，一方面是造船厂没船，一方面朱其昂等人怕即使造出也不适用。李鸿章认为这样一来，恐怕会如同当年容闳提议一样不了了之，还是搞不成。因此，李鸿章提出的办法是，把华商资本寄托在外国公司名下的资产吸引过来，创办轮船招商局。有了轮船招商局，船厂也知道该造什么样的船和给谁造船，从而解决前面提到的问题。这对于发展民族造船业和民族航运业大有好处。

现届江浙海运米数日增，沙宁船只日少，得有华商轮船分运，更无缺船之虞，是一则为领用官船张本，一则为搭运漕粮起见，于国计，固有裨助。又，中国长江外海生意全被洋人轮船夹板占尽，近年华商殷实狡黠者多附洋商名下，如旗昌、金利源等行，华人股份居其大半，闻本利不肯结算，暗受洋人盘折之亏，官司不能过问。若正名定分，立有华商轮船公局，暂准照新关章程完税免厘，略予便宜，至揽载货物起岸后仍照常捐厘，于饷源无甚窒碍，而使华商不至皆变为洋商，实足尊国体而弭隐患，尤为计之得者。

李鸿章重点讲了创办轮船招商局的时机、必要性和迫切性。他认为创办轮船招商局可以保证漕粮运输，能使造船业大有出路，会支持造船业发展，因此"于国计，固有裨助"。

李鸿章又从收回国家航权的角度论述了创办轮船招商局的必要性，指出了一个十分严峻的现实：中国长江外海生意全被洋人轮船夹板占尽，华商投暗股或将船寄托洋商名下，如旗昌、金利源等行，"华人股份居其大半，闻本利不肯结算，暗受洋人盘折之亏，官司不能过问"。在这里，体现出了洋务派对国家的忧虑，与其强兵富国的政治追求是一致的。

李鸿章提出要建立民族航运业，并且要给予优惠和保护，扶持其成长。政治上夺回航权，经济上消除隐患，是利国之大事。

前曾文正及雨生等叠经批准，未即果行。鸿章以为若不及此时试行，恐以后更无必行之日。因姑允朱其昂等所请，准令设局试办，并由津海关陈道、天津丁道议复，准照苏浙典商借领练饷制钱定章，借拨钱二十万串，以为倡导。

在上述利弊分析的基础上，再加上同治六年提出试办轮船招商未果，李鸿章认为"若不及此时试行，恐以后更无必行之日"。他再次强调试办轮船招商的必要性和迫切性，并且说明，为了不失时机加快创办轮船招商局，已同意朱其昂等积极筹办，并借拨20万串钱，以表支持，这已在前文详述。

> 嗣据朱其昂、李振玉等会同设局，叠次禀称，各帮华商纷纷搭股，现已陆续购集坚捷轮船三只，所有津沪应需栈房、码头及保险各事、分装海运米数，均办有头绪，并由鸿章咨准江浙分运明年漕米二十万石。筱宋制军暨沪关沈道等，缘未深悉底里，初尚游移，旋经鸿章详晰告知，均各释然。振轩昨已缄复照行，谅无掣肘之虑。用敢将此事原委专折陈明，并备文咨呈冰案外，朱其昂等另议商局条规，照钞呈览，大致似尚公允，此事现属试办，如有未尽妥洽之处，当随时督令察酌改定。目下既无官造商船在内，自无庸官商合办，应仍官督商办，由官总其大纲，察其利病，而听该商董等自立条议，悦服众商，冀为中土开此风气，渐收利权。将来若有洋人嫉忌，设法出头阻挠，应由中外合力维持辩论，以为华商保护。伏祈加意主持，使美举不至中辍为幸。

李鸿章在此处讲了大致三层意思：

一是表明筹办工作进展。招股设局得到华商的积极响应，"各帮华商纷纷搭股"。为开局后营运"现已陆续购集坚捷轮船三只",即 11 月购进大英轮船公司的载重 1 万石的伊敦号（Aden）轮船,价格 50397 两银;经惇信洋行用银 10 万两从利物浦购进载重 1.8 万石的代勃来开号轮船,改名为永清号;以 7.4 万两银,从苏格兰购进载重 1.7 万石的其波利克有利号轮船,改名为福星号。仓库、码头、船舶保险也已办妥。

二是排除阻力。朱其昂提出在创办当年请先拨江浙漕米 20 万石,由招商局承运,以示支持,但在这个问题上产生了分歧。顽固派百般阻挠,从中作梗:江海关道沈秉成提出担心"华商轮船畅行"会使"老关税项大减",南洋大臣何璟致函李鸿章,认为轮船招商多有窒碍,要求缓办,对此李鸿章做了针锋相对的回答。

三是肯定了招商局章程,确定了招商局体制。李鸿章认为转呈的朱其昂等所拟《轮船招商公局规条》"大致似尚公允",同时指出"此事现属试办,如有未尽妥洽之处,随时督令察酌改定"。最为重要的是,李鸿章否定了官商合办,确立了官督商办,并明确官与商的不同责任。为了保证官督,从一开始就由李鸿章派出总办,商局事务,皆由总办主裁,这使招商局从一开始,就带有浓厚的官办色彩。在当时的社会实际情况下,官督商办对于支持新生的轮船招商局,发挥了重要作用,这种管理体制与洋务派创办轮船招商局的目的是一致的,即建立不同于一般商业企业的民族航运业,改变中国航权逐步丧尽的严峻形实,干如此大事,没有政府的支持是根本不可能的,也是做不到的。在具体经营上,又确立了商办的方针。

所谓商办，就是给其经营自主权，这一点又体现洋务派商事商办的务实思想。在整个招商局发展历史中，官督商办这一重要体制产生了极大的影响。

李鸿章也预料，一旦创立招商局，必会引来"洋人嫉忌"，因此未雨绸缪，指出"冀为中土开此风气，渐收利权。将来若有洋人嫉忌，设法出头阻挠，应由中外合力维持辩论，以为华商保护。伏祈加意主持，使美举不至中辍为幸"，李鸿章的担忧被成立后的事实证明并非是多余的。由于招商局是在外国航运势力已垄断了中国江海航权的背景下诞生的，因此必然受到来自西方，特别是英美在华航运势力的巨大压力。

> 至闽厂未成船只，似无商船式样，沪厂拟造商船，现因续造兵船，尚未筹及，其应如何变通，尽利之处尤在当事续行妥筹，合并复陈。

最后一段，看似已做结语，其实细读可以看出李鸿章深一层的用意。福州船政局（船厂）没有造出的船，也没有商船的样式，上海的江南造船厂倒是有意造商船，但"因续造兵船，尚未筹及"。试办轮船招商，无船不行，因此只有向外国购船。李鸿章在此埋下了向外国购船的重要伏笔，只因当务之急是创办招商局，才把解决船的问题暂放下，以便"续行妥筹"。

第一个章程

　　《轮船招商公局规条》（简称《规条》），是招商局创立时的一份十分重要的历史文献。据考证，此系创办招商局的实际组织者、以沙船为世业的淞沪巨商、经办海运十余年的三品衔道员、海运委员、浙江候补知府朱其昂，其弟朱其诏及清美洋行买办商人李振玉拟定，《规条》即招商局开局章程，全文共列二十八条，言简意赅，条理清晰，一贯到底，内容涉及创立公司的目的，公司的体制、组织形式、管理原则、用人标准、经营方式、股东权利与义务等，欲了解招商局百年历史，不可不读。

一、招商局章程产生的历史背景

　　一是解决招商局创办之需。公司章程，往往被称为公司"宪法"，即公司的根本大法，是一个公司对外的公开宣言。透过一个公司的章程，可以使人们了解其创办的动机目的、公司的经营宗旨、企业体制、组织形式、经营理念、经营策略、管理原则等等。创办招商局在晚清来说是开先例的创举，因此在筹办招商局时，首先制定了章程，以解决创办之需。

二是适应世界之变。按李鸿章之说，晚清正处于三千年未有之大变局，这一变局的根本是世界之变。19世纪70年代正处于第一、二两次工业革命之交，世界加速演变。技术、资本、管理、垄断、竞争、利润、殖民地成为那个时代的主题词。第一次工业革命后资本主义经济快速发展，许多新的技术和发明运用到生产中，生产效率不断提高，掀起了一股工业浪潮。一方面，1866年德国人西门子制造出第一台交流发电机，从而引发了电灯、电报、电话等一系列以电为能源的工具的发明，便利作为一种新能源开始用来带动机器的电力的广泛使用，电器开始用于代替机器，电力成为补充和取代以蒸汽机为动力的新能源，使电力工业迅速发展起来。美国发明家爱迪生的一系列发明为电力工业的发展创造了条件，一时间发电、输电和电力设备制造的工业纷纷建立起来。另一方面，以煤气和汽油为燃料的内燃机相继诞生，进一步解决了交通工具的发动机问题。80年代德国人卡尔·弗里特立奇·本茨等人成功地制造出由内燃机驱动的汽车，远洋轮船、飞机等也得到了迅速发展。

三是向先进的西方学习。西方率先兴起的工业革命和资本主义革命以先进的观念、先进的技术、先进的组织、先进的管理冲击着当时东方传统的观念、落后的技术、失效的组织、低效的管理，学习西方成为必然的选择。西方列强的强盛、西式制度的优越、外资经营获利的诱惑、民族经济面临的危机，对洋务派更具有示范性和启示。学习西方成为创办招商局时的唯一选择，也成为制定招商局章程的重要依据。

二、章程的核心要义

（一）确立"官督商办"，民间集股创业

官督商办是招商局创立时十分明显的体制特色。有专家认为："轮船招商局是洋务运动中出现的第一个官督商办的民用企业，它也是官督商办这种企业组织、经营形式发展得最充分、最典型的一个企业。"官督商办的实质是封建政权同私人资本相结合，这在《规条》中显而易见。

《规条》在引言中即开宗明义："本局奉直隶爵阁督部堂李檄委筹办轮船招商，业于上海新北门外永安街地方设局开办。"在《规条》第二十七条亦有："本局公事甚属繁重，业经直隶爵阁督部堂李，派有总办禀请刊刻关防一颗，以昭凭信。所有公牍事件悉归总办主裁。"

不难看出，尽管招商局创立因应时势倡议商办，但本质仍为由官倡立，并且要由官派局员督办局务。作为招商局创办者的李鸿章在递送该《规条》给总理衙门的函中更是明确声明，由官"总其大纲、察其利病"。李鸿章对创办招商局的大力支持和严格控制跃然纸上，无须赘言。

在强调官督的同时，《规条》也明确规定了招商局商办的方式，即民间集股"招徕绅商"。《规条》第一条规定："轮船招商公局股份，议定每股以规银一百两为率。有愿入股份者，自一股起至若干股均

准搭入，并无限制。银两缴局后，方准掣股份单，或分或并，任从贵商之便。"为了鼓励集资入股，第四条规定："有能代本局招商至三百股者，准充局董，每月给薪水规银十五两。如自行赴局搭股者，能满三百股，该得薪水即归本人自领。"这就规定了尽管有官督在上，但就其产权制度本质来说，招商局从创立之初就是一个以吸引私人资本投资入股为主要方式创立的股份制经济实体。这在中国近代工商业发展上有着十分重要的示范和先驱意义，即客观上创造了一种吸引民间资本投资办企业的例证。

尽管集资入股、创办企业遇到了种种困难，但是在创立者的积极努力和清政府借款20万串钱"以示信于众商"的支持之下，招商局最终以民间集股的形式完成了公司的创立，并在较短的时间里打下了发展的基础。到1873年6月已招股1000股，收进规银47.6万两，取得突破性进展。据历史档案记载，自1873年至1881年的8年内，轮船招商局集股资金达到100万两，1883年再次扩股又入股金100万两，使招商局的总资本达到200万两。

以招商入股的方式，吸引民间资本创立民族企业，具有开创先河的历史意义。

（二）确立治理机制，保护股东权益

公司章程的重要作用，在于确立治理机制，维护投资者的权利和义务。

《规条》第二十一条规定："本局凡有股份者，定于每年二月十五日午前赴总局会议，风雨不改。"这实际上就是今天的股东大会，从中可以看出招商局在创立之初就确立了股东大会制度，其"风雨不改"的要求，更显示了这一制度的严肃性。

《规条》第四条规定"有能代本局招商至三百股者，准充局董"。这表明，招商局在创立之初，已建立起了由股东组建的董事会，担任局董（亦称商董）成为投资者参与企业管理的重要方式。

《规条》第五条规定："上海设立总局，各口设立分局。总局由总办派定总执事一人，经理贸易事务。各口分局执事，均由总办商同总执事派用。"这表明招商局创立之初，已建立了自己的经理队伍，负责公司的日常经营管理。

股东会、董事会、经理队伍，构成了具有现代企业制度意义的公司法人治理结构，从而有效地维护投资者的权益，并进行有效的经营管理。这样一套较为完备的企业治理结构形式对近代企业发展有着十分积极的意义，不能不说是一个进步。

（三）积极进取扩张，努力做大做强

招商局从创立之初，就是一个以做强、做大为目标的发展扩张型企业。《规条》对适应这种需要的组织形式做了规定。

《规条》第五条规定："上海设立总局，各口设立分局。"第十三条规定："上海、天津等处，业由本局自行设立码头、栈房（即仓库），以备春正海运地步，并存储各客货物。其余各口或租或置，容随时相度办理。"

实际情况亦是如此。招商局创立之初，新生的招商局秉持着积极进取的精神，以迅速扩张为基本策略，迅速在沿海、长江建立自己的经营机构，开展业务。同时，向海外扩张。特别是在 1873 年 6 月，唐廷枢、徐润主持局务后，积极扩大营业，组建各口岸分支机构，除上海总局及天津分局外，又相继设立了牛庄、烟台、福州、厦门、广州、香港、汕头、宁波、九江、汉口以及国外的长崎、横滨、神户、新加坡、槟榔屿、安南、吕宋等国家及地方分局，迅速形成了海内外经营网络。

飘扬着双鱼龙旗（后改为圆日旗）的招商局轮船活跃在中国内河、沿海，出现于南亚、东亚，招商局的远洋轮横渡太平洋、大西洋，首航英美。1873 年元月伊敦号首航香港，1873 年 3 月永清轮由伦敦抵达上海，8 月伊敦号正式开航神户、长崎，1879 年 10 月和众号试航檀香山，1880 年 8 月和众号又抵旧金山。招商局创立以来的奋力开拓，打破了西方航运企业对中国航运的垄断，从而对中国近代工商业，特别是民族航运业产生了十分重要的历史影响。

（四）确立管理原则，重视企业管理

招商局的创立者，从一开始就注意到了企业内部管理的重要性，并以章程的方式予以规定。

《规条》第十条，对资金进出管理做了明确规定："局中银两进出，由总办会同总执事选择殷实钱庄取具保单，方可往来。设或拖欠，惟该保人是问。"这里已表明招商局在资金管理上坚持经办人负责制和担保制，以控制风险。

《规定》第二十五条，对财务管理做了严格规定："局中银两，无论何项人等，均不准挪移分文。倘有私相措借，即行革辞。"

《规条》第十九条则就公司管理制度建设提出要求："总局、分局轮船，栈房各办事规条，由总办会同总执事察看情形随时定拟，以期妥当。"也就是要求建立各个方面、各个层次的规章制度，以保证企业管理有法可依。

（五）倡导诚信理念，公平公开透明

诚信是企业经营之本，招商局创立之初即把诚信写在自己的旗帜上，并以公开透明取信于社会、取信于股东，以建立自己诚信的形象。

《规条》第十六条规定："本局轮船逐趟开往某处，所收水脚搭客银两，先附刊当日《申报》。其一年细帐定于下年二月望前运分设各局，汇刊征信录分送，以昭诚信。除去股份官利一切开销外，如有盈余，仍复收入股内，添结予股份单，官利仍照前例。三年后如欲将本银抽出，听随客便。"

对于有的投资者以自备轮船入股（即以设备入股）者，《规条》第十五条规定："华商向有自置轮船，如情愿以轮船入股者，当由本局会同保险洋行仔细查看能否保险，秉公估价，按数作若干股，随掣股单交执。倘船主不能将全船归股，准其先入若干股，其未入股之船，盈余悉归该船主。"这里已提出了中介机构评估的概念，以达公平、公开、透明、取信之目的。

《规条》第十四条，则对船舶委托经营方式做出了诚信规定："华商向有自置轮船，如情愿托本局管理、揽装货物者，即准编入本局轮船内，挨次轮装，断不稍存偏见。"也就是一视同仁，不分彼此，不分亲疏，公平对待。

（六）确立用人标准，重视人才培养

招商局创立之初，就深刻认识到用人的重要。这表现在两个方面：一是出于对招商局的控制，以官督的名义，由以李鸿章为代表的封建官僚集团，从维护自身经济、政治目的出发选人、用人，"委派局员、代表官方督办局务"；二是公司出于经营管理需要选派有才能的经营管理人才。《规条》第六条规定："务宜选取精明强干、诚实可靠，并不吸鸦片烟者，取具保给，方准录用。""精明强干"求其才，"诚实可靠"重其德，而不食鸦片，则更具一个新型的队伍对腐朽没落的鄙视。

招商局从一开始，就重视培养自己的队伍，以打破洋人一统行船天下的局面。《规条》第二十二条规定："本局招商轮船进出各口水道，舵工一时未能熟悉，拟暂用洋人几名驾驶，以免搁浅等弊。""一时""暂用洋人""几名"等字眼用得极为谨慎，既道出了招商局创立之初缺乏高级人才的无奈，也表现出了培养自己人才队伍的雄心。

（七）防范公司风险，保护公司利益

《规条》第二十三条，对股权转让做了明确规定："凡有股份者，如欲将股份单转售别人，必须先赴本局告明，以便注册。惟只准售于华商。"

《规条》第二十四条，对股票遗失处理，也做了明确规定："本局所掣股份单，贵商如有遗失，须先赴局挂号，仍由原主刊布新闻纸（即对外公告），俾得周知。俟一月后，准失票者觅殷户出具保单，补给股票，其旧股票作为废纸。"

三、章程的历史意义

（一）《轮船招商公局规条》是招商局百年历史的奠基石

1873 年 6 月，买办商人唐廷枢被李鸿章委任为招商局总办（相当于总经理）主持局务后，着即拟定新的《轮船招商章程》和《轮船招商局规》，并于 1881 年（光绪七年）正式颁布，但《轮船招商公局规条》作为招商局第一个具有法律意义的公司大法具有奠基石的历史地位。

（二）《轮船招商公局规条》是招商局的宣言书

这不仅是一个企业对公众的宣示，而且是中国近代企业诞生的宣言。它所包含的建立民族企业的自强求富的追求，体制、机制的大胆创新，公平公开诚信的苦心，严格管理的科学态度，做大做强迅速扩张的雄心，一一跃然纸上，对今天仍有着重要的启示意义。

（三）《轮船招商公局规条》是对中国企业制度的开创性探索

19世纪末，随着西方列强入侵，清朝小农经济模式遭受冲击，外国企业来华设厂，实业救国之风兴起，大量民族企业涌现，在这种历史背景下，迫切需要相关公司法律对企业各项行为进行规范和引导。直至1903年，即将退出历史舞台的清政府才颁布了中国第一部公司法——《大清公司律》，首次对公司做出了明确的定义，即"凡凑集资本共营贸易者名为公司"；公司章程的制定也成为我国公司法律的规定，"凡设立公司赴商部注册者务须将创办公司之合同规条章程等一概呈报商部存案"；此外还纳入了"股权面前人人平等的基本原则"和"公司法面前所有公司一律平等的原则"，公司制企业模式由此开始在中国发展。面世于1872年的《轮船招商公局规条》作为第一个中国公司章程，比《大清公司律》早了31年，可谓之中国企业制度的先驱。

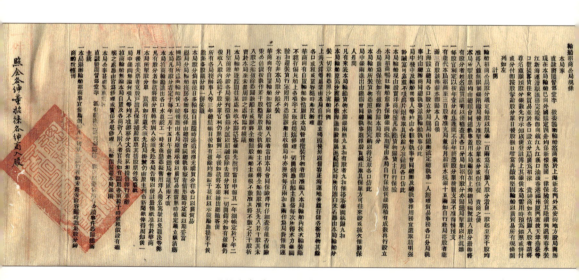

《轮船招商公局规条》

附录：《轮船招商公局规条》

本局奉直隶爵阁督部堂李檄委筹办轮船招商，业于上海新北门外永安街地方设局开办。现在本局轮船已向外国购定四舟，均系新样坚固，一律保险，俟其陆续到沪，明春承装江、浙海运漕粮。运务完竣，拟即向镇江、九江、汉口、汕头、香港、福州、厦门、宁波、天津、燕台等口揽装客货，往来贸易，并于各口设立分局，广为招徕。贵绅商如有情愿入股者，请将尊名并愿预股份银数先行示知，以便登注簿上。其银俟本局需用时预为知照，或并付，或分付，即按股掣给股份单。日后股数日增，当再续购坚固轮船，以广贸易。所有规条开列如左（下）。

计开：

（一）轮船招商公局股份，议定每股以规银一百两为率。有愿入股份者，自一股起至若干股均准搭入，并无限制。银两缴局后，方准掣股份单，或分或并，任从贵商之便。

（二）本局所掣股票，均由总办会同总执事盖用本局关防，在上海总局编号注入股份册，即将有股份者姓名、籍贯注明，以便稽查。其各口分局如招有股份，亦归总局掣单，以杜混杂。

（三）每股官利定以按年一分起息，逢闰不计。年终凭股份单按数支取，不准徇情预支。

（四）有能代本局招商至三百股者，准充局董，每月给薪水规银十五两。如自行赴局搭股者，能满三百股，该得薪水即归本人自领。

（五）上海设立总局，各口设立分局。总局由总办派定总执事一人，经理贸易事务。各口分局执事，均由总办商同总执事派用。轮船执事仿此。

（六）局中、栈中及轮船司事人等，均由各该管执事会同总办及总执事择用，务宜选取精明强干、诚实可靠，并不吸鸦片烟者，取具保给，方准录用。各口仿此。

（七）本局轮船现由殷实洋商保险，凡各商货物归货主自行保险。

（八）本局招商畅旺，轮船愈多，保险银两愈重。拟由本局自行保险。俟银两积有成数，再行设立公局，广为保险。如有盈余，仍归本局股份。

（九）本局轮船所装货物，悉照新关税则完纳，以符定章。各口仿此。

（十）局中银两进出，由总办会同总执事选择殷实钱庄取具保单，方可往来。设或拖欠，惟该保人是问。

（十一）凡有来装本局轮船货物，水脚银两照九五扣，有股者九扣。惟搭客银两统归九扣。

（十二）本局轮船原为沙宁船不敷海运而设。每届沪局开兑时，所有漕白米石应由本局轮船分装，一切章程悉照沙宁船向例。

（十三）上海、天津等处，业由本局自行设立码头、栈房，以备春正海运地步，并存储各客货物。其余各口或租或置，容随时相度办理。

（十四）华商向有自置轮船，如情愿托本局管理、揽装货物者，即准编入本局轮船内，挨次轮装，断不稍存偏见。船上各项辛工、饭食、烧煤、修理，一切开销应由船主自备。每次所得水力银两，除扣还装货行家回用外，悉归该船主收领，局中亦照例每百两扣五两作为局费。惟海运米石等，非本局股份船不装。

（十五）华商向有自置轮船，如情愿以轮船入股者，当由本局会同保险洋行仔细查看能否保险，秉公估价，按数作若干股，随掣股单交执。倘船主不能将全船归股，准其先入若干股，其未入股之船盈余悉归该船主。或愿将全船归股而船主银根不敷，准其将不敷之若干股折卖于本局。至未尽周详之处，容临时核议。

（十六）本局轮船逐趟开往某处，所收水脚搭客银两，先附刊当日《申报》。其一年细帐定于下年二月望前运分设各局，汇刊征信录分送，以昭诚信。除去股份官利一切开销外，如有盈余，仍复收入股内，添结予股份单，官利仍照前例。三年后如欲将本银抽出，听随客便。

（十七）所有各局栈办事人等，三年总结帐目后，如有盈余，均应给予花红，以示鼓励。应提若干，俟邀集各股议分时一并妥议。

（十八）本局股份倘招徕日多，轮船自应随时添造，或择优购买，分往各口以广贸易。

（十九）总局、分局轮船、栈房各办事规条，由总办会同总执事察看情形随时定拟，以期妥当。

（二十）机器局所造商轮船俟工竣后，应由本局禀请承领，以广贸易。租价照时值定议，立限清解。

（二十一）本局凡有股份者，定于每年二月十五日午前赴总局会议，风雨不改。

（二十二）本局招商轮船进出各口水道，舵工一时未能熟悉，拟暂用洋人几名驾驶，以免搁浅等弊。

（二十三）凡有股份者，如欲将股份单转售别人，必须先赴本局告明，以便注册。惟只准售于华商。

（二十四）本局所掣股份单，贵商如有遗失，须先赴局挂号，仍由原主刊布新闻纸，俾得周知。俟一月后准失票者觅殷户出具保单，补给股票，其旧股票作为废纸。

（二十五）局中银两，无论何项人等，均不准挪移分文。倘有私相措借，即行革辞。

（二十六）招商轮船，无论本局自置及各商折入、附入者，官长如有调用，亦须给予时值租价。设有碰坏之处，应由官为修理；或实系不堪修理，应按船价归还本局银两。

（二十七）本局公事甚属繁重，业经直隶爵阁督部堂李，派有总办禀请刊刻关防一颗，以昭凭信。所有公牍事件悉归总办主裁。

（二十八）本局举办轮船招商事宜系属创始，凡一切章卷试行后，如未尽妥洽，容随时邀集股份绅商酌改补刊。

（注：原件无编码，为便于阅读，句读时为其做了标示，共二十八条。）

招商局创办之初 (1873—1880)

在历史研究中史料最重要，史料是历史研究的基础。以史料为基础的历史研究也许会产生认识的分歧、观点的不同，但史料毕竟在相当程度上还原了历史，帮助今天的人通过时光隧道找回历史的真实。《招商局创办之初（1873—1880）》一书的发现和出版也许能对招商局历史研究起到这样的作用。

2009 年 7 月，招商局档案馆负责人告诉我，偶然收购到一本关于招商局历史的书，问我要不要看看。这本书是宣纸线装的，纸自然已发黄了，四周的边也破损了，没有书名，这是本什么书呢？我产生了极大的好奇。

这是一部文书汇编（以下简称《汇编》），没书名，但有序，那是几页漂亮的行书字体，字不多，但读来表意清晰，文笔流畅，寥寥数语，便道出一百四十多年前发生在招商局身上的桩桩往事。开头便是"窃维天下之事，创始维艰，守成不易，乃一定之理也，轮船招商一局开办垂七稔矣"。文末竟是"光绪七年，岁次辛巳，仲春之月，香山徐润雨之甫谨序"。原来是徐润作序。

徐润何人？徐润（1838—1911），字润立，号雨之，别号愚斋，广东香山人，与唐廷枢、叶顾之同乡。出身买办世家，十五岁即到上海英商宝顺洋行学徒，二十四岁升任洋行主账，后至宝顺洋行副买办，1866年离开宝顺，先后在美国旗昌洋行、公正等轮船公司附股，相继开设钱庄、茶、丝、棉布、烟土、皮油、白蜡、桐油、黄白麻、绸缎等各种货号，分布于上海、温州、河口、宁州、津溪、漫江、长寿街、崇阳、羊楼洞及湘潭各地。仅在上海就拥有土地三千余亩，房屋二千余间。其投资范围之广、经营项目之多，足以说明他有雄厚的经济实力。1863年加捐员外郎，由李鸿章出面"奏保四品衔"，从此，以道员身份跻身于洋务派门下。［详见张后铨《招商局史（近代部分）》］

招商局创办半年后，李鸿章改组充实招商局机构，改轮船招商公局为轮船招商总局，吸收买办商人入局。唐廷枢、徐润既是买办商人中的代表性人物，也是当时名望最高的洋行买办。唐是当时最大资本规模的英商怡和洋行的买办，三十岁入怡和洋行，入行三年升任买办，获当金库。唐入局后，又推荐徐润入局任招商局第一任会办，称徐"结实可靠，商情悦服"。唐、徐入局一时风光，为招商局拥有实力而居举足轻重地位之人。最初几年招商局帐略均以唐、徐二人名义签名并向李鸿章禀报，二人在股东中享有很高的威望，徐虽为会办，但唐廷枢外出期间，主持一切局务。唐、徐主政时期是招商局创立之初的重要时期，也是招商局初创辉煌的时期。

徐润在序中有言："所有商局七年以来刊发总揭帐略及开办续订各章程递年散处，阅者难窥全豹，今特汇成一册，庶可一目了然。嗣后逐年刊发者，凡积三五年再集一册，以供同人便览。"

《汇编》包括序在内共有二十篇文书。可分三类：第一类是两篇序言，徐润为本汇编所作序言和唐廷枢为轮船招商总局章程所作序言；第二类是招商局从第一年（1873）到第七年（1880）的七篇经营文告和帐略，类似今天的公司年度报告；第三类是招商局的八篇管理规章，包括章程、条规等。另外，还收录了轮船招商公局股份票及存根票式。这二十篇文书填补了招商局档案馆的馆藏空白，是招商局创办时期十分重要的历史文书，也为招商局历史博物馆增添了十分珍贵的馆藏文物。

由于是半文半白、不加标点刊刻印制，不便阅读，因此笔者和李亚东在校编过程中，进行了句读，并对非规范用字及疑难字词做了标注和释解，对一些重要的人物、事件做了注释性说明。出版时，按《汇编》原版式影印，并将整理后的句读文稿一并刊印。由于古人行文不做序标，只标注每节不同，为便于阅读并梳理章节，此次校编时加入了序号，以方便读者。由于《汇编》中的文书无统一名称，编者根据《汇编》内容，取名"招商局创办之初（1873—1880）"出版面世。借此机会，鉴于此书对招商局初创期研究实为重要史料，笔者对《汇编》也做了一番研究考证。

一、关于《汇编》成册的时间

编者认为，该《汇编》成册，应在光绪七年，即1881年春夏间。主要依据是徐润作序的时间，即"光绪七年，岁次辛巳，仲春之月"，可谓是一部百年史记。《汇编》成册时招商局已开业8年，批准成立则有9年了。把这个时期看作招商局的早期，或创办初期是合理的，《汇编》的内容也反映了这一时期的特点。如唐廷枢在为招商局章程所作序文中所言："至同治十二年傅相李公督畿辅既久，乃毅然谋收中国之利于上海设招商局……今将十年矣"。

二、成书出版的意义和价值

（一）为研究晚清经济、工商、企业历史提供第一手原始资料和数据

招商局是中国近代民族工商业的先驱，招商局的百年史是民族工商业百年历程的缩影，"百年民族企业，喜看硕果仅存"，招商局是洋务运动的仅存硕果。李鸿章曾有言："招商局实为开办洋务以来，最得手文字。"

招商局的历史是十分珍贵的历史财富，而这笔财富不仅属于招商局，更属于全社会。对招商局历史的研究，已远远超出对一个百年企业的研究，原因就在于招商局的百年历史同中国近现代社会的发展密切相连，在每一个历史时期，都能看到招商局的身影，无不存在它的参与。近二十年来，各方面专家以极大的兴趣关注和参

与招商局历史的研究，围绕招商局，一批研究专著、论文相继出版，研究领域在扩大，研究程度在加深。

原始文献资料是历史研究的重要基础，它真实地记录历史。因此，招商局史研究会近年来以极大的热情重视史料的挖掘、整理和出版。就这本《汇编》来说，将更加起到公布史实、支持研究的作用。如七篇年度帐略，前有文告说明，后附清晰账目，逐年经营情况一目了然，真实直观。清楚地反映了同治十二年（1873）至光绪六年（1880）这8年间中国航运业的实际情况，反映了招商局创立之初逐年的经营情况。

该书的出版，既可为专家学者提供第一手的原始数据，也可使有兴趣的读者直接了解晚清中国社会经济、中国航运业、中国民族工商企业的真实状况，这也是编者所希望的。

（二）通过出版《汇编》使人们对晚清中国航运业发生的一些重大事件的了解和认识更为清晰直观

在招商局创办之初的前几年里，围绕招商局的创办、生存、成长、发展发生了一系列重大事件，这在《汇编》中都有较为详细的记载。

1. 组建中国近代第一支民族商船队，购置船舶，修建码头、栈房（仓库）。

从创建之初的伊敦、永清、福星、利运四条船，到《汇编》成册时"轮船增至二十九号，码头栈房增至二十余处之多"（徐润

《序》)。从开始"仅置永清、伊敦、福星三船专运漕粮,而货载寥落,经费不敷周转,其势岌岌可危"至"迨第六、七两年方能获利,而渐臻起色矣"(徐润《序》),可见中国第一个航运企业的起步之艰难。

2. 创立、壮大第一个股份制工商企业。

招商局的创立又一重大意义,是推行股份制,"招募商股",按资本主义工商企业的方法经营管理企业。这在《汇编》中尤为突出。其中的"轮船招商公局股份票式"和"股票存根式"是招商局公开"招募商股"的证明。每年帐略均涉及股本变化,且逐年扩大。与此同时,建立了一整套相应的股份制经营运作规定,其核心是对股东负责。仅以每年账目的公布为例,每年年度文告均表明"本局所刊仅系总结,至于各项进出均有细账清册,并有单存总局备查,另立分款总账一册寄存天津、香港、广州、福州、汉口五处分局,凡在股诸公请各就近赴局核看","并携折收取官利余息,所有上届结账后入股之银仍照前例,按收银日起算利息"。研究企业史的著名学者吴晓波指出:"(招商局创办之前)中国企业组织方式只有独资和合伙两种,轮船招商局公开招商筹资,成为近代中国的第一家股份制企业","轮船招商局别开洞天,已经有很规范的公司产权制度"。

3. 清政府以漕运支持招商局创办之初的生存发展。

漕运是我国封建社会特有的官粮运输方式,按今天话说,就是计划性的、指令性的、垄断性的业务。"承运漕米,兼揽客货"

是李鸿章给招商局定下的营业方针，并作为招商局的创办的前提条件。特别在创立之初，清政府把漕运作为对招商局支持的具体手段，漕运运费成为清政府给招商局提供的额外津贴，将此特权给予招商局，有力地支持了创办之初的招商局。这同时也反映了清政府与招商局的关系，编辑者不吝篇幅地表达了感激与恭敬。如《轮船招商局第二年帐略》言："伏以运漕乃本局之根基，揽货乃轮船之要领，根基固，要领得，轮船自必日多，方能与他国并驾争先是以。"再如"查本届（第二年）漕米承江苏大宪仍派十万石，又蒙浙江大府格外俯念，派装十三万七千余石，加之今年河运难行，蒙两江督宪改委轮船由海运津八万二千石，又蒙两湖、江西各大宪委运十三万余石，总共四十五万石"。《轮船招商局第三年帐略》（简称《第三年帐略》）亦称："各省大宪无不筹维大局利权，各省商民无不欢附中国轮运，彼船（指外轮）官利虽轻而货少，我船官利虽重而货多，亦未见我不胜于彼也"。由此，在招商局创立之初，清政府以派运漕粮运输为手段扶助、支持招商局的情况可见一斑。

4. 收购美商旗昌轮船公司。

收购美商旗昌轮船公司是招商局创立之初的一件大事。旗昌轮船公司是美国在华最大的洋行——旗昌洋行开办的轮船公司，1862 年 3 月，旗昌洋行集资一百万两，在上海设立了第一家专业轮船公司——旗昌轮船公司。旗昌轮船公司建立后，一些外国洋行也纷纷建立从事中国江海航线轮运的专业轮船公司，外国船舶进出口数量急剧上升，外国船公司在从事航运过程中攫取巨额利润。旗昌公司在其中，更以其雄厚实力击败竞争对手，垄断江海运输。一些中国买办商人也以购置洋船、附股经营的方式，依附于外国洋行。

招商局创办后，在清政府漕粮运输的支持下，迅速发展，旗昌公司既受到招商局的竞争，同时又与太古、怡和竞争，受到极大威胁，19世纪70年代中期，其霸主地位受到极大动摇，前景暗淡，同时受美国南北战争之后其国内出现的投资热潮吸引，决定出售产业，退出中国轮运业。

招商局正值发展上升期，在唐廷枢、徐润、盛宣怀的力主和沈葆桢的支持下，斥资二百二十二万两白银，一举收购旗昌包括轮船、栈房、码头等在内全部资产。1877年3月1日，正式换旗过户，当时舆论称："从此中国涉江浮海之火船(轮船)，半皆招商局旗帜"。

《轮船招商局第三年帐略》清楚写道："查各口轮船除英法美东洋各公司由香港、汉口、上海等处直达外国不计外，其专在各口往来者，旗昌有十七号(船)、太古八号、怡和六号、禅臣五号、得忌利四号，又洋行数字有数号，合约五十号。以本局现在连附局只有十数号争权角利似难持久，且鹬蚌相争均受其害，旗昌亦深悉此情，故甘退让本局受业，亦彼此保全善后之意也。"招商局兼并旗昌后，成为中国水域内最大的轮运企业。《第三年帐略》的第八、九两节，更详述收购过程和收购结果。因此，《第三年帐略》所言收购旗昌过程，可使今天的人们较为清楚地了解发生在一百多年前的中国企业发起的收购事件。

5. 组建保险公司，开民族保险业先河。

1875 年 4 月，招商局发生首次海损事件，福星轮被怡和洋行船撞沉，死六十三人，损漕米七千余石，造成巨大损失，船舶保险引起初创者们的高度关注。1872 年创办时，李鸿章就提出："须华商自建行栈，自筹保险。"1875 年，招商局决定设立保险局，开展保险业务。1876 年 7 月，创办仁和保险公司，为中国人自办的第一家船舶保险公司，打破了外国人独办保险、攫取巨额保险利润的垄断地位，开民族保险业之先河，可谓招商局创立之初的一大功绩。

《第三年帐略》中，对此有详叙：自"福星案后，每船漕粮均保险，以重公事，至各船置本，或十万，或十余万，而上海各洋行每船只可合保五六万两，若将余数尽归本局，自保关系太重，是以去年冬月，今年六月先后另招股分设立保险招商一局及仁和保险公司"，"其保险股本二十万两，即保险招商局之资本也"。

6. 为第一个民族工商企业建章立制。

《汇编》收录的二十篇文书中，除两篇序言和七篇年度帐略外，有八篇为制度规定：《奉宪核定轮船招商章程》《轮船招商局规》《栈房规条》《轮船规条》《轮船招商总局章程》《航海箴规》《招揽转口货章程》《转口货办法定式》，由此可以看出，招商局的创办者们，在招商局创办之初十分重视建章立制。这在唐廷枢为总局章程所作序中讲得十分清楚。序开篇即高屋建瓴，声言："天下事有万变之殊，而制其事者，惟在一定之法。法之未定，虽奇才异能，往往怆惶失措，救过亏不暇。法之既定，第得中才者，循而守之，皆能自处于无过之地，不至有偭规错矩之虑。"深刻表达了对制度与人、制度与才、制度与能的关系的看法，与招商局集团秦晓董事长所崇尚的"制度比人强"所见一致，殊途同归。

不仅如此，唐在序中从几个方面阐述建章立制之必要、建章立制之意义及建章立制之方法，今日读来，备感招商局创办者们的开拓眼界、深谋远虑、务实求真之法。

谈到建章立制必要时，唐文称："如此朝廷百官治国有法尚已，其下士治学有法，农治耕有法，工治器有法，岂经商者独无治其事之法哉？"并一针见血指出："自外国人以其轮船之法，擅利于中国者垂三十年，中国人不甚知其法，即偶知之，亦论焉而不详，说焉而不精，未敢一试其法于中国。"章法即管理之道，建章立制意在修管理之道。招商局的创办者们，在其创办之初就清醒看到，外国轮船公司之所以"傲我""靳我"，不光在于其船坚，更在其得先进管理之法。因此，始民族航运之先，谋收中国航权之利，立百年兴旺之基，就要建章立制，成就管理之道。

谈到建章立制之法，唐文阐述更添新意："欲求其法，光周览外国书之涉轮船者，译而出之，然后参以中国之不同，时异因乎时，地异因乎地，博采众论，务求一是。"明确提出学习外国资本主义企业管理的先进经验，立为样板，为我所用，但又须从中国实际出发，因时因地而不同，更倡"博采众论，务求一是"，这与唐廷枢、徐润等长期与洋商打交道，既熟悉西方资本主义管理方法，又熟悉中国国情，有丰富的买办经商实践经验和开放眼光大有关系，在一百多年前的晚清即有此见识和此精辟高论令人击节叹赏。

招商局之初规章之精细、之规范、之实务乃中国民族企业管理之财富。仅《汇编》收入的规章，即可看出初创者们建章立制之精细，无论股权管理、航海管理、仓栈管理均有一定之规，即形成有法可依，有章可循，违章必纠的管理之道。而且提出，建章立制应不断完善，文中即有："自本局之总纲细目以及行船所宜忌都为一百三十二条，并付以航海之道大略，现行利弊殆括于此，他日闻见再当补遗。"

（三）总结、借鉴招商局丰富的历史文化

历史文化是招商局集团企业文化的重要组成部分，总结、借鉴历史文化是招商局集团企业文化建设的内容之一。招商局在百余年的长期发展中形成了底蕴深厚的历史文化。由于招商局创于晚清，历经几个历史时期，就其历史文化来说既有精华，也有糟粕；既有进步创新的一面，也有腐朽没落的一面，取其精华，去其糟粕，弘扬其进步创新，继承其历史遗产，对今天的招商局集团大有裨益。

在招商局百余年的发展历史上，无疑创办之初是它创造历史、创造辉煌的时期。创办招商局是以李鸿章等为代表的洋务派，推行洋务，富国强兵，在晚清舞台上演出的重头戏。招商局以开风气之先的创新精神，创造了中国近代工商业的数个第一。其历程虽然举步维艰，但招商局的创办者们以"创千古未有之局，为万世可行之

利"的雄心，"恪守成功、悉心调护，以期久远之谋"，彰显了那个时代难得的自强、求变的时代意识，对今天仍有可借鉴、可继承的意义。因此，《汇编》成书出版对招商局历史文化研究是一大丰富。

此外，唐廷枢、徐润借每年公布帐略之机重申创办之大义，开拓之艰难，业绩之显著，奉公之真诚，百多年前之往事，栩栩如生，如在眼前，阅后常使人有感慨之举。

在招商局百年历史航程中，最初的几年是招商局百年历史的重要篇章，是越久越令人珍惜的宝贵财富，《汇编》给了我们机会，使我们有幸得以贴近历史，惊其商战之智慧，闻其商战之金鼓，乐其商战之硕果，叹其商战之憾事，惊其商战之精义。谨以此纪念招商局创办之初的先人们！

1872：同时诞生的一企一报

　　1872年有两件事在上海滩十分引人注目。一是在洋务派代表李鸿章一手策划下，轮船招商局的创立紧锣密鼓。二是《申报》创刊。《申报》原名《申江新报》，1872年4月30日在上海创刊，1949年5月27日停刊，历时78年。

　　《申报》是中国现代报纸的开端和标志，它的创办为中国新闻史掀开了新的一页。《申报》在其78年办报历程中，历经晚清、北洋政府、国民政府三个时代，共出版2.7万余期，出版时间之长、影响之广泛，同时期其他报纸难以企及，在中国新闻史和社会史研究上都占有重要地位。《申报》记录了从清末到民国近80年间政治、军事、经济、文化、社会各方面的情况，具有很高的史料价值，被人称为研究中国近现代史的"百科全书"。

　　《申报》初由英商安纳斯·美查（Ernest Major）同伍华德、普莱尔、麦基洛等人合资创办，后来产权归美查一人所有。1909

年为买办席裕福收买，1912 年转让给史量才接办，先后创办《自由谈》等副刊，发表民主自由言论。

虽然《申报》为外商投资报纸，但《申报》除了美查以外，经营和编辑人员均由中国人担任。甲午战争前，赵逸如、席裕祺先后负责经营，蒋芷湘、何桂笙、钱昕伯、黄式权先后任总主笔。为突出中国特色，将报纸取名为"申"。报纸也没有采用《上海新报》那样的西式直栏，而继续沿用符合当时读写习惯的书册式。创刊初为双日刊，从第 5 号起改为日报。早期《申报》在商业经营和本土化办报模式上进行了卓有成效的努力。因为编撰者都为中国传统文人，报纸的口味和风格都是中国式的，也很注重言论，每天头版都有评论文章。在新闻报道上也比较注重猎奇性强的社会新闻，发表过不少很有影响力的作品。1876 年 3 月 3 日面向中下层读者群推出通俗副刊《民报》（周三刊），被认为是中国最早的白话报纸。

《申报》是研究招商局历史的重要历史资料。招商局是近代中国最大的航运企业，其发展历程在《申报》中有大量记录。为此招商局史研究会倡议，由李玉主编，查阅、摘选大量《申报》史料，2017 年 10 月在社会科学文献出版社出版了《〈申报〉招商局史料选编（晚清卷）》三册，2021 年 5 月又出版了民国卷三册。该书精选晚清、民国时期《申报》关于招商局经营管理、业务拓展以及内外关系的评论、消息与广告等，分类编排，校勘注解，从而为招商局史和中国企业史研究发掘新的史料资源。该书共选编《申报》有关招商局的报道 170509 篇。其中既有招商局重大历史事件的实时报道，也有招商局的"家长里短"，读来十分有趣。既可作为专家学者开展研究工作的参考史料，也可供大众阅读欣赏。在此，随手摘取几则：

1.招商局的创立。

招商局作为中国民族工商业的先驱，开辟了中国民族工商业的先河，报道招商局创立无疑是一个重大事件。《申报》在清廷批准招商局创立后三天，1872年12月29日第二版即刊载：

> 中国近年各处设立制造专局，仿照西法，制造轮船。滋阴（兹因）各处军务肃清，轮船岁须修艌，经费浩繁，是以李中堂议立招商局，为客商装运货物，籍资修艌。滋因特委浙江候补之朱云浦太守其昂，并发银30万两，于上海之浦东二十四保地方，购地，建局试办矣。今年先为装载海运米粮，亦皆朱太守经办其中，如何章程，容俟探实再报可也。

《申报》1873年1月16日第三版又刊载招商局即将开局的消息："顷悉轮船招商局择于（同治十二年）十二月十七日（1873年1月17日）在洋泾浜南永安街地方开办，并闻中外官商届时均拟前往道喜，其热闹可知。"

《申报》1873年1月18日刊载招商局开局消息："闻轮船招商局于十七日开办，已于前报奉闻矣。前晚微有雨雪，昨晨忽转晴霁，天气和暖，中外官商及各国兵船统领均往道喜，车马盈门，十分热闹，足见舆情辑睦，其兴旺可拭目俟焉。"

《申报》1875年1月29日转录香港《循环日报》载《招商局创立是学习西方的例证》：

> 按西人一切贸易事宜，无不设公司，群策群力以成一事，所谓众擎助举也。如欧人之东来也，其始亦仅商贾之远贩者耳，先自印度而至东南洋。英人初至印度，设立东方贸易公司，势盛力集，几举五印度之全土而有之，于是国势日强。所以然者，因西国之力，能以兵力佐其行贾，故渐次而及于远。今中国虽不必效其法程，而于公司一道似亦可以仿行。试观招商公局之设，所有厘订章程，悉臻美善，有利而无弊，则他如银肆、开矿、保险、制船、皆可以众力举之，将见众志成城，云集想臻，中国富强之效可立而俟矣。

这些相关报道真实地记载了发生在近150年前中国经济、社会生活中的一件件大事，也为招商局记忆、研究自己的历史留下了宝贵的史料。

2.中国民族航运业第一艘现代商轮——招商局伊敦轮。

1872年12月2日《申报》刊登《招商局告白》一则：

> 兹启者：本局所买英公司行轮船一号，船名"伊敦"，计价英洋六万五千元，除扣回用英洋八百元，实付英洋

六万四千二百元，洋价作七钱八分五厘，计净付豆规银五万零三百九十七两，业于十月廿五日交清，已有保安、怡和两行保险，于十月三十日装载货物，开往汕头。特此布闻。

尔后又连续报道伊敦轮航行消息。1873 年 2 月 24 日《申报》报道称：

> 闻招商公局有船名伊敦者，于前日开往汕头，船已满载，计所得水脚亦颇丰厚，此招商局第一创行之船也。……航行海面捷速之至，用煤并且不多，船值亦甚廉，惟外观或不如他船也。夫船以适用为贵，又何必徒饰外观乎？

3. 招商局创立中国第一家民族保险企业——招商仁和保险。

创立于 1875 年的保险招商局。是中国第一家中国人自己办的商业保险公司，开中国保险业之先河。《申报》1875 年 11 月 4 日刊载：

> 阅今日本报所列之新告白，知华人有创议开设保险公司一举，取名保险招商局，欲集股一千五百两，每股规银一百两，计共合本银十五万两，主谋者则唐君景星（即唐廷枢，时任招商局总办）是也。查华商装货保险为习者已实繁有徒，而向设保险公司者惟西人独擅其事，今见华人倡设此举，想华商无有不为之庆喜者。

招商局创办保险公司，一举打破了外国人垄断中国保险业的局面。2017年7月4日，经国家管理部门批准，招商局集团成立招商局仁和人寿保险股份有限公司（简称招商仁和人寿），124年后，招商仁和保险这个老字号得以恢复。

4. 收购美国旗昌公司。

1877年，成立仅5年的轮船招商局为加快扩张，抓住机会全面收购美国旗昌轮船公司。旗昌洋行是19世纪远东最著名的美资公司，1818年由出生于康涅狄格州米德镇的商人塞缪尔·罗素（Samuel Russell）创办于广州，从事广州至波士顿之间的跨国贸易。早期主要的经营项目是茶叶、生丝和鸦片。1862年，旗昌洋行开办了中国第一家轮船公司——旗昌轮船公司（Shanghai Steam Navigation Co.），建造十六铺金利源码头，开通上海—汉口航线，占有长江航运80%的份额，1867年又开通上海—天津沿海航线。因此，1862年至1877年又被称为"旗昌时代"。不过，随着1873年英商太古洋行和轮船招商局的加入，长江航运爆发运价的价格大战。最终在1877

《申报》中关于招商局收购旗昌的报道

年，旗昌轮船公司被招商局以 222 万两白银的价钱全面收购，退出中国航运市场，将资金抽回美国投资兴建西部铁路。招商局收购美国旗昌轮船公司是中国近代史上第一起商业并购。

1877 年 1 月 8 日《申报》第一版报道：

本报新告白内，见有旗昌洋行召集各火船股份人，欲商议全卖火船（蒸汽动力轮船）、栈房（码头仓库）、码头一事，则于以显见招商局顶买该公司之实据。而各股份势将同声乐于出卖者，已可先事见之。故此举几可视为已成矣。按，旗昌洋行久行于扬子江面，而卒肯告退，实所少见，于是西人向隅，华人得意之喜兆也。此后长江只有太古洋行火船四只，往来天津亦仅怡和一行耳，余惟招商局旗帜是见，斯亦时势之转机也。

1877 年 1 月 26 日《申报》第二版报道：

相传旗昌火船公司各火船、栈房及码头经招商局与议，一概买去，其价虽无确文，有传说在二百万两之上，此或未必无因。盖月于以前，该公司股份市价约在六十六两之谱，前日骤涨每股九十两。凡有股份者无不喜出望外，而招商局此举实为扩大规模，将为中国一大公司也。夫中国各口往来载运之业，其归华人而不为外人所垄断。固所应有之事，不但民生所关，国体亦与维系也。故内地诸人闻有此举料无不称善云。

临近收购交易，《申报》更是密切关注，连续报道：

（1877年3月1日）美国上海旗昌洋行发布声明向招商局出售全部资产。

（1877年3月2日）兹定于今日将各船及栈房、码头尽行照议，交于招商船局经理。各船已于西三月一日归在招商局名下……

（1877年3月5日）昨接招商局来信知，所买旗昌洋行之轮船，现已遵奉宪谕改易船名。

（1877年3月17日）上海旗昌洋行金利源（源码头）今改为招商局金利源。

（1877年3月19日）旗昌公司之虹口金能新栈（保税仓库）今并归招商局北栈经理。

招商局收购旗昌公司全部家当，极大地增强了招商局的实力和影响力，如《申报》1877年3月2日报道所言："从此，中国涉江浮海之火船半皆招商局旗帜，不特水脚不至渗漏于外洋，即局面亦堂皇阔大矣。"

5.招商局的奇闻轶事，"家长里短"。

《申报》对招商局的报道可谓应有尽有，不惜笔墨，而且样式丰富，文笔精巧，有的文章让读者有身临其境之感。本文试以关于唐廷枢的报道为例。

唐廷枢是招商局历史上的第二位掌门人（第一位掌门人朱其昂仅掌管招商局半年），在招商局初创时期发挥了极为重要的作用。著名学者刘广京称："唐廷枢乃同治光绪年间中国新型之企业家"，"受李鸿章之托付，经营轮船招商局及开平矿务局，为官督商办时代中国第一等实业人才"，"他是中国第一个近代企业家"，"其一生的经历表明，他总是既敢于冒险，又长袖善舞，一方面能将中国商人和官府的资源结合起来，另一方面又能利用欧美的技术专长。他是个爱国者，而在观念上却是世界性的"。对其评价极高。

《申报》对唐廷枢的报道也可谓面面俱到。

唐廷枢入局。招商局首任总办朱其昂乃江浙沙船商人，热心创办招商局，但招商局起步异常艰难，在美国旗昌、英国太古和怡和等当时在中国的轮船业霸主的竞争和挤压下，加之朱其昂欠缺现代轮运知识和经验，而且社会影响力不够，招股业绩乏陈，招商局创办之初经营举步维艰，十分困难。急火攻心的朱其昂不得不求助唐廷枢出山执掌招商局。

唐廷枢，号景星，亦作镜心，1832 年 5 月 19 日生于广东珠海唐家镇唐家村一个普通农家。靠海的唐家村临近澳门，是当时我国海上贸易兴起的地方，世代靠打鱼种地为生的唐家镇人受到海外商业文明的洗礼——他们或经商或外出打工，生活发生了巨大改变。

16 岁的唐廷枢先在香港一家拍卖行当了 3 年助手，转而在香港英国人开设的巡理厅做了 7 年翻译，并在香港投资开设了两家当铺，随后又在上海担任 3 年海关关员，并被提升为总翻译。这时的唐廷枢已有了一定的资本，在上海独立经营修华号棉花行，代理洋行收购中国的棉花。经过 13 年的历练，29 岁的唐廷枢已在拍卖行、巡理厅、海关学到了许多法律、商贸、管理等知识，他开始不满足于自己的现状，寻求更广阔的发展空间。1863 年，唐廷枢正式受雇怡和洋行任总买办。从 1863 至 1872 年，唐廷枢在怡和买办的位子上干了 10 年，为怡和打理库款、收购货物、经营航运和地产等。在怡和洋行工作的这段时间，精明的唐廷枢在商界建立了更广泛的人脉关系，除了给怡和打工，他还拓展了自己的生意——在上海和人合伙开了三家茶庄，成立了自己的事务所，并附股了一些以怡和洋行为主的外商在华企业。他在多年的商海拼搏中积累了巨额资本，在全国主要商埠都有自己的商行。他是公正、北清两家轮船公司的华董，并与怡和组建了华海轮船公司，是该公司最大股东之一，并任襄理，还投资购买了 6 艘轮船，行驶在沪津、沪汉、沪宁等航线上。唐廷枢在华商中的威望使其在吸收社会资本方面有着巨大的号召力。另外，他知己知彼，多年的买办生涯使他对招商局的主要竞争对手了如指掌，能够见招拆招，占得竞争先手。唐廷枢凭借左右逢源的人际关系及精到的商业实务和法律知识，成为上海滩华商领袖人物，当时怡和洋行在其出版的小册子中感叹道："唐廷枢是中国第一位现代买办。"唐廷枢无疑是执掌招商局的最佳人选。有研究文章提到，唐廷枢去世后李鸿章曾说过："中国可无李鸿章，但不可无唐景星（唐廷枢）。"

唐廷枢出任掌门人是招商局发展历史上的一件大事。《申报》于 1873 年 6 月 9 日报道了关于唐廷枢与朱其昂交接的消息："轮船招商局向系朱君云甫办理，李节相（李鸿章）已改委唐君景星总办矣。按，唐者阅历外务，洞悉西船运载法制，以此任属之，真可谓知人善任者也，想轮船共事从此之日见起色，其利益岂浅鲜哉？"对唐廷枢入局大加赞赏并寄予厚望。

《申报》1873 年 6 月 18 日第二版载：

> 官设轮船招商总局，节经本馆列入格前报中，起先系奉直督李中堂檄委本处之朱云甫太守经办。现在改委唐景星司马接手，前亦列报。兹定于六月初一日交替，届时官场必往道贺，自然热闹非常，并闻唐公划带银二十万两前往行运，再有向在怡和洋行之南浔等四号轮船并归此局云。若是，则生意之广，何虑不兴矣？

可知唐廷枢在商界的巨大影响力。

唐廷枢遇险。《申报》1875 年 4 月 28 日刊登《唐总办遇险记》：

> 上礼拜六，即十九日，招商局火船和众号甫自天津回沪，该局总办唐君景星因知该船前曾与有利船相撞受损，故特亲

往查勘。岂料在船头舱上倚栏西望，而此栏已因撞时受损，不堪当其倚力，因而中断。唐君遂即颠陨河内。惟因从高处跌下，故入水较深。虽亦即刻浮至水面，无如究不谙于凫水之法，纵力争之而亦复沉下也。迨又泅上一次，幸有舢板船摇近，将竹篙钩住其衣，而因得以救起，但其势已危矣。唐自得以免此灾厄，实为大幸。想其众友得闻此事，必无不光错愕而又庆贺焉。盖既不辞劳局事，而反遭此种惊吓，亦可谓苦也。然其意料之所能及哉？

招商局第一把手唐廷枢在自己的船上凭栏远望，意外跌入江中，几经奋力自救，终于获救脱险，险些丧命。《申报》报道细致入微，极尽生动，场景尤现，使人有身临其境之感。

唐廷枢去世葬礼。《申报》1892年11月3日的报道《出殡志盛》记录了一代大商人离世前的情景：

有闻观察（唐廷枢）于八月十七日午后一点钟逝世。在十点钟时，开平局内之同事十余人及工头等均到津（天津）问疾，观察尚能与之拱手，并将年结账目通统交付；又请张燕谋观察入室，告以："我死后，局务惟君主之，君之来实天赐也。惟局中诸同事大半由生手而至熟手，辛勤备尝，异日如有更调，务须随时斟酌。我虽经营数年，家无长物，后裔年幼无能，一切尚祈照拂。"张观察闻之凄然，答以："诸请放心，自当率循旧章，以无负君之谆托也。"言毕，张观察退出，复命亲属进，将家务逐一处分，然后呼髡工剃头，又令近侍为之沐浴，趋令舁至厅，事穿衣，及将朝冠戴上，观察乃长叹一声而逝。盛杏荪（盛宣怀）观察闻信赶至，见已无可挽回，遂抱头痛哭约两刻许，盖数十年旧交一朝永诀，宜其悲从中来也。一切饰终典礼均如制，天津、开平两处官绅商民每日来吊唁者必有数起。

此外，《申报》还记载了招商局股东会的情形，如 1882 年 10 月 14 日报道《纪招商局议事情形》，透视出招商局如何对待股东：

轮船招商总局年历于九月初一日将此一年内进出各项刊成帐略，邀有股诸君到局查揽，其所列各款如众以为可者仍之，众以为否者易之，此定律也。前日值第九年看账会议之期，总办唐景星（唐廷枢）、徐雨之（徐润）、张权和、郑陶斋（郑观应）四观察先期折柬速客。是日晚六点半钟，客齐至，约六七十人。本馆友人亦与其列。爱登楼入座，时则酒肴递进，灯烛通明，每座前置帐略一册，可皆取而阅之。阅即竣，唐君景星乃相众言曰："本局开设以来，今已九年，蒙诸君不弃菲才，推仆等总司其事，任大责重，时切冰渊。犹忆倡办之初，外间誉者三而毁者七。其时，事事棘手，仆等亦深恐陨越，以贻君羞。幸赖诸君子坚持定力，复蒙李爵相卓识灼见，不为人言所摇惑，俾得次第展布，渐有就绪。近年以来局务颇有起色，虽本届较上年稍逊，然除官利、余利一切开销外，尚净余规元十三万有奇，江海共庆安澜，帆樯并无险事。此皆有股诸君之鸿福也。惟生意能渐推渐广，斯利源乃愈浚愈深，本国江海各口，现俱揽载驶行，而外洋各埠，酌理准情亦当开拓，故愚见拟再招股银一百万两，以便添置巨船，设立分局等用；此系本局公共之事，仆等虽有是见，诚恐未能周匝，大才槃槃，尚乞匡我不逮，实为感盼。"唐君言毕，客皆起答曰："君言良是，想凡有股者必无异议。惟频年赖君等筹划，使局务蒸蒸日上，而我等得安享其利，于心殊抱不安耳。"于是，四总办皆谦让未遑，各欣然举杯称贺。酒三巡，众乃商榷古今，纵谈风月，相与闲话而散，盖时已十一点一刻矣。

一场股东会，精心安排，其乐融融，经营者遵股东为上，极尽谦卑。各股东心知肚明，顾全大局，不纠细节，看来都是场面上的明白人。

由此可见，《申报》是研究招商局历史的重要线索和珍贵史料。招商局与《申报》同年诞生，创于晚清，开先河、领风气，在中国近代以来的发展史上留下了深深的痕迹。

清末幼童出洋与招商局

这是一张很多人见过的历史照片。

这是一张让人们很感兴趣的历史照片。

这是一张距今近 150 年、极具历史价值的照片。

它记录的是晚清时发生的重大事件——120 名幼童出洋赴美留学。

清末留美幼童在上海轮船招商总局门前合影

　　幼童出洋，是在中国第一个留美并获耶鲁大学博士学位的留学生中国现代化的先驱者、中国近代教育家——容闳的大力倡导下，在晚清重臣、洋务派代表人物曾国藩、李鸿章的大力支持下，从1872年至1875年，先后分4批，选派120名幼童赴美留学，开"西学东渐"官派青少年出国留学之先河。图片上这群身着缎袍、拖着长辫、面带稚气的幼童就是中国历史上最早的官派留学生，当时这批学生平均年龄只有12岁。

　　近150年前，这批幼童远跨重洋，被送到太平洋彼岸的美国，开始了为期15年的留学生活。他们是美国耶鲁大学、哈佛大学、哥伦比亚大学、麻省理工学院的留学生，虽然后被清政府于1881年悍然无情地中断学业，终止留学计划，全部被召回国。但他们中的不少人成为中国近代化、现代化的先驱。他们中出现了清华大学前身清华学校的第一任校长（唐国安）、中国铁路之父（詹天佑）、民国首任总理（唐绍仪）、西南交通大学前身唐山路矿学堂校长（梁如浩）、海军副司令（蔡廷干）、清政府外务尚书（梁敦彦）等。据统计，这批学生后来从事工矿、铁路、电报通信者有30人，从事教育者5人，从事外交、政府行政者24人，从事商业者7人，从事军事者14人。

　　这张照片，也是目前搜集到的唯一一张幼童出国前的合影，是这一事件的宝贵记录。今天纪念这一壮举时，更凸显了这张照片的珍贵历史价值。

　　历史的价值在于真实，真实的历史应当准确。无疑这张照片是真实的，但对其的说明则不够准确，应予正之。问题是：

1. 从 1872 年到 1875 年，清政府先后派出了四批幼童出洋留学，这是第几批？在哪一年？

2. 这张照片是在什么地方照的？

3. 这批幼童都是谁？

由于这些问题没有准确的回答，就出现了种种解释：

1. 团结出版社 2005 年出版的《容闳自传》自序插图用了该照片，说明为"首批出洋留学的幼童启程前合影"。

2. 珠海市博物馆、珠海容闳与留美幼童研究会编印的《容闳与留美幼童》在此图片下说明为"1872 年，清政府派遣的首批留美幼童在上海轮船招商局门前合影"。

当问到这些幼童是哪些人时，有人告之：这中间就有后来的民国首位总理唐绍仪、铁路之父詹天佑，究竟是哪一位幼童则不知所指。笔者借助目前发掘的资料研究认为：

一、关于照片的背景

照片是在哪照的？笔者认为是在上海招商局门前可确认无疑。但照片拍摄的时间不应是 1872 年，其中的也不应是首批赴美幼童。

其一，根据徐润的《徐愚斋自叙年谱》等历史资料记载，第一批幼童出洋时间为"同治十一年壬申七月初八日"即 1872 年 8 月 11 日，而这时招商局还没有成立。

招商局的创立纪念日是根据 1872 年 12 月 26 日同治皇帝、慈

徐润像

《徐愚斋自叙年谱》中关于
幼童出洋的记录

禧皇太后批准李鸿章《设局招商分运江浙漕粮由》而确定，正式开业则是在 1873 年 1 月 17 日。因此第一批幼童出洋时，不可能在挂有招商局牌子的招商局楼前合影。

其二，照片上招商局的牌子赫然是"轮船招商总局"，而这一名称的首次使用是在 1873 年 5 月。招商局创立之初名称为"轮船招商公局"，由清政府实行"官督商办"管理体制。创立后由于进展十分不顺利，遇到种种困难，清政府内的顽固派官僚阻挠反对，沙船商人与外国公司的买办商人采取不合作态度，招股工作毫无进展，"招股年余，无人过问"（郑观应《盛世危言》），"议招股本百万两，是年只招得股银四十七万六千两"（徐润《徐愚斋自叙年谱》）。作为主持创办事务的朱其昂力不从心，难以胜任，李鸿章几经努力亦成效甚微，只好考虑改变"由官设局招徕"的管理体制。1873 年 5 月，李鸿章先后引入四大著名买办商人中的唐廷枢、徐润入局接办，招商局改归商办，并将"轮船招商公局"更名为"轮船招商总局"。由此可见，"轮船招商总局"一名的使用是在1873 年 5 月以后。因此，第一批幼童在 1872 年 8 月 11 日出洋时不可能在挂有"轮船招商总局"的招商局门前合影。

综上可见，在招商局门前合影的这批出洋幼童应不是首批，也不是在1872 年拍摄的。应是1872 年后的第二、三、四批留洋幼童。

1901 年建成的轮船招商总局办公楼

又有一说，此照片是在现上海外滩九号楼招商局旧址前的合影，也是误传。理由如下：

1876 年前，九号楼还没有建，这里还是美国旗昌洋行的花园。招商局于 1877 年 2 月 12 日与旗昌公司正式订立全面收购合同，以222 万两白银收购旗昌全部资产，3 月 1 日正式换旗过户。1901 年

旗昌洋行花园旧貌

招商局在旗昌洋行花园旧址上，盖起了保存至今的位于今天上海外滩中山东一路的招商局旧址九号楼。[1] 而最后一批幼童出洋时间为1875年10月14日。而合影依稀可见的背景似乎是一座洋房，也许是招商局的一处办公地点，具体是上海哪座楼，目前尚无考证。有文章讲到"收购旗昌后，招商局总部从三马路（今汉口路）迁到外滩"，该照片是否是在位于三马路的招商局办公楼前合影，亦未考证，但绝非九号楼是有充分依据的。

二、关于照片上的幼童

照片上的三十名幼童究竟是第几批幼童呢？笔者以为似应是

⚑ 详见胡政主编：《外滩9号的故事》，上海辞书出版社，2008年。

第二批，即 1873 年 6 月 12 日（同治十二年五月十八日）出洋的三十名幼童，依据有三：

一是第二批出洋幼童中的李恩富（1887 年毕业于耶鲁大学）1887 年曾出版《我在中国的童年》，书中记载了其出洋留学经历："我们穿上官服，坐上华丽的马车，去'道台'——地方官和美国总领事馆那里致谢致敬。6 月初，我们都做好了越洋旅行的准备。"美国学者勒法吉著《中国幼童留美史》记载："李恩富，他是 1873 年（同治十二年）第二批留美的幼童。""为使他们抵达友邦要显示高贵的气质，再加上准备长期留美，中国政府为幼童们准备了大批中国官式长袍和服装。"

二人的记载与照片上身着缎袍的幼童完全吻合。二是 1873 年 5 月 2 日《申报》刊登出了《同治十二年二批送出洋肄业官生姓名》。

三是曾任招商局会办的徐润 1909 年写的《徐愚斋自叙年谱》，刚入招商局的徐润，用大段文字详细记叙了其 36 岁（1873）入招

李恩富像

《我在中国的童年》书影

商局后的两件事，一是招商局创办之初，创办仁和、仁济保险公司，买船、造码头及尔后开辟远洋航线、收购美国旗昌公司等。另一件就是详列"同治十二年癸酉五月十八日第二批官学生名单"，详细记载了四批幼童出洋的时间、幼童姓名和带幼童出洋的官员。两件事放在一起分析，这批幼童似是临行前在招商局门前合影留念。由于尚未找到更为明显的依据，关于该合影的信息只能略作分析推测，有待更深入考证以确定之。

第二批出洋幼童包括哪些人呢？现将珠海市博物馆、珠海容闳与留美幼童研究会根据《徐愚斋自叙年谱》和第二批留美幼童唐元湛《游美留学同人姓名录》整理的名单列表如下：

出洋幼童名单（第二批 1873 年 6 月 12 日赴美）

姓名	英文姓名	籍贯	出国年龄	备注
蔡廷干	Tsai Tingkan	广东香山	13	珠海人，海军副司令
邓桂廷	Ting Kwaiting	广东香山	13	珠海人，在日本经商
黄有章	Wong Yauchang	广东香山	13	珠海人，乡绅
梁金荣	Liang Kinwing	广东香山	14	珠海人，电报局长
容尚勤	Yung Shankun	广东香山	11	珠海人，教师
张有恭	Chang Yaukung	广东香山	12	珠海人，早年在上海落水身亡
唐国安	Tong Kwoon	广东香山	14	珠海人，清华学校（清华大学前身）校长
唐元湛	Tong Yuenchan	广东香山	13	珠海人，电报局长
卓仁志	Chuck Yenchi	广东香山	12	珠海人，服务于电报界
李恩富	Lee Yenfu	广东香山	13	作家
李桂攀	Lee Kwaipan	广东香山	14	在美国经商

续表

姓名	英文姓名	籍贯	出国年龄	备注
朱文翔	Sung Monwai	广东香山	13	海军将领
陈佩瑚	Chun Payhu	广东南海	11	就职于外国领事馆
邝景垣	Kwong Kinghuan	广东南海	13	早年病逝
邝咏钟	Kwong Winghhung	广东南海	13	阵亡于中法海战
苏锐钊	Sue Yichew	广东南海	14	外交官
梁普时	Liang Paoshi	广东番禺	11	铁路工程师
梁普照	Liang Paochew	广东番禺	13	铁路和矿业工程师
方伯梁	Fong Pahliang	广东开平	13	电报局长
容揆	Yung Kwai	广东新宁	14	外交官
温秉忠	Won Bingchung	广东新宁	12	政府官员
吴应科	Woo Yingfo	广东四会	14	海军将领
吴仲贤	Woo Chungyen	广东四会	14	外交官
曾溥	Tseng Poo	广东朝阳	12	矿业工程师
陆锡贵	Lok Sickwai	江苏上海	13	铁路工程师
张祥和	Chang Hsiangwoo	江苏吴县	11	外交官
王凤阶	Wong Fungkai	浙江慈溪	14	外交官
王良登	Wong Liangting	浙江定海	13	海军军官、铁路官员
丁崇吉	Ting Sungkih	浙江定海	14	报人、海关官员
陈乾生	Chun Kinsing	浙江宁波	14	死于义和团运动

　　为全面了解四批名出洋幼童情况，现将第一、三、四批出洋部分幼童名单一并列后，以便读者了解这段珍贵的历史。

第一批出洋幼童名单（1872 年出洋）

姓名	英文姓名	籍贯	出国年龄	备注
蔡绍基	Tsai Shoukee	广东香山	14	北洋大学校长
邓士聪	Ting SzeChung	广东香山	14	海军军官
容尚谦	Yung ShangHim	广东香山	10	海军舰长
张康仁	Chang HonYen	广东香山	11	律师
谭耀勋	Tan YewFun	广东香山	14	早年病逝于美国
蔡锦章	Tsai CumShang	广东香山	14	铁路官员
程大器	Ching TaHee	广东香山	14	教师
欧阳赓	Ouyang King	广东香山	14	外交官
史锦庸	Sze KinYung	广东香山	15	商人
钟俊成	Chung ChingShing	广东香山	14	供职于外国领事馆
钟文耀	Chung MunYew	广东香山	13	外交官、铁路官员
刘家照	Liu ChiaChew	广东香山	12	政府官员
陆永泉	Luk WingChuan	广东香山	14	外交官
潘铭钟	Paun ChiaChew	广东南海	11	早年病逝于美国
何廷梁	Ho TingLiang	广东顺德	13	军医
梁敦彦	Liang TunYen	广东顺德	15	清朝外务尚书
黄仲良	Wong ChungLiang	广东番禺	15	外交官、铁路官员
陈钜溶	Chun KeeYoung	广东新会	13	病逝于海军
陈荣贵	Chun WingKwai	广东新会	14	就职于工矿业
邝荣光	Kwong YungKong	广东新宁	10	矿业工程师
吴仰会	Woo YangTsang	广东四会	11	矿业工程师
曾笃恭	Tseng TuhKun	广东海阳	16	报纸编辑
黄开甲	Wong KaiKah	广东镇平	13	政府官员
曹吉福	Tso KiFoo	江苏川沙	13	律师
詹天佑	Jeme TienYau	广东南海	12	铁路工程师
石锦堂	Shin SzeChung	山东济宁	14	早年病逝于美国
黄锡宝	Wong SicPao	福建同安	13	早年病逝于美国

第三批出洋幼童名单（1874 年出洋）

姓名	英文姓名	籍贯	出国年龄	备注
梁如浩	Liang YuHo	广东香山	12	西南交通大学前身唐山路矿学堂校长
唐绍仪	Tong ShaoYi	广东香山	12	民国政府首任内阁总理
唐致尧	Tong ChiYao	广东香山	13	铁路官员
容耀垣	Yung YewHuan	广东香山	10	参加反清革命，晚年经商
徐振鹏	Chu ChunPan	广东香山	11	海军将领
郑廷襄	Jang TingShan	广东香山	13	在美国担任机械工程师
徐之煊	Chu ChiShuan	广东南海	12	海军军官
邝贤俦	Kong KinLign	广东南海	12	矿业工程师
邝景扬	Kwong KingYang	广东南海	13	矿业、铁路工程师
杨兆楠	Yang SewNan	广东南海	13	阵亡于中法海战
杨昌龄	Yang ChanLing	广东顺德	12	铁路官员
曹嘉爵	Tsao KaChuck	广东顺德	12	早年病逝于美国
曹嘉祥	Tsao KaHsiang	广东顺德	11	政府官员
沈嘉树	Shen KeShu	江苏宝山	11	铁路官员
周万鹏	Chow WanPung	江苏宝山	11	电报局长
朱宝奎	Chu PaoFay	江苏常州	13	政府官员
宦维城	Won WaiShing	江苏丹徒	10	商人
孙广明	Sun KwongMing	浙江钱塘	14	服务于电报界
袁长坤	Yuen ChanKwon	浙江绍兴	12	电报局长
吴敬荣	Woo KingYung	安徽休宁	11	海军将领
程大业	Ching Tayeh	安徽黟县	12	电报局长
薛有福	Sit YauFu	福建漳浦	11	阵亡于中法海战

第四批出洋幼童名单（1875 年出洋）

姓名	英文姓名	籍贯	出国年龄	备注
唐荣浩	Tong WingHo	广东香山	13	政府官员
唐荣俊	Tong WingChun	广东香山	14	商人
吴其藻	Woo KeeTsao	广东香山	12	铁路官员
谭耀芳	Tan YewFong	广东香山	10	早年病逝
黄耀昌	Wong YewChong	广东香山	13	铁路官员
刘玉麟	Liu YuLin	广东香山	13	外交官
盛文扬	Shen MouYang	广东香山	12	服务于电报界
陈金揆	Chin KinKwai	广东香山	12	阵亡于中日甲午海战
陈绍昌	Chen ShaoChang	广东香山	13	早年病逝
陈福增	Chen FuTseng	广东南海	14	早年病逝
梁金鳌	Liang KingAo	广东南海	11	早年病逝
陶廷赓	Tao TingKing	广东南海	12	电报局长
潘斯炽	Paun SzeChang	广东南海	11	工厂厂长
林联辉	Lin YuenFai	广东南海	15	医院院长
林联盛	Lin YuenShing	广东南海	14	服务于电报界
冯炳忠	Fung BingChung	广东鹤山	12	服务于电报界
梁丕旭	Liang PeYuk	广东番禺	12	外交官
邝炳光	Kwong PinKong	广东新宁	13	矿业工程师
邝国光	Kwong KwokKon	广东新宁	13	海军军官
沈寿昌	Shen ShaoChang	江苏上海	11	阵亡于中日甲午海战
陆德彰	Lok TheChang	江苏川沙	13	服务于电报界
吴焕荣	Woo HuanYung	江苏武进	13	电报局长
周传谏	Chow ChuenKan	江苏嘉定	11	铁路工程师
周传谔	Chow ChuenAo	江苏嘉定	13	军医

招商局公学

　　不经意之间，发现网上拍卖一本刊物，是1925年出版的，距今已近百年了。当年只是一本普通刊物，但今天对招商局来说可称得上是一件历史文物，而且能弥补招商局历史研究的空白。这本刊物就是民国十四年（1925）出版的《招商局公学年刊》（下文或简称《年刊》），年刊应当是一本一百多页的刊物，"本校童子军全体"合影照片就刊登在第113页上。从拍品介绍看，年刊图文并茂，所刊图片中有招商局公学的门楣的照片，其上"招商局公学"

招商局公学大门

校牌字样，校门、教学楼清清楚楚。还有校董、教师、学生合影，特别有时任招商局董事、招商局公学驻校董事、晚清四大买办之一郑观应的照片，不过已是"前驻校校董郑公陶斋遗像"。

背景资料

郑观应（1842—1922），本名官应，字正翔，号陶斋，别号杞忧生，晚年自号罗浮偫鹤山人。祖籍广东香山县（今中山市）三乡镇雍陌村。他是中国近代最早具有完整维新思想体系的理论家之一，启蒙思想家，也是实业家、教育家、文学家、慈善家和热忱的爱国者。

黄炎培（1878—1965），号楚南，字任之，笔名抱一，江苏省川沙县（今上海市浦东新区）人。中国教育家、实业家、政治家，中国民主同盟主要发起人之一。他以毕生精力奉献于中国的职业教育事业，为改革脱离社会生活和生产的传统教育，建设中国的职业教育，做出过重要贡献。

韩国钧（1857—1942），字紫石，出生于江苏扬州府泰州海安镇（今江苏省南通市海安市）一个商人家庭。后来人们敬称其为紫老。清光绪五年（1879）中举，先后任行政、矿务、军事、外交等职，曾任吉林省民政司使司。中华民国成立后，历任江苏省民政长，安徽巡按使，江苏巡按使、省长、督军等职。1925年韩国钧辞去本兼各职归里，退隐后并未恬于颐养。他从1919年开始，历经十余年，编订皇皇巨著《海陵丛刻》，其主要部分均在第二次卸任后完成。他搜集考订，详征博引，精心编纂，倾注了生命最后

招商局公学校董教职员合影

黄炎培民国十四年为招商局公学年刊的题词：学然后知不足

的光华。《海安丛刻》是一部内容极为丰富庞杂、涉及各方面知识的地方文史丛书，集宋、元、明、清 16 家著述，共 23 种、67 册，为后人研究苏北海陵地方的历史文化提供了宝贵资料。韩国均十分关心发展教育，1905 年，韩国钧曾辞差赴日本考察农工商诸要政 90 日，先后参观了帝国大学、工业大学、农科大学等高校，还参观了鹤枝小学和女子师范、聋哑学校等。归乡后，他资助创办了泰县端本女校。他认为："日之兴在教育""民智未开，宜等教育普及"。他还热心于地方的许多新兴事业，视察了海安电灯厂、通俗教育馆、泰源盐垦公司。

招商局从建立初期就关注教育，资助过北洋大学堂（今天津大学前身）、南洋公学（今上海交通大学前身）、福建高等航海专科学校等。而且还专门办了一所招商局子弟学校招商局公学，但相关资料很少。

《年刊》的珍贵之处在于其包含一篇研究招商局公学历史乃至

本公學沿革史

民國三年招商局估計全局船機產業提有擔華人公積花紅股票四十萬兩產股票四十萬元言以懸招非係現款在局員分而息懸不能不計因于中外設權利公積要產而無不沾之利亦使同人願同于是使讀款有不派之名同人公積三端如慈善會文化俱樂部及本公學會由同人擔以上書寫事會如蒙同意納遍過失積公學而慈善會倶樂部第次由本公學創辦之緣起也

公學創辦始於是年分各同人先後在滬討論公推總局會計科主持盛公伯登報宣佈其以總董事之職為楊士琦先生盛半澄先生為總董事唐鳳犀陳輝廷邵子愉朱篠莊諸先生為董事鄭觀應先生為駐校董事民秉嚴督望先生慈祥諸校務訂定簡章開學駐校會計兼庶務邵子愉朱篠莊諸先生齋先生為駐校監督丁賡尧先生為校長十六名內有外生三十名九月行始美式共六教年高小三級中學一級高小輔習科一級此本公學開辦時董事職員以及學生編制之大概也

公學校舍當因臨地造房有需時且燃陶喜先生慨然將自己住宅尤漢公學陶公同在滬擔任總務兼董事並與同人休戚相關調讬住宅在美租界提籃橋德懋路大小樓房兩進及前樓後樓房數間以歸供祖相度佈置大體就緒除借所有小樓為教室小樓為教員宿舍外又新建平房一進為膳堂典學生宿舍附設宿舍調養間報章子軍各室又新建平房一進為膳堂典

公学沿革史

楚地讲了公学的创立缘由、时间、规模、校址。从中可知，招商局公学创立于1917年（民国七年）9月。1913年（民国三年）酝酿创办事宜，当时是作为招商局的三项公益事业建设的，可以理解为员工福利，一是慈善基金会，二是文化俱乐部，三是子弟学校，由招商局会计科负责建立。杨士琦任监督，盛半澄任总董事，唐凤犀、陈辉廷、邵子愉、朱篠庄为董事，郑观应为驻校董事。后唐凤犀、杨士琦去世，补了严秋庚为董事。丁赓尧为校长，严曾望为驻校会计兼庶务。后来当过校长的还有方还。

背景资料

方还（1867—1932），原名张方中，字惟一，晚号蟆庵，新阳蓬阆（今江苏昆山蓬朗）人。民国后历任北京女子师范学校校长、上海招商局公学校长、南通女子师范学校校长等职，为我国教育事业做出了贡献。1932年4月方还病逝于南京，故乡人士特地将他的灵柩用专列运回昆山，公葬于亭林公园马鞍山东南麓东斋荷花池畔，并建方还亭，以纪念这位为故乡做出过重要贡献的昆山名士。

杨士琦（1862—1918），字杏城，泗州（今江苏盱眙）人，出身大官僚家庭，为李鸿章、袁世凯的重要部属。在袁世凯许多重大政治活动中都曾出谋划策，后担任了民国熊希龄内阁的交通总长。1903年1月，袁世凯派杨士琦到上海任帮办邮政大臣兼轮船招商局总理。杨士琦上任伊始，便拟定《章程十条》，吹捧"官督商办，已着成效"，该章程强调北洋大臣（即袁世凯）在该局拥有巨大权力，封建性十分突出。1913年6月，招商局重选董事会，杨士琦在袁世凯的支持下与盛宣怀等9人一起当选为董事，并在股东常会上当选为董事会会长。杨士琦在招商局董事会会长交椅上坐了4年，直到1918年第一次世界大战结束，盛宣怀家族在招商局重新掌权为止。

公学1917年8月开始招生，第一批156名，其中非招商局员工子弟学生30名。公学9月开学，分6个班级，高小分3个班级，中学1个班级，高小补习科1个班级，中学补习科1个班级。

《交通高教研究》2004年第5期大连海事大学史春林教授的《轮船招商局与中国近代航海教育》一文载有：

直到1917年招商局各办事人才上书董事会请将公积花红股全部股息改办同人公益之学堂。有招商总局员司拨红股4000股，计本银40万两，有积余红股4000股，计本银40万元，作为基金。所有此项红股利息收入，即捐充学校经费及其他公益之用。后经决议照办。即于 1918 年在上海提篮桥购定房屋先行试办高等小学，名为招商公学，第一任校长为丁赓尧。凡本局同人之子孙均可照章入校肄业，不收学费宿费，以示优待。

郑观应咸丰八年（1858）到上海学商，先后在英商宝顺洋行、太古轮船公司任买办。历任上海电报局总办，轮船招商局帮办、总办。光绪十一年（1885）初，途经香港，被太古轮船公司借故控追"赔款"而遭拘禁，经年始得解脱。后隐居澳门近 6 年，撰成《盛世危言》一书。光绪十八年（1892）后，与盛宣怀集团关系密切。光绪二十八年（1902）冬，郑观应辞去招商局帮办职。宣统元年（1909），乘袁世凯被迫返籍"养疴"之机，协助盛宣怀发起组织轮船招商局商办，遂第三次入轮船招商局任董事。

郑观应为办公学做出了巨大的贡献。由于建校舍需要时日，当时在招商局任董事的郑观应将自己的大宅以 10 年前建造原价卖给公学做校舍。该住宅在上海美国租界，提篮桥华德路，有大小楼房两栋。大的楼作为教室，小的作为教师的卧室，又租了相邻右边的四栋楼作为学生宿舍，附设了健身、阅报、童子军各室。另新建一栋平房为食堂。

《年刊》载：

公学校舍当因购地造房有需时日，郑陶斋先生将自己住宅允让公学。陶公固在局历任总办，又兼董事，与同人休戚相关。该住宅在美租界提篮桥华德路，大小楼房两进及前后余地，仍照十年前构造原价归并，遂相度布置。

　　郑观应是招商局公学的实际领导者。在《招商局公学开学训词》中言：人能不贪，乃无后悔。至公无私，辞金却贿。布衣蔬食，儒士何嫌。四字铭坐，俭以养廉。

　　他十分重视利用招商局公学培养航海人才。《轮船招商局与中国近代航海教育》一文指出：

> 招商局公学开办之初郑观应极力主张该校应速设驾驶科："航业者，国家之命脉也，航学者，航业之栋梁也。""兹我公学设立之旨，首在造就人才，暨职业教育，逐渐次第举行，非独我局根本之图，更足为国家富强之助。""他日人才辈出，乘长风，破万里浪，与欧舶美舰并驱争先，为我航业放一异彩。""因此今拟就原有招商公学扩充，循序渐进，应即以公积花红为基础，公学内附设该项专科，另设较有算学驾驶资格而具充当海员志愿之中大学毕业生若干人……以速成而资聘用。"

可见郑观应眼光远大，尽到了驻校董事之职。基于这种认识，1923年招商局首次创办了招商局航海专科学校，教授的课程主要有天文、航海、造船、装卸方法、无线电收发、罗经差、操艇术和救急法等，以华甲号练习艇预订航行全球实习以培养船长人才。1928年，招商

前駐校校董郑公陶斋遗像

郑公陶斋名官应粤之香山人少负大志讲求经世之学未維新以前著盛世危言一书由榧府进呈御批智览名动一时王撫部之春治兵粤西委辦营务擂左江道整顿地方擒捕互盗不遗余力主持招商局务历数十年兴利除弊其见所著待鹤山房文集局中股东以公积红利创办公学议起郑公允将大宅廉价让出即今之校址也公所得红利数万金全数捐出不稍吝复驻校监督一切所著诗文均刊行并刻有心世道之书数十种年八十归道山

《招商局公学年刊》中关于郑观应的介绍

局又创设了招商公学航海专修科。另外，为了推行会计改良和培养会计人才，1928 年，招商公学还设立了会计员养成所。

民国十一年（1922）五月，郑观应病逝于上海招商局公学宿舍。可见其对招商局公学的高度重视和厚爱。

《年刊》在郑观应遗照两侧用醒目的文字表达了对他的敬意：

不遗余力主持招商局务历数十年，兴利除弊。……局中股东以公积红利创办公学议起，郑公允将大宅廉价让出，即今之校址也。公所得红利数万金全数捐出，不稍吝。复驻校监督一切，所著诗文均刊行，并刻有心世道之书数十种。年八十归道山。

招商局公学虽然已湮没在历史长河之中，但仍然是招商局百年历史上的重要一笔。

中国最早的一部企业百科全书

1927 年，中国社会正处于国民党及其领导的国民政府统治时期。这一年《国民政府清查整理招商局委员会报告书》（以下简称《报告书》）公开出版。这是中国最早的关于一家企业的"百科全书"，也是当时的南京国民政府在一次众说纷纭的事件中留给招商局和学术界乃至整个社会的一份难得的历史记录。

一、《报告书》背景

1927 年 3 月，在万商云集的中国经济中心、中国乃至东亚最大的都市、拥有十里洋场的上海，成立不久的南京国民政府不顾股东的极力反对和阻挠，宣布设立专门的委员会，对中国第一家民族工商企业，同时也是第一家近代新式航运企业、第一家近代意义的股份制企业——轮船招商局进行全面清查整理。南京国民政府清查整理招商局委员会自 5 月 20 日着手清查，至 9 月底结束，历时逾四个月。清查整理招商局委员会在当年9月解散后，将整理招商局的职责移交国民政府交通部。事件反映了近代中国社会官商（政企）关系的不平等和因企业独立地位、企业产权保护法律的缺失而导致的营商环境的脆弱，凸显了中国社会文化传统对商业的轻视。同时，清查整理工作揭露了招商局在摆脱官督商办体制的桎梏而实现完全商办之后裹足不前、纳污藏垢、结党营私、经营腐败、洋人弄权、海损不断、负债累累、奄奄一息的境况。可以说，这起事件是中国近代史上政府对企业展开的第一次全面清理，也是近代政府第一次对企业进行全面"健康体检"和经营审计，对一家关系国计民生的企业在主业发展、内部治理、社会贡献、企业形象上如何才能满足政府和人民的要求，以及政府如何维护各类资本结构和领域企业的独立自主发展做出了深刻思考。

招商局创立于1872年，在北洋政府垮台之前，由于招商局是中国第一家同时也是最大的轮船公司，在经济、军事上具有重大的价值，围绕它表现出来的官商（政企）矛盾和争权夺利的斗争一直没有停止。如在初创时期，因经营方针理念的不同造成了与官方的隔膜和矛盾；在成功收购美商旗昌公司后，当时的清廷就有大臣提出将招商局加入官股或收归国营的动议；袁世凯在晚清和北洋时期一直阴谋争夺招商局的控制权。在对招商局的控制上，南京国民政府不仅不例外，而且表现得更急切。南京国民政府北伐军在1926年10月攻克武汉时即拟整顿招商局局务。1927年2月下旬，北伐军尚未抵达上海，时任总司令蒋介石就任命杨铨（即人所熟知的辛亥革命活动家杨杏佛）办理招商局事宜。

招商局创立初期，清政府曾派员管理并在资金上、政策上给予招商局极大的扶持。1890 年，招商局已经全部归还了清政府的借款，在 1912 年实现了完全商办。但商办时期并不是招商局轮船营运的黄金时期，由于时局长期动荡和局务管理的严重混乱，招商局很难有效地开展航运基本建设和轮运活动，又出现了轰动一时的汉口分局、天津分局贪污大案。在南京国民政府成立前，招商局即面临危及生存的经营、财务危机，但当时招商局的资产远远高过其债务。按照国民党中央委员会的说辞，南京国民政府清查整理招商局的缘由有四：一是该局积弊甚深，非积极清查彻底整理不足以副该党为国造产之政纲；二是轮船招商局为国内唯一之大规模航业机关，创设在日本邮船会社之先，五十年来绝少发展，邮船会社之航线已遍布全球，招商局则依然局促于长江及南北洋三航路；三是招商局付托非人，日濒破产，长此因循，必至航权皆归外人，股票尽成废纸。受其累者岂特公司之股东，中华民国之国计民生皆将蒙受无穷之损失；四是对于此关系全国民生命脉之招商局，自当力谋整顿，研求局务不振之症结，妥拟航业扩大之计划，以政府与人民之合作，谋股东与社会之利益。

为了营造良好的社会舆论环境，避免外界的造谣攻击，彰显南京国民政府出于一片公心，国民政府清查整理招商局委员会委任了两位常驻查账会计师和两位法律顾问，其委员均不在招商局支薪，即使办公费用（每月经常办公费用定为 1700 元）亦由政府财政部核发拨给，以示国民政府为社会服务之精神。但国民政府赋予清查整理招商局委员会的职权道出了国民政府在事件背后的动机——通过清查掌握招商局及其附属机关之账目资产状况、历年盈亏原因，根据清查报告、国内外航业状况与股东意见拟订整理并改组招商局的计划呈国民政府核准试行，最终执行并实现整理及改组招商局计划。因此，国民政府强行清查整理招商局，表面上看是因为招商局作为全国最大的航业机构经营不善需要帮助，但在本质上是对招商局控制权的又一次争夺。对此，研究招商局历史的著名专家朱荫贵有比较深入的研究。

二、《报告书》提供的成果

围绕招商局的清查整理，形成了许多文献资料。国民政府发出了一批相关训令、指令、批示、公函。清查整理招商局委员会发布了相关宣言、条例、办事细则，发出了许多请示、报告、公函，收到了交通部、财政部、上海特别党部、招商局董事会、招商局船员、招商局轮船遇难家属等各方面的大量函件，收集阅览了招商局股东会议文件、局规、公司章程、股票暂行规程、外债契约、职员名录等。根据清查工作的成果，清查整理招商局委员会撰写了关于招商局总局账目、购办煤斤、各项缴费、各分局帐略、租船水脚合同、第 53 届借贷、会计制度、招商沪局制度和直属、参股的积余产业公司、内河招商轮船局、仁济和保险公司、华兴保险公司、招商局公学等的各种清查报告及说明书 16 份等各种资料，对招商局数十年沿袭下来的种种弊端进行了不留情面的披露。

同时，为全面反映和揭示招商局自创立以来的经营管理情况，清查整理招商局委员会编制了招商局 1872 年创办至 1927 年中历年资产、损益、局产变迁、船本、收入、修船费用等各类统计表格 26 种。针对招商局存在的弊端，清查整理招商局委员会提出了整理招商局的大纲、办法、方案等。其中，整理大纲十五条，包括实行登记股票、解决股权问题、董监改选问题、规定办事章程、取消董事兼职、从实估算资产、整理外债方法、废除九五局佣、废除买办制度、改组内河招商局、整理内河机器厂、整顿仁济和保险公司、引用本国船员、实行投标方法、改良会计制度，这些整改措施直指问题和积弊，引起了招商局管理层的重视。在 1927 年 6 月 25 日召开的临时股东会议上，招商局董事会抛出了《招商局整理局务计划意见书》，对招商局整理大纲做出了回应，对十五条中的部分内容落实了整改措施。难能可贵的是，面对如此浩大的工程，清查整理招商局委员会还派员编写了 1872 年至 1927 年的招商局大事记，分成五章，分别反映了招商局创办的原因和招商局在初创时期、中法战争时期、义和团运动时期、民国肇兴时期和民国成立以来发生的重大历史事件和经营管理情况及成果，不仅梳理了招商局五十多年来的发展脉络，而且以平实的文字记录了招商局为国家、民族的发展进步所做出的巨大贡献和所经历的各种艰难险阻，成为一份重要史实"报告"。最后，清查整理招商局委员会将这些文献资料区分为公文、清查报告书、统计、整理方案、招商局大事记、附录，共 6 篇，清查整理招商局委员会主任（又称"主席"）张人杰（即人所熟知的国民党四大元老之一张静江）为之题名"国民政府清查整理招商局委员会报告书"。因整理、校阅、核对之需，上、下两册分别付印。

三、《报告书》的社会影响及历史研究价值

《报告书》内容丰富，数据翔实，分析透彻，总计六七十万字，涉及招商局创办 56 年来各方面的历史情况，完整地反映了招商局这家已经"年过半百"的企业的全貌，可谓鸿篇巨制，成为了解这一时期招商局各方面情况的"百科全书"。这本报告书在 1928 年 2 月至 6 月间印制完成，共 2000 套（上、下册合为一套）。其中，1000 套分赠交通部及国民政府各机关，另 1000 套供海内外之购阅，托上海各大书店代理发行。由于招商局社会知名度的巨大、事件的复杂性，以及社会舆论的发酵效应，《报告书》出版后被争相阅读，一时洛阳纸贵。

从 1872 年至 1927 年的 56 年间，招商局经历了晚清、北洋政府、南京国民政府时期，实行了官督商办、商办隶部、完全商办等管理体制，筚路蓝缕创造了第一次辉煌，又在时局动荡变幻中走上坎坷之途，成为中国民族工商业的缩影。《报告书》在一定程度上全面反映了招商局的这段跌宕起伏的历史，揭示了招商局这家老企业所经历的各个方面，这是这本报告书的重要价值所在，因此《报告书》对研究招商局早期的发展史、中国企业史、中国近代经济史具有重

要的文献价值，深受社会人士青睐，在许多专家、学者的论著和文章中多有引述。

同时，《报告书》又弥足珍贵。《报告书》出版10年后，日本发动了全面侵华战争，招商局上海总部沦陷，时任招商局总经理蔡增基率领一部分机关人员逃亡香港指挥局务。1941年12月香港沦陷，蔡增基又亡命澳门，存放香港的招商局档案、账册、财产契据全部散失。如果没有《报告书》的出版，招商局的不少史实和企业经营数据必将会湮灭在战火硝烟中。从这个意义上讲，《报告书》挽救、保护了招商局的历史。撇开国民政府清查整理招商局的是非对错，《报告书》无疑是留给世人的一份极有价值的重要历史文献，我们今天应该为之庆幸。

新中国成立前招商局在不断变幻的历史大背景下不断变换着内涵和外延，有辉煌也有暗淡，有大义也有贪腐，有光明磊落也有龌龊阴暗，然而这些恰恰就是历史，就是今天研究它的价值。由于年代久远，《报告书》存世数量稀少，只能在为数极少的机构中见到。为了保护这一珍贵文献，也为大家提供研究利用的便利，招商局史研究会着手再版重印。招商局至今已经走过了漫长的岁月，作为一个历史久远的企业，其基业长青的百余年经历了许多失败的磨砺和对众多教训的汲取，招商局史研究会也希望组织编写出版反映招商局弊病的系列书籍，更好地全面、完整、多角度地认识招商局的历史。在这方面，《报告书》或许可以权作一个破题。

相信这本 80 多年前的史料能为大家深入研究招商局的历史以及其他相关的领域提供更好的帮助，也期待学术界更多地关注、支持、参与招商局的历史研究。

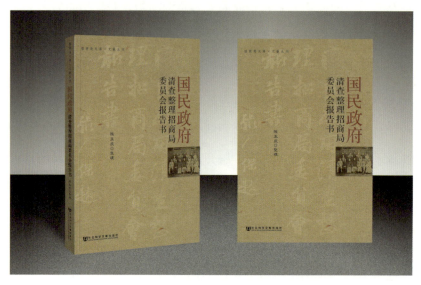

《国民政府清查整理招商局委员会报告书》书影

"招商局"何人写就？

　　"招商局"三个字，貌秀骨劲，味厚神藏，每一字稳如坐钟，见者莫不喜爱，通墨法者更誉之为颜体上品。这三个字作为招商局集团的规范公司名号用字已受到国家工商注册保护。但这三个字是何人所书？又是什么时候被确定为招商局的标准名称用字使用？长期以来不得其解。这些疑问，不仅招商局内部的人时常问起，来访招商局的许多客人也对此问题极感兴趣，以前每每被人询以这一问题时，往往或者支吾以对，或者口讹相传。曾有说是上海四马路一刻字先生所书，有说是当年招商局某领导所书，更具演绎色彩的说法，是说当年招商局的一个门房在看门之余勤于书法，写就了这三个字，并被采用，如此等等，不一而足。这些说法都无有力的佐证，言者心里无底，听者亦难解惑。现在，随着对历史档案的研究发现，这一谜底终于可以解开了。

　　2003 年，招商局进行了档案馆的搬迁改造工作，新迁入的档

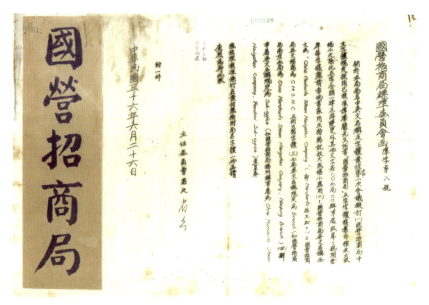

国营招商局标准委员会函

案馆专门辟出 630 平方米的一层空房，用于招商与史料陈列。为了充实史料陈列内容，档案馆人员集中翻阅了 1997 年从交通部移交来的 5 万卷历史档案中已整理出的部分，一批十分珍贵的招商局史料第一次对外陈列。其中一份招商局标准委员会案卷中的文件，给了我们极大的惊喜。此件乃 1947 年 6 月 26 日所发，虽纸质发黄，油墨涸散，但内容极具价值。文件全文如下：

国营招商局标准委员会函（准字第八号）

关于本局局名中英文名称及字体业经本会第一次会议拟订：

（一）国营招商局中文字体规定采用已核准谭泽闿先生所书"国营招商局"五字字体复制印模放大或缩小之除此五

字全国一律不得变更外其他文字若○○分局○○办事处或第
○码头仓库等字样应请当地书家用正楷写就放大或缩小应用；

（二）1.国营招商局英文名称全文为"China Merchants
Steam Navigation Company"（即 Merchants 后不加"，"）
2.国营招商局英文缩写为 C.M.S.N.C. 五个大写字体；

（三）分局英文名称规定为 Branch（如国营招商局南
京 分 局 为 China Merchants Steam Navigation Company,
Nanking Branch）；

（四）办事处英文名称规定为 Sub-office（如国营招商局
福州办事处为 China Merchants Steam Navigation Company,
Foochow Sub-office）。并呈奉总经理核准施行在案，相应检
附局名字体一份，函请查照为荷。

此致

主任委员曹省之

中华民国三十六年六月二十六日

随文件还附有"国营招商局"五个标准字体的字样。招商局
目前所用的标准字，正是字样中的"招商局"三个字，至此"招商
局"三字，何人所书、何时所用，这一长期以来的难解之谜终于迎
刃而解。研读这份史料，可以明白无误地得出以下结论：

1.招商局所使用的标准字为谭泽闿所书，当年谭泽闿所书为
"国营招商局"五个字，后由于历史的变迁和名称改变，现在只取

了"招商局"三个字作为企业名号标准字。

2.招商局正式将谭泽闿所书作为公司名号规范使用开始于1947年6月26号。

谭泽闿是何许人也，他是什么时候书写的这几个字？借助历史资料，这一问题也越来越清晰。谭泽闿（1889—1948），近代书法家，号瓶斋，湖南茶陵人，书法工行楷，师法翁同龢、何绍基、钱沣，上溯颜真卿，"气格雄伟壮健，善榜书"。深究其宗，可知谭泽闿出身湖南名门望族，其父谭钟麟，曾任浙江巡抚、两广总督等职。其兄谭延闿，光绪年间考中进士，曾授翰林院编修，辛亥革命后三次督湘，后随孙中山任陆海军大元帅大本营秘书长、湘军总司令，北伐成功后，曾两任国民政府主席，一任行政院长，是中国近代史上有影响的人物。蒋介石和宋美龄结婚，谭延闿为介绍人，谭延凯女儿谭祥嫁陈诚为妻，陈、谭结婚时，谭泽闿为主婚人，证婚人为蒋介石。

目前出版的许多艺术家大辞典中，都将谭延闿、谭泽闿兄弟二人列入近现代著名书法家之列，与吴大澂、康有为、郑孝胥、罗振玉、郭沫若、赵朴初等并列。谭延闿是民国政治家书法群体中极其耀眼的一位，南京中山陵立于基门前的那方奉安纪念碑，"中国国民党葬总理孙中山于此"大字即由其书写，深得颜字"如锥画沙"之妙。

谭泽闿与其兄书法皆源出于颜体，但取径略有不同。谭泽闿的书法更加伟进雄劲腴美，力度刚强，并有彪悍之气。谭泽闿平生以诗酒自娱，淡于仕进、勤于书法。以前贤真迹搜集颇难，乃专力购藏钱南园（钱沣）、刘石庵（刘墉）、何子贞（何绍基）、翁松蝉（翁同龢）

四家法书。数十年间，收集各家法书千余轴，为海内收藏四家墨迹最富者。他还曾与道州何维朴（何绍基之孙）、临川李梅魔、衡阳曾次髯同居海上，鬻书自给。20 世纪 50 年代，其后人将其藏书楼天隋阁中所遗文物全部捐献给湖南省文物管理委员会，后转交给湖南省博物馆珍藏。据记载，谭泽闿不论其兄谭延闿在位还是殁后都安心于读书写字，卖字为生，从不倚仗权势，朝野上下口碑甚好。谭泽闿墨迹广为海内外收藏，目前大家所见较多者，也许一是"招商局"三个字，二是上海、香港两家《文汇报》的报头。另外，今宁波奉化江上灵桥名亦为谭泽闿所书。到宁波出差旅游者，不妨前往一瞻。

据目前所看到的招商局历史文件、历史牌匾，"招商局"三个标准字，在 1947 年前从未出现过，而且按常理所推，招商局请谭泽闿这样有名的书法家题写局名不可能长期束之高阁，因此合理的推测是，此字乃谭泽闿 1947 年所题，谭泽闿卒于 1948 年，那么"国营招商局"五字也算得上是绝笔，尤显其珍贵。谭泽闿也许想不到，其生命最后的岁月题写的招商局三个大字，至今仍熠熠发光，广为使用，他的名字，亦因招商局事业的发展而为更多人所知。这一发现不仅了却了人们多年欲知招商局三字为何人所写的强烈心愿，也填补了招商局历史研究的一个重要空白，成为招商局史研究的重要成果，同时为保护招商局名称专属性，包括字体专属性提供了重要的佐证。

最后的问题是，谭泽闿是在什么情况下为招商局题写了局名？招商局的历史档案开发研究再次揭开谜团。在浩如烟海的历史档案中，一份"招商局职员登记表"让研究者眼睛一亮，登记表上的职员叫谭懿，重要的是在其家庭成员一栏中，赫然写着：父亲谭泽闿。由此真相大白，谭泽闿的儿子谭懿是招商局的员工，合理的推论是，正是有这样一层不一样的关系，谭泽闿应招商局之请，在离世之前，为招商局留下了珍贵的墨宝。

附录：《谭大武传》（谭泽闿墓志铭）

　　君姓谭氏，讳泽闿，字祖同，湖南茶陵县人。清两广总督谥文勤子，民国行政院长延闿弟。光绪乙丑，生于陕甘总督署，以兄弟次居五，乳名小五，闻人呼，辄不应，曰："吾生年肖牛，当曰大武，何小之有？"因又字大武。幼即工书，与兄延闿皆自颜平原《麻姑仙坛记》入手。《仙坛记》有大、小字二种，延闿率大书，君则临小书尤精。评者谓兄才胜弟，而弟学过兄。延闿勤劳国事，于书未专，君则一生不出，惟致力于书也。自幼受学，即不屑治举业。值科举废，虽尝投名学校，亦鄙夷视之曰"此不过科举之嬗代而已"。

　　宣统辛亥，以萌生纳资为道员，指分直隶。方引荐，遽遇国变，遂弃去。自是绝意仕进，鬻书海上，凡数十年。海内求书碑志必属君，沪商招榜多其所书，每数日聚墨巨池，旦起挥洒，客座间纵横系绳索，若晾衣然。或以为值俭而劳，辄不顾，且曰："我非恃此以资生，人已缣素供我习书，而必厚责以偿，非平恕之道也。"君精鉴古人书迹真赝，尤喜苏轼、米芾书。闻藏家有之，每亟往求观，顾不自购藏。惟搜集清刘墉、钱沣、何绍基、翁同龢四家书，至逾千幅。盖袭先产薄，不足与厚藏者竞也。君既爱翁书，因颜其斋曰：观瓶居，更字瓶斋，以寄私淑意。为学早慧，辞草出手惊长老。尝从王湘倚问学，为诗宗灵运，湘倚深许之，诫曰："以是求精，毋他骛。"是时诗家多宗宋，君终不为风气所移。民国三十六年卒，年五十有九。

谭泽闿

伊敦轮考略

伊敦轮名榜：

在招商局历史博物馆有一个摆在显著位置的大型船模——伊敦轮。

在上海中国航海博物馆有两个重要的历史性船模，一个是郑和下西洋的宝船，一个就是伊敦轮。

伊敦轮复原图

招商局创立 140 周年时中国邮政集团发行
的纪念邮票"浦江创业"

在北京长安街交通运输部宽敞的一楼大厅也陈列着一个标志
性船模——伊敦轮。

1947 年，国民政府为纪念招商局成立 75 周年发行邮票，选用
的是伊敦轮。

2012 年，为纪念招商局成立 140 年，中国邮政集团发行纪念
邮票，第一枚"浦江创业"选用的还是伊敦轮。

伊敦轮俨然成为中国民族航运业的图腾标志，因此也有必要
略加考证。

招商局历史博物馆陈列的伊敦轮船模

一、招商局购置伊敦轮

1872年12月23日李鸿章上奏清廷设立招商局，26日慈禧皇太后、同治皇帝即准，以航运起家的招商局由此开始了历史航程。然而，当时的中国船运靠的是无动力的沙船，而且没有造船能力，即使刚刚开始起步的金陵船厂，也只是造些兵船。中国商船只有"华

1872年招商局关于购置伊敦轮
的告白书

山一条路"——向国外购买商船。

为尽快开业，正式投入运营，招商局在前期筹备阶段就已开始向外商购买轮船。伊敦轮是招商局购置的第一艘商轮，上海《申报》1872年12月2日刊登《轮船招商公局告白》：

兹启者：本局所买英公司行轮船一号，船名"伊敦"，计价英洋六万五千元，除扣回用英洋八百元，实付英洋六万四千二百元，洋价作七钱八分五厘，计净付豆规银五万零三百九十七两，业于十月廿五日交清，已有保安、怡和两行保险，于十月三十日装载货物，开往汕头。特此布闻。十一月初二日。

由此可见，招商局购置伊敦轮，是在其创立之前。巧的是，月初购置伊敦轮，月末李鸿章上奏清廷成立招商局。由此推论，

成立招商局一事之前已得到清廷，包括同治皇帝、慈禧皇太后的应允，否则也不敢先购得船来，李鸿章上奏只不过履行一下审批程序而已。

《招商局船谱》记载：伊敦轮，英文船名为 Aden，船舶呼号 MBGV，下水时曾命名为 Delta，是一艘蒸汽动力钢质客货两用船，1856 年 5 月 21 日下水，由英国南开普敦夏日公司（Summers Day&Co.）建造。该船 812 总吨，载重量 507 吨，动力 954 匹马力，采用直动式闸阀蒸汽机。长 78.49 米，宽 9.08 米，型深 5.63 米，航速每小时 11 海里，头等舱载客 112 人，二等舱 22 人。伊敦轮在当时可谓是一艘"巨轮"，全钢铆接的双甲板，采用双螺旋桨、单舵，尾部似巡洋舰。甲板以下的主舱体分为 8 个水密封舱，舱内分布着动力系统和资源储备。配备 2 只重 700 千克的斯贝克锚，锚链长 125 米。全船有 3 个货舱，舰首部 2 个，尾部 1 个，货物分别由 2 台 5 吨的起重桅进行装卸。中部双层甲板为主要的生活区域，设置 33 个装置华美的头等舱位，101 个普通二等舱位，能载乘客 134 人，生活系统完备，各种设施一应俱全。

有记载，伊敦轮曾于 1869 年载着政府官员从马赛驶往塞伊达港口，参加苏伊士运河的通航仪式。该轮于 1856—1872 年为大英轮船公司所有，1872 年 11 月，招商局筹办人、创立后的第一任总办朱其昂以 50397 两白银将之购入招商局。

二、招商局运营伊敦轮

伊敦轮也是招商局最早投入运营的轮船，招商局作为中国第一家近代航运企业，由此开启了以蒸汽机为动力的航运时代。张后铨所著《招商局史（近代部分）》载：最早从事商业性运营的是伊敦轮，该轮在招商局正式开业前已行驶上海至汕头航线，1872年11月30日伊敦轮装载货物开往汕头，这是中国商船第一次行驶南洋航线，也是中国蒸汽动力轮船首次在中国沿海航行。从1872年底至1873年初，伊敦轮不仅多次往返于上海与汕头之间，所得运费亦颇丰厚，还进一步把航线延伸到香港。

《申报》1872年12月7日载：

启者：本局伊敦轮船于本月初十日自汕头回沪，载来糖货等，计收水脚搭客洋一千零八十九元，即于十五日仍装米麦等或驶往汕头，计收水脚规银七百三十九两五钱八分，搭客洋二百三十五元。特此布知。十一月十七日

《申报》1873年1月2日载：

启者：本局伊敦轮船于十一月二十四日自汕头回沪，载来货物，计收水脚洋一千六百六十二元，即于二十九日仍装货驶往汕头，计收水脚规元九百十两七钱七分，搭客洋三百六十六元七角。特此布知。十二月初四日

《申报》1873 年 2 月 11 日载：

伊敦轮船前于壬申年十二月十八日由汕头装货回申。

《申报》1873 年 2 月 25 日载：

伊敦轮船于上年十二月十九日由上海往宁波，装货往香港，由香港驶汕头装货回申。

伊敦轮开辟了中国第一条近海商业航线，满载货物，悬挂着双鱼旗，由上海驶往福州、汕头。招商局开局后的首航亦由伊敦轮担任，1873 年 1 月 19 日首航香港。同年 8 月初，伊敦轮开辟了

1873 年伊敦轮抵琉球

中国至日本的第一条远洋商业航线，首航日本神户、长崎。年底，航线远至南洋的吕宋等地，打破了外国商船垄断中国远洋运输的局面。1874年8至11月间，多次运输中国军队赴台，投入对日作战。

三、招商局海葬伊敦轮

《申报》1879年3月18日报道：

> 伊敦船在（天津）大沽沉覆，节经列报。兹闻津局总办叶锦山司马已偕司事人等趋赴大沽，商议打捞沉船货物并尸身等。

《申报》1879年4月29日、5月1日连续报道：

> 伊敦趸船前往大沽储有茶砖、大米，船或并沉。伊敦趸船前在大沽口沉没……是故该公司现已将此船卖与华人，得银价200两，买客虽设法于前日起船至水面云。

其实，购置伊敦轮，争议并不少。有的说好，有的说不好，褒贬不一。

说好者有之。《申报》1873年2月24日：

> 闻招商公局有船名"阿敦"（即伊敦）者，于前日开往汕头，

船已满载,计所得水脚亦颇丰厚,此招商局第一次刱行之船也。该船能多载货物,而吃水不深,驶行海面捷速之至,用煤并且不多,船值亦甚廉,惟外观或不如他船。夫船以使用为贵,又何必徒饰外观乎?

前阅邸抄内有浙抚奏本年漕运事,知今年海运抵津必速于从前,盖有轮船相助故耳。然则此局之设,上则可以利国家,下则可以利该局,岂非大举哉?

指出问题者亦有之。《申报》1874 年 11 月 20 日:

伊敦轮船售去招商局

伊敦轮船近由基隆来阜,相传已卖于中国家,作为传递文报之水师船云。其所卖价尚未闻悉。查此船似稍迟钝,兼之费煤,得能售去,可为该局庆矣。然此船虽不宜于载货,而以代置邮之用,则便利迅捷,亦未必非一好船也。

平心而论,伊敦轮是一艘钢质船,1856 年建成下水,而当时世界已处于钢质船起步阶段,招商局购置时船龄已有16年,且耗煤,性价比并不理想。戴吾三著《技术创新简史》指出:18 世纪中叶,欧洲发生了以蒸汽机的发明和广泛应用为标志的重大技术创新,被称作蒸汽动力革命。18 世纪末期,英国开始用铁造船。到 19 世纪50 年代,铁船制造蓬勃发展,到 80 年代轧钢技术成熟,开始进入钢船时代。……19世纪80年代，炼钢技术的创新为造钢船提供了条件。1877年英国皇家海军的"彩虹女神号"下水，被看作是钢船时代开始的标志。伊敦轮下水时正是钢船起步之时，因此当时的技术尚不成熟，特别是煤耗大应该是一个不争的事实。因此1877年5月，伊敦轮因煤耗大，客货两用装载货物少等原因而停航，1878年改作趸船，由海定、永清两轮拖带，曾装载承运北京天坛的望灯木杆26根。1879年3月因操作不慎，沉没在天津大沽口外。

伊敦轮远涉重洋而来中国，历时近7年，不幸沉没。然其有幸与招商局创立相伴，百年招商局，不忘伊敦轮。从英国到上海，从上海到中国南北海岸、长江流域及东南亚海域，直至天津大沽终点站，亲历了中国近代航运在艰难中发展的历程，先后开辟了我国南洋、长江及日本等现代商船航线，在民族航运史上留下了不可磨灭的航迹，伊敦轮的故事令人感怀。

我以为，伊敦轮的意义有三：

第一，伊敦轮的引进标志着中国船运业由帆船时代进入了蒸汽机动力时代。

中国内有大江大河，外通江海联通海洋，有着悠久的造船历史和船运、航海历史。然而，当世界进入蒸汽机时代、造船进入钢船时代时，中国落后了。戴吾三《技术创新简史》载：在蒸汽机发明以前，船舶都是靠人力划桨或风帆驱动。采用蒸汽机作为船舶动力，是人类文明史上的重大创新。1765年，美国宾夕法尼亚出生的富尔顿，一个热衷于绘画枪炮的绘画爱好者，后来成为一位世界级的蒸汽轮船设计师，引导了钢质蒸汽动力轮船时代的来临。从1840年起，蒸汽机装机容量在西方主要国家持续增长。以蒸汽机为动力，代替风力、水力、人力。招商局创立前的1870年，全球蒸汽机装机容量达到18460千马力，而1840年为1650千马力。

英国著名工程师伊桑巴德·金德姆·布鲁内尔在1843年建造成功大西洋号、大不列颠号蒸汽机船后，于1854年开始建造大东号钢船，船重6250吨，工人们用了约300万颗铆钉，把约3万块钢板拼合成船壳。

在这样一个生产力大变革时期，"与上述国家相比，当时的中国对蒸汽机完全是另一种态度。据史书记载，1792年（清乾隆五十七年），英国派遣马戛尔尼使团访华，翌年在承德避暑山庄觐见乾隆皇帝，使团带来众多礼品，其中就有蒸汽机模型。结果让英国人大失所望，清朝皇帝和大臣对远洋的这些新奇东西不感兴趣。只是过了半个世纪，清政府就尝到了船坚炮利的滋味"。（戴吾三《技术创新简史》）

招商局在创立之时，即能跟上世界新生产力发展步伐，毅然购进钢船，开启中国航运现代化的时代，其意义不言而喻。

第二，招商局以伊敦轮为先导，迅速建设了一支真正意义上的中国民族商船队。

招商局是中国民族航运业的先驱，其意义在于开民族工商业，特别是开民族航运业之先河，建立了民族航运业基础。招商局历史博物馆有一副对联：始航运历经百年奠千秋基业，借洋务创于晚清擎一代商旗。招商局创立后，迅速扩充船队。作为轮船招商局开局之轮的伊敦轮与后续加入的永清号、利运号、福星号等轮船，共同组成了中国近代第一支商船队。

到 1883 年，招商局在长江与南北洋航线配置江海轮 26 艘，其中江轮 8 艘，行走南北洋航线的海轮有 18 艘。招商局通过多种途径来扩充运力，其中主要采用的方式是向外商购买，这在当时的历史条件下无疑是必要的。购买船只包括：购买二手船、购买外商订造的新船，如 1881 年购买的致远、普济都是招商局向英国著名船厂定造的新船；再就是收购外国船公司，其中 1877 年 3 月收购外国在华最大的航运企业美国旗昌轮船公司一案，使招商局船舶总吨由 1876 年的 11854.88 吨，增加到 30526.18 吨，增长 2.57 倍，这标志着中国近代民族航运业的诞生。

《申报》1877 年 3 月 1 日载旗昌公司声明：

前由本火船公司于西历正月十五日经诸股份人聚会商议定，将火船、栈业一切事项卖于招商局，兹遵定于今日将各船记栈房、码头尽行照议，交与招商船局经理，所有手持本公司栈单者，即希携至金利源栈房查收，以便更换招商局名下之单也。右准各董事命布告。西历一千八百七十七年三月初一日，上海旗昌洋行启。

《申报》连日发文大加评论：

（1877年1月6日）招商局此举视为扩大规模，将为一大公司也。夫中国各口往来载运之业，其归华人而不为外人所垄断，固所应有之事，不但民生所关，国体亦与维系也，故内地诸人闻有此举，聊无不称善云。

（1877年1月8日）旗昌洋行久行于扬子江面，而卒肯告退，实所少见，于是西人向隅，华人得意之喜兆也。此后长江只有太古洋行火船四只，往来于天津亦仅怡和一行耳，余惟招商局旗帜是见，斯亦时势之转机欤。

（1877年3月2日）各船已于西三月一号归在招商局名下。从此，中国涉江浮海之火船半皆招商局旗帜，不特水脚不至渗漏于外洋，即局面亦堂皇扩大也。

收购旗昌轮船后，招商局大刀阔斧进行了轮船改名、船体改色，招商局船队焕然一新。《申报》报道有曰：招商局之火船其烟囱本半截黄色，先既买进旗昌各船，故一律照改。日前在津之西人信来云，彼阜泊有黄色烟囱船六艘，足见招商局船之多矣。

第三，招商局船队最早展开了与西方资本的商业竞争在晚清"数千年未有之大变局"时代，招商局与西方列强资本在航运业展开了激烈的竞争，演出了一幕幕商战壮剧。

招商局收购旗昌公司是中国近代历史上中国企业的第一次并

购行动，开中国企业资本收购之先河，是中国企业与西方企业的一次商业博弈。收购旗昌后招商局面对竞争局势最为激烈的就是与英国太古洋行、怡和洋行展开了价格大战。英商之目的就是要以其实力，趁招商局收购旗昌后财务紧张，立脚未稳，发起价格大战。招商局不得不予以应对，双方竞相压价，当然双方损失惨重。最终于1878、1884年，招商局、太古、怡和三家两次签订齐价合同，即三方妥协，划分市场，分配比例，规定价格，这既是成立仅仅不到5年的"幼小"的招商局与西方企业的一次勇敢的较量，又是"招商局为保护民族航运业采取的斗争形式"，"1878年齐价合同的签订，是中国航运业在反对外国航运势力的曲折斗争中取得的一次重大胜利"。而敢于与太古、怡和博弈的资本就是招商局迅速建立起的一支现代商船队，这支船队的领航者就是伊敦轮。

历经百年的招商局在自己的《招商局之歌》开头唱道："问我航程有多远，一八七二到今天。"由伊敦轮开启的招商局百年航程劈波斩浪，永远向前！

考证江陵解放号

　　在新中国 70 余年的历史上，招商局以轮船为标志两次登上"国家名片"：1953 年国家发行第二套纸币，五分钱的票面上镌刻上了光荣起义回到新中国怀抱的海辽轮；2012 年为纪念招商局创立 140 周年，国家发行三枚纪念邮票，第一枚便是中国第一艘蒸汽动力的现代商轮、招商局 1872 年购置的第一艘船——伊敦轮。若追溯历史，民国政府发行的纪念招商局创立 57 周年（1929）、58 周年（1930）邮票上亦是招商局轮船。招商局 90 周年、100 周年台湾地区发行的邮票图案同样是轮船。

　　当年艺术家阎肃为招商局创作的《招商局之歌》第一句就是：问我航程有多远，1872 到今天。招商局就像一艘历史的巨轮，创于晚清，历经百余年，在 19、20、21 三个世纪，在晚清、民国、新中国三个历史时代留下自己深深的印记。而这些印记一旦镌刻在国家的记忆里，更是弥足珍贵。

在招商局 150 周年即将到来之际，招商局史研究再次发现重大"国家记忆"——新中国的第一张百元钞票上的招商局轮船解放号，在浩如烟海的历史记忆中，尘封了 70 余年，现在我们可以透过刚刚收藏于招商局档案馆的一份珍藏——新中国即将诞生、中国人民银行刚刚建立（1948 年 12 月 1 日），1949 年 8 月发行的第一套纸币的 100 元红色轮船版面（收藏界称之为 100 元红轮船票面），回顾 70 余年前人民解放战争磅礴汹涌、新旧两个时代血与火的较量、新中国如同一轮朝阳正在冉冉升起时，走过近 80 年历史的招商局巨轮昂首驶进新时代那段不平凡的历史。本文试图在史料考证的基础上，揭示 100 元红轮船后面的故事。

一、新中国发行第一版钞票纸币

当时代进入 20 世纪 40 年代末时，中国正在进行着凤凰涅槃般的时代变迁。随着人民解放战争的顺利进行，分散的各解放区迅速连成一片，新中国即将成立。为适应形势的发展，急需用统一的货币来替代原来种类庞杂、折算不便的各解放区货币。1948 年 12 月 1 日，以华北银行为基础，合并北海银行、西北农民银行，在河北省石家庄市宣布成立中国人民银行，南汉宸成为第一任行长。中国人民银行一成立即发行人民币，成为即将诞生的新中国的中央银行和法定本位币，发行的中国人民银行券（简称人民币）自发行之日即作为华北、华东及西北三区本位币，在华北、华东、西北三区统一流通，所有公私款项收付及一切交易使用人民币，同时计划按照不同比价逐步收回各解放区原来所发的各种货币，从而使人民币基本上成为全国解放区统一流通的货币。时任华北人民政府主席的董必武同志为该套人民币题写了中国人民银行行名。

第一批发行的人民币有 10 元、20 元和 50 元三种券别，首先在华北、山东和西北三大解放区流通使用。随后发行了 1 元、5 元和 100 元三种券别的人民币，此后各种券别和版面的人民币逐步推广到全国各个解放区。第一套人民币是新中国成立后的首套货币，是人民币起始之作，一直到 1955 年 5 月 10 日正式停止市场流通，整个流通时间只有 6 年。

第一套人民币中的 100 元，1949 年 8 月发行，当时纪年仍采用民国纪年"中华民国三十八年"即公元 1949 年。100 元是第一套人民币发行数量最多的票券之一。票面主景是一艘气势磅礴的解放号轮船，迎接着上海的解放。巨轮停靠在黄浦江边，准备起航，蓄势待发。巨轮前面有一只小舢板，是上海人渡江必备的交通工具，黄浦江对岸高楼大厦林立，整张票面以胜利的红色为主色，起航的解放号轮船，承载着中国人民对未来美好生活的向往，预示着一个崭新的时代已经来临！

新中国第一张百元钞票正面

新中国第一张百元钞票背面

二、解放号是哪艘船？

上"国家名片"可不是一件轻而易举的事情，挖掘背后的故事是我们研究的目的。解放号是不是招商局的轮船？与招商局是否有关系？围绕解放号有哪些历史往事？这些就是本文研究的课题。

（一）江陵号与解放号

《招商局船谱》记载：江陵号 KiangLing，曾用名"武陵丸"。属于大型江轮，用作客货运。该船长 66.8 米，2500 马力，1361.92 总吨，吃水 2.5 米，航速每小时 9 海里。该轮接收时海军曾留用为运输舰，后于 1946 年移交招商局。1949 年留置大陆，改称为"江陵解放号"。这一段不长的文字包含着丰富的信息量。一是江陵轮原是一艘日本船，船名"武陵丸"，抗战胜利后作为敌伪物资收缴；二是收缴后先是由国民党海军使用，用作运输船；三是 1946 年移交给了招商局，开始船名为"江陵号"，后来又称"江陵解放号"。

（二）江陵号与招商局江字号姊妹船

查民生公司四等票价四千六百八十元，系为六月六日轮船业同业公会制定公布目。本公司江陵解放号开航时四等票售三千一百贰拾元，当较上数为少。江新十二日开航即照六月六日价发售客票，该客所称八千三百一十元想系八千二百捌拾伍元之误，是为六月十四日同业公会票价。本公司江安号系照此价发售……

此函写在"招商局轮船股份有限公司便笺"上，文中出现的本公司"江陵解放号""江新号""江安号"，同为招商局江字号轮。江陵号属于同类型的客货江轮。

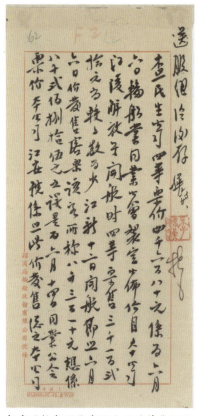

招商局轮船股份有限公司致董华民函

招商局江字号轮船

（三）江陵解放号的复航

上海军管会财政经济接管委员会航运处航运报社编辑的、1949年7月25日出刊的《航运通讯》（第二期）刊载的《月余复航简志》中有：6月3日招商局之江陵解放号首次复航，作为了上海解放后的复航先锋，大大有利于复航工作的开展。自6月以来,招商局轮船公司、中华拖驳公司、中国油轮公司水运大队先后复航之江海轮已有39艘,936.15吨。同时刊登两幅照片,一幅说明文字为"江陵解放号首次复航离沪赴汉航行盛景";另一幅说明文字为"上海解放后在员工们积极修复下首次复航的江陵解放号"。由此可知江陵轮是由于"作为了上海解放后的复航先锋"而被授予"解放号"的名称。

《航运通讯》刊载的
《月余复航简志》

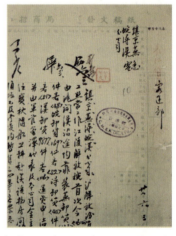

招商局轮船股份有限公司货运部
关于告知江陵轮首次装货情形给
镇江、南京、芜湖等分公司电

(四)江陵解放号相关报告的佐证

这是一份江陵号事务长汪耦民与业务员王开觉1949年8月3日关于江陵解放号遭炮击的损失报告。

报告三十八年八月三日

本轮六次下驶,于七月卅日下午九时半间船经镇江下荷花池被炮击后，全船起火，以及货舱堆装货单等据均因炮火无法取出，只能凭记忆力略将本次沿途装货概况列表报请备查。仅呈货运部经理施。

　　江陵轮事务长汪耦民

　　货运业务员王开党

由以上史料分析，可以得出结论：

第一，江陵号是招商局轮船公司的船确凿无疑；

第二，江陵号因上海解放后首先复航，恢复上海至武汉航线，成为复航先锋，被授予"江陵解放号"名称；

第三，江陵解放号遭炮击，严重损坏。

江陵号事务长汪耦民与业务员王开党 1949 年 8 月 3 日关于江陵解放号遭炮击的损失报告

招商局轮船股份有限公司关于向英国交涉江陵轮炮击事函

三、发现解放号、研究解放号的重大意义

解放号红轮船纸币的发现及相关信息的挖掘、整理、研究是招商局历史研究的又一重要成果。五分钱海辽轮纸币是招商局历史重要的见证，一直是招商局追求进步、追求光明的典型。在招商局集团李百安副总经理热情推荐和斡旋下，中外运员工吴丽凤向招商局历史博物馆慷慨捐赠 100 元红轮船珍藏品，使招商局历史博物馆得到一份意外的惊喜。这更加丰富了招商局历史文物的珍藏，具有十分重要的研究价值和历史意义。

首先，五分钱海辽轮钞票发行于 1953 年，是第二版人民币，100 元红轮船则是中国人民银行发行的第一版银行钞票，具有开创性的时代价值，其发行时间为 1949 年 8 月，新中国成立的前夕，是中国人民银行 1948 年 12 月 1 日成立后发行的第一版人民币，暂使用"中华民国三十八年"纪年，凸显了其正值新旧政权、两个时代交替之时的历史特征。

其次，丰富招商局在历史阶段中的作为及地位的史料。海辽轮起义是 1950 年发生在香港的海员起义，海辽轮首举义旗，13 条船投向光明，是为历史上著名的香港海员起义。而江陵解放号直接将招商局放到渡江战役、解放上海、与帝国主义斗争、迅速恢复生产、建设新中国的伟大革命时代之中，使招商局的历史，特别是招商局的革命史更加丰富，填补了历史的空白，必将引起社会的重视与关注，是开展党史、中国革命史教育的宝贵史料。

最后，它是招商局员工追求光明，追求进步的又一生动事例。招商局走过了150年的不平凡历史，这是中国社会大变革的百年史，在不同的阶段，招商局在时代的洪流中起伏跌宕。在历史的紧要关头，追求光明、追求进步是招商局历史最闪光、最高尚的历史价值。抗日战争初期的江海沉船御敌抗日、六大江轮入川坚持抗战、川江军运、战后收复敌产发展壮大、新中国成立前夕与美蒋特务斗争、香港海辽轮等13条船起义建设新中国，是招商局百年史上的光荣。解放号史实的重新发现，填补了招商局历史上摧枯拉朽的渡江战役中与帝国主义的尖锐斗争和恢复生产迫切需要的空白。在这一特定的历史节点，招商局员工站在了时代的光明之处，再次以解放号塑造了招商局的百年新形象，生动诠释招商局"与祖国共命运，同时代共发展"的核心价值观。

百年古楼见证沧桑

　　中国是一个创造历史、拥有厚重历史的伟大国度，因此在评价一个空间、一段时间的价值时，总是和历史紧紧地连在一起。因为有历史，今天的人才得以去回味昨天的故事。拥有历史，在当今无疑是不可替代的财富。因此，招商局每每为自己所拥有的长长的百年史而感到自豪。这似乎就是每当我站在上海外滩那座被称为九号楼的历史建筑前的心境。

　　小楼坐落在上海外滩福州路口的临江处。如果你在外白渡桥边的海湾大厦上放眼望去，外滩是一条优美的曲线，在这条曲线的中心便是这座小楼。

　　这座小楼建立至今已经 120 年了，是外滩目前尚存的最老建筑之一。它也许是外滩最小的一座古楼了，只有 1600 平方米大小，三层楼加一个天台，但它是珍贵的：2002 年修缮时手续竟需要报到国家文物局，并由西洋古建筑学权威罗小未教授担纲设计顾问、同济大学设计院常青教授领衔设计方案。修缮完毕，上海市政府把方案置入了上海市档案馆。

在当今的大上海，高楼林立，争奇斗妍，不乏雄伟，也不乏精美，那么小楼的珍贵究竟在何处呢？

当你走进小楼，在门前驻足，门楣上方的几个金色的大字立刻映入你的眼帘——轮船招商总局。当你看到一群穿着清朝长袍马褂的幼童站在楼前合影留念的照片时，你是否注意到身后有块"轮船招商总局"的牌子？在一幅发了黄的老照片前，我们能看到民国初年的人力车、马车和刚刚兴起的汽车，而背景就是这座小楼。

站在小楼的窗前，看着黄浦江水滚滚入海，听着江上汽笛声声，注视着路上来往人流，思绪会把你引去远远的过去：清朝结束了，军阀来了，民国又来了，东洋人打进来了，抗战胜利了，内战又开始了，后来上海解放了，再后来……

一座小楼，也许承载不了那样沉重的历史，然而它足以见证历史，而它的主人，就是今天走过 150 年历史的招商局。

1840 年后的中国，逐步沦为半殖民地半封建社会，外国列强纷纷闯入这个东方大国。当时，办洋行便是列强经济侵略最好的外衣。就这样，美国旗昌洋行成为当时美国在华的最大洋行，它建立的旗昌轮船公司也成为称霸中国江海的外国最大的在华航商。这座小楼的所在地当年就是旗昌洋行楼前的大花园。想来当年旗昌洋行的主人站在楼台上临窗望去：贵族气派的花园、浦江上的轮船、繁忙的码头、滚滚而来的财富，一定是十分得意的。

　　然而，公元 1872 年末，也就是当时的清同治十一年末时，轮船招商局成立了，中国第一家民族航运企业诞生了。黄浦江上开始行驶起挂着双鱼旗的招商局的轮船了，英国的太古、怡和，美国的旗昌轮船公司，一夜间都遇到了中国对手的挑战。

　　再往后，招商局要收购旗昌轮船公司的消息一下子传遍了上海滩。最终旗昌真的被招商局收购了，1877 年，开业仅 4 年的轮船招商局以 222 万两白银一举收购了旗昌公司。收购后，招商局拥有了 27 艘商船，《申报》写道："从此中国涉江浮海之火轮，半皆招商局旗帜。"当然旗昌的楼和花园也归了招商局。招商局的总部从三马路（今汉口路）迁到了外滩。1901 年，花园不见了，小楼建起来了，听说用去了 9900 两白银，所以特定九号为建筑物门牌登记号。这座小楼今天还被称作九号楼。

　　小楼当初的样子，我们是难以得见了。现在能看到的只有照片，还有发了黄的黑白照片。但修复后的小楼展现了旧日的风采。

改造后的九号楼

　　这是一栋砖木结构的三层洋楼，面向外滩的一面，是典型的横三段、竖三段构图，主体砖层部分用双柱分隔三间，左右两段为山花墙，使用红砖及分层石线脚与之统一，底层外墙由石砌成，两侧骑楼。上面两层为清水红砖墙，门窗都采用拱形木门窗，二、三层柱廊分别采用了地道的塔什干及科林斯式风格，白色的塔什干和科林斯式立柱与红色砖墙形成鲜明对比，外廊柱则为酒瓶栏杆，一派古典主义建筑的韵味和气息。走进楼内，庄重典雅，楼梯木扶手上的精致券柱式雕花令人过目不忘。小楼陈列了不少招商局的历史照片，常令来访者品评感叹。而楼内的办公室挂着当年招商局员工聚精会神办公的照片，构成一道道引人注目的风景线，穿着长衫的招商局员工与今天的员工都在来访者面前，这中间跨过了几代人啊！这是历史的延续、薪火的传承。

　　九号楼是一部历史，记载了时代的变迁。

外滩九号楼老照片

抗日战争爆发后，国民政府内迁重庆，招商局也随之入川。抗战胜利后，小楼成了西南民生实业公司驻沪办事处的办公地点。1949年上海解放后，又为上海港务局、上海海上安全监督局使用，直到2001年5月，上海市政府终于将九号楼的产权证补给了招商局，使之成为招商局这个百年企业的珍贵历史文物。

历史沧桑，小楼面目全非，像一个百岁的沧桑老人，已无当年的风采。2003年5月，招商局斥资千万元的九号楼修缮工程动工了。没有当年的建筑图纸，只有一幅已经发了黄的老照片。在罗小未和常青教授的指导下，本着"修旧如旧""修旧如初"的原则，精心测量、精心设计、精心施工，回溯历史、寻找当年。这中间，融进了对昨天的找寻，融进了对旧日的回忆，融进了对百年历史的圈点，似乎把对百年历史的眷恋都融入了小楼的一石、一瓦、一砖、一木中。

历史，是过往的昨天。我想，回忆历史，就是找寻今天的根和源。

招商局的根在上海，招商局的源发于上海，从1872年至1950年，招商局的总部有79年设在上海。新中国成立后，招商局改为中国人民轮船总公司，香港招商局承载了招商局历史的延续，从那以后招商局总部改迁香港，如今伫立在香港维多利亚湾畔。

参考文献

戴吾三：《技术创新简史》，清华大学出版社 2016 年版。

胡政、陈争平、朱荫贵主编：《招商局与中国企业史研究》，社会科学文献出版社 2015 年版。

胡政、李亚东点校：《招商局创办之初（1873—1880）》，中国社会科学出版社 2010 年版。

胡政、宋亚平主编，徐凯希、贾海燕等编著：《招商局与湖北》，湖北人民出版社 2012 年版。

胡政主编，蔡增基著述：《蔡增基回忆录》，冯璇译，2006 年版。

胡政主编，李亚东、刘燕京编著：《外滩 9 号的故事》，上海辞书出版社 2008 年版。

胡政主编，张后铨编著：《招商局与深圳：一个百年企业与一座年轻城市的交响》，花城出版社 2007 年版。

胡政主编，张后铨著：《汉冶萍公司史》，社会科学文献出版社 2014 年版。

胡政主编，张后铨著：《招商局近代人物传》，中国社会科学出版社 2015 年版。

胡政主编，张后铨著：《招商局与汉冶萍》，社会科学文献出版社 2012 年版。

胡政主编，朱耀斌、李亚东编著：《招商局与上海》，上海社会科学院出版社 2007 年版。

胡政主编，朱耀斌、朱玉华编著：《招商局与中国港航业》，社会科学文献出版社 2010 年版。

胡政主编：《招商局船谱》，社会科学文献出版社 2015 年版。

胡政主编：《招商局画史：一家百年民族企业的私家相簿》，上海社会科学院出版社 2007 年版。

胡政主编，孙慎钦编著：《招商局史稿（外大事记）》，社会科学文献出版社 2014 年版。

胡政主编：《招商局与重庆：1943—1949 年档案史料汇编》，重庆出版社 2007 年版。

胡政主编：《招商局珍档》，中国社会科学出版社 2009 年版。

黄振亚：《长江大撤退》，湖北人民出版社 2006 年。

李玉编：《＜申报＞招商局史料选辑（晚清卷）》，社会科学文献出版社 2017 年版。

梁启超：《李鸿章传》，中华书局 2012 年版。

卢受采、卢冬青：《香港经济史》，人民出版社 2004 年版。

彭维峰：《拓荒的足迹——招商局漳州开发区 20 年创业纪实》，光明日报出版社 2012 年版。

权赫秀：《陈树棠在朝鲜的商务领事活动与近代中朝关系（1883 年 10 月—1885 年 10 月）》，《社会科学研究》2006 年第 1 期。

容闳：《容闳自传：我在中国和美国的生活》，恽铁樵、徐凤石译，团结出版社 2005 年版。

盛承懋：《盛宣怀与晚清招商局和电报局》，社会科学文献出版社 2018 年版。

汪敬虞：《唐廷枢研究》，中国社会科学出版社 1983 年版。

王赓武主编：《香港史新编》，三联书店（香港）有限公司 1997 年版。

王玉德、郑清、付玉：《招商局与中国金融业》，浙江大学出版社 2013 年版。

吴晓波：《跌荡一百年——中国企业 1870—1977》，中信出版社 2017 年版。

徐润：《徐愚斋自叙年谱》，江西人民出版社 2012 年版。

虞和平、胡政主编：《招商局与中国现代化》，中国社会科学出版社 2008 年版。

张后铨主编：《招商局史（近代部分）》，中国社会科学出版社 2007 年版。

招商局史研究会编：《招商局墨存》，2006 年版。

招商局史研究会编：《招商局印谱》，海天出版社 2005 年版。

［美］费维恺：《中国早期工业化——盛宣怀（1844—1916）和官督商办企业》，虞和平译，中国社会科学出版社 1990 年版。

［美］李恩富：《我在中国的童年》，刘畅译，福建教育出版社 2013 年版。

　　[美]刘广京著，黎志刚编：《刘广京论招商局》，社会科学文献出版社 2012 年版。

　　[英]约翰·米克勒斯维特、[英]阿德里安·伍尔德里奇：《公司的历史》，夏荷立译，安徽人民出版社 2012 年版。